A Brief History
of Five Thousand Years

上下五千年简史

宛华 编著

中华工商联合出版社

图书在版编目（CIP）数据

上下五千年简史／宛华编著. —北京：中华工商
联合出版社，2020.9
ISBN 978 - 7 - 5158 - 2794 - 0

Ⅰ.①上⋯　Ⅱ.①宛⋯　Ⅲ.①世界史－通俗读物
Ⅳ.①K109

中国版本图书馆 CIP 数据核字（2020）第 140734 号

上下五千年简史

编　　著：宛　华
出 品 人：李　梁
责任编辑：袁一鸣　肖　宇
封面设计：下里巴人
版式设计：北京东方视点数据技术有限公司
责任审读：郭敬梅
责任印制：迈致红
出版发行：中华工商联合出版社有限责任公司
印　　刷：三河市燕春印务有限公司
版　　次：2020 年 9 月第 1 版
印　　次：2024 年 1 月第 2 次印刷
开　　本：710mm×1020mm　1/16
字　　数：260 千字
印　　张：16
书　　号：ISBN 978 - 7 - 5158 - 2794 - 0
定　　价：68.00 元

服务热线：010 - 58301130 - 0（前台）
销售热线：010 - 58302977（网店部）
　　　　　010 - 58302166（门店部）
　　　　　010 - 58302837（馆配部、新媒体部）
　　　　　010 - 58302813（团购部）
地址邮编：北京市西城区西环广场 A 座
　　　　　19 - 20 层，100044
http://www.chgslcbs.cn
投稿热线：010 - 58302907（总编室）
投稿邮箱：1621239583@qq.com

工商联版图书
版权所有　侵权必究

凡本社图书出现印装质量问
题，请与印务部联系。

联系电话：010 - 58302915

前　言

　　世界历史从古老文明的第一声号子，到电子时代的第一束激光，经历了漫长而又耐人寻味的过程，其间既有繁荣辉煌，也有曲折艰难，过去的历史的积累，铸成了今天灿烂的现代文明。通过学习和了解世界历史，我们可以从大历史的兴衰演变中体会生存智慧，从叱咤风云的历史人物经历中感悟人生真谛。

　　博古通今一直是中国人的追求，因为历史蕴含着经验与真知，无论是王朝帝国的兴衰成败、历史人物的功过是非，还是重大事件的曲折内幕、伟大创新背后的艰辛……这些过往的历史无不折射出做人与做事的道理。学习历史，了解历史，小到个人，是充实自己头脑、得到人生启迪的需要；大到国家，是在世界民族之林立于不败之地的前提。

　　古人记述历史的范围受限于他们当时所能认识的世界，然而在科技发达的今天，世界越来越像一个大村庄，任何一个国家和地区都是世界历史体系中的一部分。对每一个读者来说，只有了解整个世界历史的进程，掌握人类社会整体发展的各个阶段，树立全球史观，才能正确看待现代人类面临的各种社会现象和社会问题。

　　但发生的历史事件、出现的历史人物错综复杂、头绪繁多，普通读者很难找到入门之捷径。历史知识的普及对历史读物的通俗性和趣味性提出了很高的要求，而从目前有关世界历史的研究和出版状况来看，却并不乐观，过于深奥、抽象的专业史学论著常使普通读者读起来味同嚼蜡。如何使历史从神圣的殿堂走入民间？如何能使读者如欣赏文学作品般欣赏历史？本书在这方面做了努力。

　　为了帮助读者在较短时间内了解世界历史的进程，丰富知识储备，我们精心编撰了这部《上下五千年简史》。本书以时间为序，选取了世界上下五千年中的重大事件、风云人物、辉煌成就、灿烂文化等内容，力求在真实性、趣味性和启迪性等方面达到一个新的高度，并通过科学的体例与创新的版式，全方位、新视角、多层面地阐释世界历史。全书分为古代文明、征战中的帝国、中世纪、文艺复兴时期、资产阶级革命、工业革命带来的变革、战争阴云、冷战时期、世界新格局等九大篇章，精彩扼要地讲述世界历史演进的基本脉络和各大文明的发展历程，为读者讲述最想知道的、最需要知道的、最应该知道的历史知识，帮助读者从宏观上把握世界历史，进而掌握人类历史发展的内在规律。

在这里，我们用通俗流畅的语言来解读重大的历史事件、鲜活的历史人物、丰富的多元文化，把厚重的五千年历史通过简洁明了的形式表达出来。阅读本书，读者可以在轻松愉悦中了解人类历史发展进程，增长知识和胆略，提高历史修养，进而用世界胸怀和历史眼光更好地把握现在，展望未来。

目　录

※ 世界新格局

古代文明

　　人类在长期的生产和生活实践中，不仅创造了物质财富，而且创造了文学、天文、地理、医药、艺术、宗教等原始的精神文明，这些都是群星璀璨的早期文明的主要内容。从人类发展的轨迹看，在原始社会之后的最初的阶级社会中，文明古国是人类最早的初始文明的源头，它们分别是尼罗河畔的古埃及、两河流域的西亚古国、印度河流域的古印度以及古中国、古希腊、古罗马。这时候，人类社会进入了早期文明的繁荣时代。

※ 古埃及王国的统一

古希腊著名的历史学家希罗多德曾说："埃及是尼罗河的礼物。"事实也证明，没有尼罗河，就没有古埃及的辉煌文明。

尼罗河全长 6600 千米，是世界第一长河，发源于非洲中部的高原，从南向北，流入地中海。它流经埃及的那一段只占全长的 1/6。

一般来说，河水泛滥不是件好事，但对于古埃及人来说，那却是尼罗河赐给他们的礼物。每年的 7 月，尼罗河的发源地就进入了雨季，暴雨使尼罗河的水位大涨。7 月中旬的时候，水势最大，洪水漫过河堤，淹没了尼罗河两岸的沙漠。11 月底，洪水渐渐退去，给两岸的土地留下厚厚的肥沃的黑色淤泥，聪明的古埃及人就在这层淤泥上种植庄稼。虽然埃及大部分土地都是沙漠，干旱少雨，但是由于古埃及人靠着尼罗河，根本不用为农业灌溉发愁，所以古埃及人称尼罗河为"母亲河"，尼罗河两岸也成了古代著名的粮仓。

古埃及人是由北非的土著人和来自西亚的塞姆人融合形成的。大约在距今 6000 年左右，古埃及从原始社会进入了奴隶社会，尼罗河两岸出现了 42 个奴隶制城邦（以一个城市为中心，连同周围的农村构成的小国）。古埃及人称之为"塞普"，古希腊人称之为"诺姆"，中国翻译成"州"。

这些奴隶制城邦经过长期的战争，逐渐形成两个王国。南部尼罗河上游的谷地一带的王国叫作上埃及王国，国徽是白色的百合花，保护神是鹰神，国王戴白色的王冠，由 22 个城邦组成。北部尼罗河下游三角洲一带的王国叫下埃及王国，国徽是蜜蜂，保护神是蛇神，国王戴红色的王冠，由 20 个城邦组成。

两个王国为了争霸、统一，经常发生战争。大约在公元前 3100 年，上埃及在国王美尼斯的统治下，逐渐强大起来。美尼斯亲率大军，征讨下埃及，下埃及迎战，两军在尼罗河三角洲展开激战。美尼斯率领军队与下埃及的军队厮杀了三天三夜，终于取得了胜利。下埃及国王和一群俘虏跪在美尼斯面前，双手捧着红色的王冠，毕恭毕敬地献给美尼斯，表示臣服。美尼斯接过王冠，戴在头上，上埃及的军队举起兵器，齐声呐喊，庆祝胜利。从此，埃及成为统一的国家。

为了纪念这次胜利，加强对下埃及的控制，美尼斯就在决战胜利的地点修建了一座城市——白城，希腊人称之为孟菲斯，遗址在今埃及首都开罗附近。美尼斯还派奴隶在白城周围修建了一条堤坝以防止尼罗河泛滥时将城市淹没。埃及统一后，下埃及人从未停止过反抗，直到400年后，统一大业才真正完成。

美尼斯是古埃及第一位国王，他自称"两国的统治者""上下埃及之王"，有时候戴白冠，有时候戴红冠，有时候两冠合戴，象征着上下埃及的统一。在埃及史上，美尼斯统治的王国被称为"第一王朝"，是古埃及文明兴起的标志。现在，开罗的埃及博物馆里有一块《纳美尔（美尼斯的王衔名）记功石板》，用浮雕记录了美尼斯征服下埃及，建立统一王国的丰功伟绩，这是目前为止埃及发现的最古老的石刻历史记录。因为古埃及的国王被称为法老（原意为宫殿，相当于称呼中国皇帝的"陛下"），所以此后长达3000年的时间被称为法老时代。第三代国王阿哈首次采用王冠、王衔双重体制，就是王冠为红白双冠，王衔是树、蜂双标，分别代表上下埃及，并定都于孟菲斯。从公元前3100年美尼斯统一埃及到公元前332年埃及被亚历山大征服，法老时代的埃及一共经历了31个王朝。

古埃及人拥有辉煌的古代文明。他们创造了象形文字，在天文学、几何学、解剖学、建筑学、历法方面也有很高的成就，对西亚、希腊和欧洲有很大的影响，为人类文明做出了不可磨灭的巨大贡献。在美尼斯之后的2000年里，埃及无论从财富还是从文化角度，都是当时世界上最先进的国家。

※ 萨尔贡的征服

苏美尔人建立的各个城邦如乌尔、拉格什、乌鲁克、乌玛等，为了争夺霸权、奴隶和财富，混战不止，大大地消耗自身的实力，这为萨尔贡的统一创造了条件。

萨尔贡是阿卡德人，出生于阿卡德人建立的基什城邦附近，是一个私生子。刚出生不久就被狠心的母亲装在芦苇篮子里，用沥青封好篮子口，丢弃在幼发拉底河里。庆幸的是，萨尔贡没有被淹死，他被来河边取水的宫廷园丁阿基救了起来，收为养子。萨尔贡在养父的抚养下长大成人，并继承了养父的职业。他技艺高超，多才多艺，后来又做了基什国王的厨师。他利用接触国王的机会，处处留心，熟悉了军政事务。基什是阿卡德地区最强大的城邦，不断对外发动战争，成了阿卡德地区的霸主。

当时，苏美尔地区最大的城邦是乌玛。乌玛军队在他们的英勇善战的卢伽尔（国王）扎吉西的率领下，南征北战，基本上统一了苏美尔地区，只剩下拉格什和北部阿卡德地区的基什还没有屈服，仍然在顽强抵抗。为了彻底统一两河流域，卢伽尔扎吉西决心征服这两个城邦。

面对强悍的乌玛军队，基什的贵族们惊惶失措，被打得大败，人民对国王失去信心，国家危在旦夕。公元前 2371 年，萨尔贡乘机发动武装起义，当上了基什国王。萨尔贡继位后，组建起世界上第一支 5400 人的常备军，牢牢掌握了军权。由于根基尚未稳固，他仍沿用基什国号。后来，他新建了阿卡德城（今伊拉克首都巴格达附近），并迁都该城，改国号为阿卡德。

拉格什是当时苏美尔地区一个很强大城邦，包括奴隶在内有 15 万人。拉格什的军队以步兵为主，分为重装步兵和轻装步兵。军队的基本编制为队，每队有 20 ～ 30 人，按公民的职业编组命名，比如农人队、牧人队等。

这时，卢伽尔扎吉西正率领温玛、乌鲁克两个城邦的联军与拉格什激战，双方血战多日，战场上尸骨如山。拉格什军队中的不少队只剩下了几个人，被迫将各种职业的人混编成队继续作战。

被拉格什拖住的卢伽尔扎吉西无力对付萨尔贡，只好派使者前去和萨尔贡谈判。雄心勃勃的萨尔贡当然不会屈服，所以谈判破裂，萨尔贡立即率领军队挥师南下进攻扎吉西。

这时，扎吉西率领的联军已经攻克了拉格什，但拉格什人并没有屈服，仍然在进行着顽强的巷战。听说谈判破裂，扎吉西马上率领大军离开拉格什，北上迎击萨尔贡。卢伽尔扎吉西率领 50 个苏美尔城邦的联军,大约一两万人,与萨尔贡的 5000 军队展开决战。萨尔贡虽然在兵力上处于劣势,但军队武器装备精良,训练有素,战斗力很强,而且军队指挥统一,以逸待劳。反观卢伽尔扎吉西的军队,虽然人数众多,但指挥不统一,成分复杂,素质参差不齐,主力又在拉格什征战多日,没有得到充分的休息和补充,已成疲惫之师。而且拉格什人并未屈服,扎吉西是腹背受敌。在战争中,萨尔贡显示出杰出的军事才能,以少胜多,大败苏美尔联军。他用套狗的绳子拴在被俘虏的卢伽尔扎吉西的脖子上,牵到神庙里,当作献给恩利尔神的祭品活活烧死。

战胜卢伽尔扎吉西后,萨尔贡乘胜进攻,率领军队继续南下,深入苏美尔各地,经过 34 次战争,先后战胜了拉格什、乌尔、乌鲁克等城邦,征服了苏美尔,第一次统一了两河流域,建立了强大的阿卡德王国。接着,他继续东征西讨,征服了埃兰(今伊朗库齐斯坦一带)、小亚细亚东部、叙利亚、阿拉伯半岛东岸等地,自称"天下四方之王"或"大地之王"。

萨尔贡在征服了苏美尔后,几乎全盘接受了苏美尔的楔形文字和宗教。他以 10 日行程范围作为 1 个行政区,派王族子弟和归顺的苏美尔贵族担任总督。他统一了度量衡,大力兴修水利,建立了庞大的灌溉网络,大力发展商业,使阿卡德王国成为当时世界上最富强的国家。

萨尔贡对苏美尔人的征服是有记载的历史上第一次游牧民族对定居的农业文明的征服。在以后的 4000 多年里,类似的征服在世界各地还发生了许多次,古代史的很大一部分就是由这些入侵构成的。

※ 最早的起义

自从商博良破译了古埃及的象形文字后,人们从大量的文献中了解了古埃及的历史。其中珍藏在欧洲的两个博物馆中的两部残缺不全的纸草卷文书,记载了爆发在古埃及的世界上最早的一次奴隶大起义,这次起义大概发生于公元前 1750 年。

公元前 2400 年左右,古埃及的古王国崩溃,又过了 300 多年,大约在公元前2000年左右，古埃及建立了中王国，定都底比斯。法老、贵族、祭祀和奴隶主们对内疯狂地压榨奴隶，获取了大量的财富；对外则发动侵略战争，掠夺邻国的财富。奴隶们再也无法忍受了，一场全国性的大起义终于爆发，同时参加的还有一些同样受剥削、同样活不下去的农民。

由于资料的欠缺，人们无法得知起义领袖的名字，甚至连起义过程的记载也不是很清楚。但从残存的文献上人们依然可以看出这次持续了40年之久的大起义的威力。

起义开始只是一些零星的、分散的暴动，最后才发展成为全国性的大起义。纸草卷上记载："起义者势不可挡，像洪水一样包围了首都底比斯。法老的军队被击败了，龟缩到城中不敢迎战。"

"起义者在一小时之内就占领了底比斯城，闯入王宫中大肆抢劫，财宝被抢劫一空，然后四处放火，火光冲天，王宫的大门、石柱、屋子等统统被烧毁，昔日富丽堂皇的王宫只剩下一些残垣断壁……"

"竟然发生了不可思议的事情，法老被起义者抓走了……"

"各地的官员都逃跑了，王宫里的官员都被赶出来，他们威严扫地。"

"昔日庄严肃穆的大审判厅竟然变成了一个任人出入的地方，穷人毫无顾忌地穿梭其中。"

"那庄严肃穆的审判厅啊，昔日神圣的法令被起义者随意扔在地上，抛到十字路口，人人践踏，贱如废纸。法官毫无尊严地被赶到全国各地去了。"

"富庶的尼罗河三角洲在哭泣，因为国王的粮仓已经被起义者占领，变成了穷人们的财产了。穷人们纷纷取走其中的粮食。"

"起义者抢走了富人们的财产，分发给穷人们。富人们遭受了重大损失，哭泣不止，而穷人们则欢天喜地。"

"他们（起义者）做成了铜箭，用血来强求面包，法老的军队一败涂地。"

"全国像制作陶器时的轮子一样旋转起来，所有的人都被卷入其中……"

从文献中我们可以看到，起义军只是沉重打击了统治者，剥夺了统治者的财富，但没有建立自己的政权，而且在经济建设方面也毫无建树，没有发展生产，全国发生了大饥荒。

文献还记载了这些情况："大河几乎要干涸，河床里的土地比河水还多，人们可以涉水过河。"

"所有的农田里的庄稼都枯萎了，没有人种植、灌溉。人们没有衣服，没有食物，没有油脂，没有奶油……人们食不果腹、衣不遮体，饱受饥饿和寒冷的折磨……"

起义者虽然推翻了法老和奴隶主贵族的反动统治，但没有建设自己的新生活，胜利如同昙花一现般短暂。埃及各地的奴隶主贵族们重新集合力量，向起义者发起了反攻，起义失败了。法老和贵族们又回到了首都底比斯，重新修建了富丽堂皇的王宫，恢复了昔日的荣华富贵。而奴隶和农民依旧终日劳作，受着残酷的剥削。

这次大起义严重削弱了古埃及的实力，亚洲的喜克索人乘虚而入，侵入埃及。喜克索人乘着马车作战，速度很快，旋风般冲入埃及队伍中，冲乱了埃及人的阵形，然后大肆砍杀。埃及人乱作一团，纷纷逃跑。喜克索人又乘胜追击，埃及人死伤惨重。当时的埃及人还不会使用战车作战，只有步兵，而步兵根本无法抵挡冲击力极强的马车。喜克索人占领了埃及大片的领土，掠夺了大量的财富和奴隶，成了埃及的主人。直到150年后，底比斯的统治者阿摩西斯向喜克索人学习，建立了强大的战车部队，并对侵略者们发动了一系列的反攻，才将他们全部赶出埃及，收复了失地，建立了新王国。

※《汉谟拉比法典》

古巴比伦王国是继阿卡德王国之后两河流域出现的又一个强大的奴隶制国家，第六代国王汉谟拉比在位（公元前1792～前1750年）时，古巴比伦王国到达极盛，他自称"宇宙四方之王"。

汉谟拉比每天在宫殿里要处理大量的申诉案件。由于古巴比伦王国地域广大，人口众多，所以案件堆积如山，汉谟拉比焦头烂额也应付不过来。他就把过去苏美尔人和周边其他一些国家、民族的法律收集起来，经过修改，再加上当时古巴比伦人一些约定俗成的习惯，编成了一部法典。汉谟拉比命令石匠把这部法典刻在石柱上，竖在首都巴比伦城的马尔都克大神殿里，让臣民们观看。这个石柱高 2.25 米，上部有一块浮雕，雕着两个人。坐着的是太阳神沙马什，站着的是汉谟拉比。他正在从太阳神手中接过象征着权力的权杖，表示自己的权力是太阳神授予的，人民必须服从他的命令，否则将受到神的惩罚。浮雕下面用巴比伦楔形文字密密麻麻地刻满了法律，一共 282 条，分 51 栏 4000 行，大约有 8000 多字。汉谟拉比在法典的序言中写道："安努与恩里尔（古巴比伦的神）为人类造福，命令我，荣耀而敬神的国王，汉谟拉比，发扬正义，消灭邪恶不法的人，恃强而不凌弱，使我如同沙马什一样，统治百姓，光耀大地。"

当时古巴比伦的统治阶级是奴隶主，被统治阶级是自由民和奴隶。法典上的法律条文主要就是处理三者之间的关系的，处理的原则是以牙还牙，以眼还眼。比如两个人打架，如果其中的一人被打瞎了一只眼睛，按照法典的规定，对方的一只眼睛应该被弄瞎。但是，法典对奴隶主、自由民、奴隶有着不同的规定：如果奴隶主把自由民的眼睛弄瞎，那么只要赔偿银子 1 迈拉（重量单位）就没事了。如果把奴隶的眼睛弄瞎了，则无须任何赔偿。如果奴隶不承认他的主人，而主人拿出这个奴隶属于自己的证明，那么这个奴隶就要处以被割去双耳的刑罚，如果奴隶打了自由民的嘴巴也要割去双耳。自由民医生给奴隶主治病，如果在开刀的时候奴隶主死了，那么医生就要被砍掉双手。

这部法典还体现了一定的公正精神。比如它规定如果有人"打了居高位的人嘴巴"，那么执法者只能给予犯罪人"鞭笞六十"的处罚，而不能按照"居高位的人"的意愿或执法者自己的意愿去随心所欲地处罚。

法典不鼓励告密，其中的一、三、五条规定："如果一个自由民控告另一个自由民杀人，但是经查证是诬告，那诬告者处以死刑。""如果一个法官做出了判决，但后来又更改了判决，那么将被处以原诉讼费 12 倍的罚金，并撤销其法官的职位。"

为了巩固奴隶主的统治，法典还有一些严厉的条款：逃避兵役者一律处死；破坏桥梁水利者将受到严惩甚至处死；帮助奴隶逃跑或藏匿逃亡奴隶，一律处死；如果违法的人在酒店里进行密谋，店主没有把这些人捉起来，店主要被处死。

另外法典还很有人情味，例如："如果某人领养了一个婴儿，并将他抚养成人，孩子的亲生父母不能将他领回。""如果一位贵族因为妻子不能生养而要离婚，那么要先偿还她出嫁时所付出的全部代价和所有嫁妆。""如果丈夫出远门，但没有留下足够的养家费用，妻子可以改嫁。"

法典中甚至还有这样在今天看来很荒唐的规定：如果泥瓦匠给人盖房子，房子塌了，压死了这家人的儿子，那么泥瓦匠要用自己的儿子抵命！还有一些法律条文很有趣，比如法典规定："如果没有抓获强盗，遭抢劫者在神灵的面前发誓并说出自己的损失，发生抢劫案的地区的官员需偿还遭抢劫者的损失。""如果死了一个人，地方官员亦须付银子 1 迈拉给死者亲属。"

《汉谟拉比法典》是世界上第一部较完备的成文法典，广泛地调整着当时的古巴比伦社会生活的各个方面，使古巴比伦王国成为古代东方奴隶制国家中统治最严密的国家之一。

※ 铁列平改革

赫梯王国是上古时期西亚地区的一个强国。

赫梯王国最初的领土仅有小亚细亚东部的哈里斯河（今土耳其基齐尔 - 伊尔马克河）中上游一带，最初的居民是讲赫梯语的哈梯人（又称原始赫梯人）。这里地处高原，雨量很少，不适合农耕，所以哈梯人主要从事畜牧业。大约在公元前 2000 年左右，中亚大草原的涅西特人迁徙到小亚细亚，征服了当地的哈梯人，并与之融合，形成了赫梯人。他们的语言是涅西特语，也称赫梯语。赫梯王国多山，矿藏（银、铜、铁等）丰富，具备发展金属冶炼的有利条件，引起邻国亚述的垂涎。公元前 19 世纪，亚述人在赫梯王国境内建立了许多殖民地城邦。

在公元前 18 世纪，赫梯人建立的几个城邦，互相攻打、争夺霸权。其中最大的城邦有库萨尔、涅萨和察尔帕。经过长期的征战，库萨尔王阿尼塔征服了涅萨，俘虏了涅萨王，并定都于此。后来阿尼塔未经战斗，便使普鲁汗达王投降，至此库萨尔成为实力最强的赫梯城邦，为赫梯王国的雏形。随后，赫梯王国开始对外侵略扩张，将亚述人的势力全部排挤出小亚细亚。阿尼塔的继承人拉巴尔纳一世继续征服其他城邦，拉巴尔纳一世的孙子穆尔西里一世时将首都迁到哈梯人的城邦哈图萨斯（今土耳其波尔兹科伊），这标志着涅西特人和哈梯人最终融合。

公元前1600年左右，穆尔西里一世率军南下，攻克了喜克索人在叙利亚建立的城邦哈尔帕，不久喜克索人就在埃及和赫梯的南北夹击下崩溃，赫梯人乘机占领了现今的叙利亚和巴勒斯坦的大片土地。此时，古巴比伦王国已经衰落，赫梯人不断南下抢掠，令古巴比伦王国不胜其扰。公元前1595年，赫梯人攻克巴比伦城，将财宝洗劫一空，古巴比伦王国灭亡，赫梯回师时又击败了胡里人。从此赫梯威名远震，疆域东至两河流域北部，南达叙利亚，西到地中海，北抵库麦什马哈什河，成为西亚地区的一个大国。

赫梯人每征服一个地区，就派赫梯王国的王子前去统治，所以那里的居民就被称为"王子们的奴隶"。在赫梯王子们的残暴统治下，赫梯统治者和当地居民矛盾很深，终于导致了"王子们的奴隶"起义，但起义在穆尔西里一世和各地王子的联合镇压下失败。

赫梯王室内部矛盾也很尖锐，为了争夺王位，常常自相残杀，连穆尔西里一世都被他的弟弟所杀，赫梯王国在内战和各地的叛乱中度过了几十年。公元前16世纪末，铁列平即位。为防止王室骨肉相残和贵族争权夺利，保持国家稳定，铁列平不得不进行改革。改革的主要内容为确定王位继承人制度，铁列平规定，王位应由国王的儿子按长幼顺序来继承，即长子优先，然后才轮到其他的儿子。如果没有儿子，那王位就要由国王长女的丈夫继承，其他人均无权继承王位。这就确立了王位的世袭制，防止了王室的自相残杀和贵族的篡位野心。

他还规定由贵族会议保证王位继承法的贯彻执行。王子犯法，不能株连他的亲属，也不得剥夺他们的财产和奴隶。不经贵族议会同意，国王不能杀害任何一个兄弟姐妹，王室的内部纠纷由贵族会议裁决。铁列平改革标志着赫梯国家形成过程的完成，使赫梯王权得到巩固，国势日益强盛。公元前15世纪末至公元前13世纪中期，是赫梯王国最强盛的时期。

当时埃及也是中东地区的一个强国，两国为了争夺叙利亚地区，展开了长期的争霸战争。公元前1299年，埃及法老拉美西斯二世亲率由战车和步兵组成的军队攻入巴勒斯坦，准备夺取叙利亚，赫梯国王穆瓦塔尔率领十几个西亚小国的联军在卡迭石迎战。赫梯人在黄昏时偷袭了埃及人，埃及人猝不及防，损失惨重。后来由于法老预备队及时赶到，埃及人才避免了全军覆没。赫梯人进攻受阻，被迫撤走，埃及人由于伤亡过大，也无力追赶。双方只好讲和，赫梯国王把公主嫁给埃及法老，两国实行和亲。赫梯人在一块银板上面雕刻着双方结束战争、缔结和约的条文，来到埃及首都孟菲斯，两国签订和约。这是我们所知道的有记载的历史上第一个国际条约，称为"银板和约"。

长期与埃及争霸，大大消耗了赫梯的国力。公元前13世纪末，"海上民族"入侵地中海东岸地区，被赫梯征服的小国也纷纷起兵反抗，赫梯王国瓦解，首都哈图萨斯被焚毁。公元前8世纪，残存的赫梯王国为亚述帝国所灭。

※ 埃赫那吞的宗教改革

埃赫那吞原名阿蒙霍特普四世，是古埃及第十八王朝的法老阿蒙霍特普三世的儿子。

埃及阿蒙（埃及人供奉的神）神庙的僧侣自从图特摩斯三世时期起，势力不断膨胀。他们住在高大的神庙中，拥有大片土地和众多的奴隶，还经常干涉朝政，越来越不把法老放在眼里。

当时古埃及全国虽有一个主神阿蒙，但各地还有很多地方神和自然神，崇拜对象也很多，如土地、河流、雨水、泉水、风、雷、电和飞禽走兽等，甚至是一副弓箭、木制雕刻品、一块石头。

后来埃赫那吞的父亲阿蒙霍特普三世退位，埃赫那吞登基，成为埃及法老。埃赫那吞立刻颁布命令，将自己偏爱的希利奥波里城的地方神阿吞（太阳神）取代阿蒙成为全国最高的神，全埃及的臣民必须供奉新神，停止供奉其他的神。阿吞神的形象和其他神不同，它不是人或兽的样子，而是一个太阳，太阳中放射出许多手，象征太阳神的光芒。它是创造之神，宇宙之神，世间一切生命之源泉。埃赫那吞还自称是阿吞神唯一的儿子，他和王后尼弗尔提提是阿吞和人民之间的唯一传言人，因此和阿吞一起接受人民的崇拜。他还把自己的名字阿蒙霍特普（阿蒙的钟爱者的意思）改成埃赫那吞（阿吞的光辉的意思），把王后改名为涅菲尔涅菲拉吞（美中之美是阿吞的意思）。过去祭祀阿蒙神有很多繁文缛节，埃赫那吞又下令将祭祀的仪式大大简化。阿吞神庙是一个露天的柱式大厅，祭祀的人们可以直接感受太阳神阿吞的照耀，直接和它进行交流，而不再像过去那样被阻隔在神庙的外面。

在全国推行新神取缔旧神的同时，埃赫那吞开始大力清除阿蒙神庙僧侣的势力。他下令关闭全国各地所有的非阿吞神庙；派大批军队将僧侣赶出神庙，强令还俗为民；将其他神庙的土地和奴隶全部没收，划归阿吞神庙所有；严禁僧侣参政，违反命令的僧侣立即处死。公共建筑物和纪念物上刻的阿蒙的名字必须立即凿掉，推倒一切阿蒙的神像。全国每个城市至少必须建一座阿吞神庙，庙中供奉阿吞神和埃赫那吞及王后的雕像，各级地方官员必须要带头向阿吞神庙献祭，并宣誓永远效忠于英明、伟大的造物主阿吞及法老和王后。

由于首都底比斯的守旧势力太大，埃赫那吞宣布将首都迁到底比斯以北300千米、尼罗河东岸的阿马纳摩，为新都定名为"埃赫塔吞"（意为阿吞光辉照耀之地）。

埃赫那吞的宗教改革引起了阿蒙神庙的僧侣们极大的恐慌。看到自己的特权和财产被剥夺，他们急得如热锅上的蚂蚁，于是就请已退位的老法老阿蒙霍特普三世和太后劝劝埃赫那吞，停止宗教改革。

老法老和王后劝埃赫那吞说："孩子，你废除了阿蒙，引起了很多僧侣的不满。现在整个埃及都在议论这件事，闹得沸沸扬扬的，国家已经到了动乱的边缘。你还是悬崖勒马吧！"

埃赫那吞说："尊敬的父王母后，现在绝对不能停止！那些僧侣的势力太大了，嚣张跋扈，为所欲为，还经常干涉朝政，这样下去怎么行啊？如不改革迟早会酿成大祸的！我需要的是一群听从我的命令的僧侣，而不是和我争权的僧侣！"老法老和王后见他主意已定，就不再劝了。

那群僧侣见一计不成，又生一计。为了恢复他们失去的天堂，他们竟丧心病狂，决定刺杀埃赫那吞。

一天，埃赫那吞乘车出宫去阿吞神庙祭祀，突然有一个人跪在车前，说有冤情要向法老陈述。埃赫那吞命令那个人来自己的车前，派书吏去接状子。书吏还没有走到那人面前，那人猛地从状子中抽出一把锋利的匕首，刺向埃赫那吞。埃赫那吞大惊失色，急忙躲避。法老的卫士怒吼着用手中的长矛将刺客刺死。这件事以后，埃赫那吞更加坚定了的宗教改革的决心。

公元前1362年，埃赫那吞病死。他的后继者很快恢复了旧的传统，阿蒙神又卷土重来，埃赫那吞的宗教改革以失败告终。

埃赫那吞死后，葬在阿马尔纳附近的山谷。由于埃赫那吞的改革触犯了僧侣的利益，他们将埃赫那吞的名字从建筑物上抹去，他的陵墓也遭到严重的洗劫和破坏。他的墓穴中的头像的左眼被挖掉了，装着他的内脏的瓶子也被砸开。

※ 犹太王大卫

四千多年前，一个叫闪族的游牧民族生活在几乎全是沙漠的阿拉伯半岛上，为了生存，他们赶着羊群从一个绿洲走到另一个绿洲。在阿拉伯半岛的北面，两河流域到地中海东岸宛如新月的弧形地区，被称为新月沃地。这里水量丰沛，土地肥沃，草木茂盛，尤其是地中海东岸的巴勒斯坦地区，更是被称为"流着牛奶和蜂蜜的土地"。闪族中一支叫希伯来（即以色列人）的部落为了夺取这片土地，和居住在这里的迦南人展开大战，结果被打得大败。

公元前1700年，因遭受严重的旱灾，希伯来人赶着羊群，来到了风调雨顺的埃及，受到统治埃及的喜克索人的优待，居住在尼罗河三角洲一带，变游牧为农耕。

希伯来人在埃及过了几百年的安定生活。不料，生活在尼罗河上游的埃及人打败了喜克索人，将他们全部赶出埃及。"城门失火，殃及池鱼"，希伯来人的地位一落千丈，成为奴隶。公元前1300年，埃及法老拉美西斯二世穷奢极欲，大兴土木，建造富丽堂皇的宫殿，强迫希伯来人从事艰苦的建造和运输工作。几十年后，拉美西斯病死，埃及四周的野蛮人和海盗纷纷入侵，烧杀抢掠，希伯来人在首领摩西率领下，趁机越过红海，逃出埃及。经过辗转迁徙，他们来到巴勒斯坦一带定居下来。

当时巴勒斯坦除了迦南人以外，还有一支从海上迁徙过来的腓力斯人。为了生存，希伯来人同这两个民族展开了激烈的战斗。

公元前1000年的一天，希伯来人在国王扫罗（出身以色列部落）的率领下，在一个山谷和腓力斯人对峙。这时，从腓力斯军营中走出来一个叫哥利亚的壮汉。只见他身材高大，虎背熊腰，身披铠甲，手握长矛。他走到希伯来人的军营前，用长矛指着希伯来人说："来啊，希伯来人！来和我决一死战！如果你们打败了我，我们腓力斯人就全当你们的奴隶。如果我打败了你们，你们就必须成为我们的奴隶！"希伯来人见哥利亚身材高大，都非常害怕，没有一个人敢前去迎战，连希伯来人的首领扫罗也面带惧色。一连几天，哥利亚都在希伯来人的军营前叫阵，腓力斯人也呐喊助威，大骂不敢迎战的希伯来人是胆小鬼。希伯来人又羞又怒，但始终没有一个人敢去迎战。

这时一个叫大卫的牧童来给在军营的3个哥哥送饭。他听到哥利亚的叫骂声后，问哥哥是怎么回事。大卫听完哥哥的讲述，非常生气，说："有什么好怕的！让我去迎战，杀死那个狂妄的大块头，煞煞腓力斯人的威风！"

国王扫罗对他说："你还是个小孩子，而哥利亚是个大力士，你根本打不过他！"大卫轻蔑地说："我放羊的时候，一只狮子来吃我的羊，结果被我赤手空拳打死。难道哥利亚比狮子还厉害吗？"扫罗听了非常吃惊，同意他明天迎战哥利亚。

第二天早晨，大卫去小溪边捡了5块鹅卵石，拿着他的牧羊杖和甩石鞭，走到来军营前叫阵的哥利亚面前。哥利亚见希伯来人派了一个牧童来迎战，不禁哈哈大笑，对大卫说："你们希伯来人都死绝了吗？怎么派了一个牧童来迎战？你要是不想死的话，还是回去放羊吧！"其他的腓力斯人也哈哈大笑起来。大卫平静地说："你攻击我，用的是长矛；而我攻击你，靠的是上帝。"

哥利亚大喝一声，舞动长矛，冲向大卫。大卫不慌不忙，掏出一块鹅卵石，放在甩石鞭上，然后奋力一甩。"嗖"的一声，鹅卵石像流星一样飞出，正中哥利亚的额头。哥利亚顿时血流如注，惨叫一声，倒地而亡。腓力斯人大吃一惊，希伯来人趁机杀出，大获全胜。

后来扫罗不幸战死，希伯来长老们经过商议，推举出身犹太部落的大卫为国王。

大卫登基后，率领军队从石头做的下水道中出其不意地攻占了迦南人的一个叫耶布斯的城市，并改名为"耶路撒冷"（意为大卫城或和平之城），作为以色列犹太王国的首都。

大卫在位约 40 年，打败了周围很多民族。当时，犹太王国国土空前辽阔，盛极一时。

※ 军事强国亚述

亚述人是居住在两河流域北部（今伊拉克摩苏尔地区）的一个由胡里特人和塞姆人融合而成的民族，他们长脸钩鼻、黑头发、毛发较多、皮肤黝黑。

亚述人的四周都是强大先进的民族，屡屡遭到他们侵略和压迫，曾先后被苏美尔人、赫梯人统治。为了生存，亚述人形成了强悍好斗的习性。亚述人的居住地有丰富的铁矿，他们在掌握炼铁技术后学会了铸造铁兵器，武器装备比周边其他民族的装备要精良得多。苏美尔人、赫梯人衰落后，亚述人乘势而起，开始四出征伐。

公元前 8 世纪时，亚述人建立了强大的军队，军队分为车兵、骑兵、重装步兵、轻装步兵、工兵、辎重兵等。亚述军队装备精良、训练有素，在与周边的民族作战时，他们将各兵种进行编组，互相配合，发挥最大优势，战斗力倍增。如果在行军中遇到河流，亚述人就把充气皮囊连在一起，铺在河面上，一直铺到对岸，在上面再铺上树枝，很快就建成了一座浮桥，使军队可以迅速通过。在攻城时，面对高大的城墙，当时很多民族都望而兴叹，束手无策，但亚述人拥有先进的攻城槌，可以将敌人的城墙撞塌，还有可以投掷巨石和燃烧的油桶的投石机。

凭借强悍的士兵和精良的装备，亚述人征服了大片的领土。公元前732年，亚述人又南下击败叙利亚人，包围了叙利亚的首都大马士革。他们将俘虏的叙利亚将军绑在木桩上，打得皮开肉绽，血肉模糊，然后带到大马士革城外，企图吓倒叙利亚人。但叙利亚人凭借高大坚固的城墙拼命抵抗，誓死不降。

亚述王发怒了，一声大喝："把投石机推上来！"士兵们将数十辆投石机推到大马士革城下，然后将巨石和点燃的油桶放在投石机上。投石机上有特制的转盘，士兵们转动转盘，绞动用马鬃和橡树皮编成的绳索。转盘飞快地旋转，士兵们猛一松手，绳索一下子放开，巨石和燃烧的油桶呼啸着飞向大马士革的城墙。"轰！轰！"巨石打在城墙上，尘土飞扬，顿时出现了几个大洞。油桶飞到城内，引燃了很多房屋，引起一片恐慌。

看着千疮百孔的城墙，亚述王得意地哈哈大笑。"把投石机推下去，换攻城槌！"亚述王又下了一道命令。士兵们迅速将投石机撤下，又把攻城槌推了上来。攻城槌是一辆大车，大车上有高大的架子，用铁链悬挂着一根巨大的原木，原木的一端是尖锐的铜头，另一端是一根又粗又韧的皮带。亚述人推着攻城槌来到大马士革城下，叙利亚士兵慌忙向下发射带火的箭，"嗖！嗖！嗖！"火箭像雨点一样射向亚述人和攻城槌。亚述人举起盾牌，挡住了火箭。弓箭手们弯弓搭箭，向城上射去，许多叙利亚士兵中箭坠城，剩下的人纷纷躲到城墙后面。亚述人扑灭了射在攻城槌上的火箭，拉动皮带，然后猛地放手。攻城槌带着巨大的冲击力撞向已经千疮百孔的城墙，"轰隆！轰隆！"眼看城墙就要倒塌了。叙利亚人心急如焚，他们垂下一个大钩子，企图将攻城槌钩翻。亚述人见状，蜂拥而上，抓住大钩子，用力向下拉，城墙上的叙利亚人惨叫着摔下城墙。几十个攻城槌一起撞击城墙，巨大的声音好像天上的雷声。不一会儿，大马士革的城墙坍塌了。

"冲啊！"亚述王大喊。身穿铠甲，头戴铁盔，手拿盾牌和利剑的亚述士兵咆哮着，呐喊着，像洪水一样从城墙的缺口处冲入城内。叙利亚人仍不投降，他们与亚述人进行了激烈的巷战，终因寡不敌众而失败。亚述人把俘虏的成年叙利亚男子集中起来，敲碎他们的头颅，割断他们的喉咙，抢走他们的财产和妻女，焚烧他们的房屋。

经过几代人的征战杀伐，亚述帝国的疆域东达波斯湾，南到尼罗河，西抵地中海，北至高加索山，成为一个疆域辽阔的大帝国。由于亚述人的统治极其残暴，激起了被征服的各民族的强烈反抗。公元前612年，米底和巴比伦联军攻陷了亚述首都尼尼微，最后一个亚述王自焚而死，亚述帝国灭亡。

※ 斯巴达的教育

古希腊是由很多城邦组成的。所谓城邦，就是以城市为中心，连同周围的农村组成的国家。古希腊最强大的城邦是雅典和斯巴达。斯巴达位于希腊南部的伯罗奔尼撒半岛的拉哥尼亚地区。拉哥尼亚地区三面环山，一面临海，中间是土地肥沃的平原，适合农业生产，"斯巴达"原意就是"可耕种的平原"。大约在公元前11世纪，一支叫作多利亚人的部落，南下占领拉哥尼亚，征服了当地的居民，并定居在这里，斯巴达人就是多利亚人。

斯巴达全国大约有25万人，分为三类：

第一种是斯巴达人，人数将近3万，属于统治阶级，占有土地和奴隶，不从事任何生产，只进行军事训练。

第二种是庇里阿西人（意为"住在周边的人"），人数约3万，受斯巴达人的统治，属于半自由民，有人身自由但没有公民权，不能参加选举等政治活动。他们居住在城市的周围，拥有土地、店铺，主要从事手工业和商业，给斯巴达人纳税、服役。

第三种人是希洛人，他们是拉哥尼亚的原始居民，被斯巴达人征服后成为奴隶，原来人数不多。后来斯巴达人又征服了邻邦美塞尼亚，将大量的战俘也归为希洛人，希洛人的人数大大增加了，大约有20万。希洛人是斯巴达的国有奴隶，不归个人所有。斯巴达人不能随意处死奴隶，但可以以国家的名义进行集体屠杀。他们被固定在土地上，从事农业劳动，每年将一半收成交给斯巴达人，过着食不果腹、衣不遮体的悲惨生活。

由于斯巴达人人数少，而奴隶众多，强敌环伺，为了防止奴隶反抗和外邦入侵，斯巴达实行了一种独特的政治制度，过着军事化的生活。他们实行"两王制"，就是国家有两个国王，但他们只有在打仗时才拥有无限的权力。打仗时，一位国王担任统帅，另一位国王留守。平时国家事务由30人组成的"长老会议"决定。

斯巴达人一生下来，他们的父母就用烈酒而不是水给他们洗澡，以检验婴儿的体质。如果婴儿发生抽风或失去知觉，那就任他死去。经过检验之后，斯巴达人的父母还要把婴儿送到长老那里，那些有残疾、瘦弱的或长老认为不健康的婴儿，将会被扔到山谷中。之所以这样，是因为斯巴达人认为只有健康的婴儿才能成长为强壮的战士。

在7岁以前，斯巴达人和父母生活在一起。斯巴达的父母从来不对孩子娇生惯养，而是教育他们知足、愉快，不计较食物的好坏，不怕黑暗，不怕孤独，不啼哭，不吵闹。

7岁以后，斯巴达人离开家庭，编入少年团队接受严格的军事训练。队长是从年满20岁的青年中选拔出来的最勇敢、最坚强的人，孩子们要对他绝对服从，增强勇气、体力忍耐性。他们每天练习跑步、拳击格斗、掷铁饼、击剑等。为了训练孩子们忍耐性，每年的节日敬神时，都要鞭打他们。孩子们跪在神像前，让成年人用皮鞭用力抽打，不许求饶，不许喊叫，咬牙忍耐。到了12岁以后，训练更加严格。全年无论冬夏，只穿一件单衣，到了冬天他们还要脱光衣服到冰天雪地里跑步，不许打哆嗦，甚至不许表现出畏缩的样子。他们没有被褥，只有一块自己编制的芦苇草垫。他们的食物也很少，根本吃不饱，这是为了训练他们去偷窃——主要是庇里阿西人的食物。如果偷到了，会受到表扬，反之就会受到惩罚。传说有一位斯巴达少年偷了一只狐狸，为了不让人发现，藏在了衣服里。狐狸咬他，他强忍着不出声，最后被活活咬死。

到了20岁，斯巴达人就结束了教育阶段，成为一名正式的军人，开始接受正规的军事训练。斯巴达人的主要战术是方阵，这种战术不仅要求战士的勇敢，还要求相互配合和纪律严明，以保证在战争中进退自如。经过长达10年的训练，到30岁的时候，斯巴达人就可以离开军队结婚了，但还必须参加一个叫"斐迪提亚"的民兵组织，他们15人为一组，平时训练，一起出操，战时一起战斗，直到60岁退役。在战斗前，他们的母亲都会送给他们一面大盾，对他们说要么凯旋而归，要么战死躺在上面。

斯巴达人的独特的教育使斯巴达成为希腊数一数二的军事强邦。

※ 居鲁士大帝

公元前7世纪左右，在今天伊朗高原西部生活着两个部落，北部为米底，南部为波斯。公元前612年，米底和新巴比伦联军灭亡了残暴的亚述帝国。从此，米底统治了伊朗和亚述，成为西亚的一个强国，波斯人也臣服于它。

一天，米底国王阿斯提阿格斯做了一个梦，梦见女儿曼丹妮的后代成为了亚洲的统治者。于是阿斯提阿格斯没有把女儿嫁给米底贵族，而把她嫁给一个温顺老实的波斯贵族冈比西斯。他认为这样一来就可以高枕无忧了。

曼丹妮怀孕后，阿斯提阿格斯又做了一个梦，梦见一根巨大的葡萄藤从女儿的肚子里长出来，覆盖了整个亚洲。他找来一个僧侣，要他解梦。僧侣说，曼丹妮的后代必将统治亚洲。阿斯提阿格斯非常害怕，下令孩子一出生就立即处死。

不久，曼丹妮生下一个男孩，就是居鲁士。阿斯提阿格斯命令大臣哈尔帕哥斯把孩子带到宫外处死。哈尔帕哥斯不忍心，就把孩子给了一个牧民，让他来执行。牧民的孩子一出生就死了，于是他的妻子就偷梁换柱，瞒过了哈尔帕哥斯，收养了居鲁士。

居鲁士长到10岁的时候，一次和村里的孩子玩游戏。孩子们推举他为"国王"，一个没落贵族的孩子不服，居鲁士就命令"卫兵"鞭打他，后来事情闹大了，连国王都亲自过问，结果发现了居鲁士的身份。阿斯提阿格斯把僧侣找来，僧侣说居鲁士已经在游戏中当了"国王"，就不会在现实中再当国王了。居鲁士因此得以回到波斯，回到了亲生父母的身边。由于哈尔帕哥斯没有完成任务，阿斯提阿格斯非常生气，就下令杀死他的儿子。从此，哈尔帕哥斯对阿斯提阿格斯怀恨在心。

公元前 559 年，居鲁士统一了波斯的 10 个部落，成为波斯人的首领。哈尔帕哥斯就秘密联络居鲁士，密谋灭亡米底，为子报仇。

公元前 553 年，居鲁士决定起兵反抗米底。为了让波斯人团结在自己周围，他命令所有的波斯人都回家取来镰刀，来到一大片长满荆棘的土地上，让他们在一天之内将荆棘清除干净。波斯人不敢违抗命令，只好埋头苦干，一天下来累得要死。

第二天，居鲁士又把波斯人召集到一起，杀猪宰羊，拿出美酒款待他们，波斯人非常高兴。居鲁士高声问："你们喜欢昨天还是今天？"波斯人回答说："我们喜欢今天！"居鲁士乘机说："如果你们愿意听我的命令，那么就会永远和今天一样，反之你们就将会永远和昨天一样！我们波斯人不比米底人差，为什么要受他们压迫？我们要反抗阿斯提阿格斯！"波斯人早就对米底人的统治深恶痛绝，听了居鲁士的话，纷纷响应。阿斯提阿格斯闻讯，急忙令哈尔帕哥斯率军讨伐居鲁士。不料哈尔帕哥斯阵前倒戈，投降了居鲁士。阿斯提阿格斯气急败坏，亲自率军前来，结果战败被俘。

公元前 550 年，居鲁士正式建立了波斯帝国。波斯的西边是吕底亚国。吕底亚王见波斯崛起，非常害怕，决定趁波斯刚刚立国，一举消灭它。居鲁士率军迎战，吕底亚的骑兵的坐骑是马，而波斯骑兵的坐骑是骆驼。马闻到骆驼身上的刺鼻气味后，掉头就跑，吕底亚军队乱作一团。波斯人乘机进攻，大获全胜，吕底亚国灭亡，成为波斯帝国的一个省。

灭掉吕底亚后，居鲁士又把目光投向了新巴比伦。巴比伦城高大坚固，城墙是用挖护城河的淤泥烧成的砖、中间再加上沥青砌成的，城门用青铜浇铸，所以巴比伦王非常轻敌，认为居鲁士根本无法攻克巴比伦。当时，巴比伦的统治阶级分为王室、贵族和祭司三部分，他们之间争权夺利，钩心斗角。居鲁士得知后，派间谍秘密潜入巴比伦城，送给贵族和祭司很多金银，希望他们能做内应，并保证城破后保证他们的安全。贵族和祭司见钱眼开，半夜里打开城门，波斯人一拥而入，攻陷了巴比伦城。新巴比伦王国灭亡了，波斯成了西亚的霸主。

为了征服埃及，居鲁士释放了"巴比伦之囚"犹太人，让他们回去重建耶路撒冷，以此作为西进的跳板。为了消除后顾之忧，居鲁士亲率大军企图征服波斯东面的马萨革泰人，但不幸阵亡，他的儿子冈比西斯二世继任为波斯王。

※ 大流士一世改革

冈比西斯死后，波斯王位由假扮王子的拜火教僧侣高墨达篡夺。可是，8 个月以来，新王从不召见大臣。大臣们虽然都很惧怕他，但对这样奇怪的事情也不免在私底下议论："为什么新国王不在公众场合露面呢？"也有人传说巴尔迪亚就是拜火教僧侣高墨达。就在人们将信将疑的时候，冈比西斯的一个王妃发现新王没有耳朵。她的父亲欧塔涅斯知道后马上断定新王的确是僧侣高墨达，因为在居鲁士在位时，这个高墨达由于过失被居鲁士下令割去了双耳。欧塔涅斯把这一消息告诉了另外 6 名波斯贵族。七个人商议决定发动政变，夺回政权。

没几天新王不是真正王子的消息传遍了整个都城，高墨达也听说了。他见真相已经败露，就仓皇逃走，最后在米底被欧塔涅斯和大流士一世等人杀死。

假王既然已经死了，就得再选出一个人来做国王，七个人经过不停争论，欧塔涅斯决定退出王位的竞争，其余 6 人商定找一天在郊外集合，谁的马先叫谁就当国王。结果，大流士一世在马夫的帮助下当上了波斯王。

大流士一世继位后，面临着严峻的形势。帝国本部的波斯贵族拥兵自立，自称是王位的合法继承人，刚被征服的地区也趁机纷纷独立。

大流士一世经过大小 18 场战争，残酷镇压了各地的叛乱，重新统一了帝国。

公元前 520 年 9 月，踌躇满志的大流士一世巡行各地，为了标榜自己，大流士一世在克尔曼沙以东 32 千米的贝希斯顿村旁的悬崖峭壁上刻石记功，留下了著名的《贝希斯顿铭文》。这个铭文的上半部分是大流士一世的雕像，他左脚踏着倒地的高墨达，右手指向波斯人崇拜的光明与幸福之神阿胡拉·马兹达。8名被绳索绑缚着脖颈的叛乱首领被雕刻得很矮小，与高大伟岸的大流士一世形成鲜明对照。浮雕下半部是铭文，上面写着：

"我，大流士，伟大的王，万邦之王，波斯之王，诸省之王，叙斯塔斯帕之子，阿尔沙马之孙，阿黑门尼德……按阿胡拉·马兹达的意旨，我是国王。"

《铭文》用波斯、埃兰、巴比伦三种文字刻于贝希斯顿山距地面105米高处的悬崖上，宣扬了大流士一世的功业和他的神圣不可侵犯的权力。

稳定了国内局势后，大流士一世把主要精力放在了对外征服上。公元前517年，他派兵夺取了印度河流域西北部的地区，建立起帝国的第20个行省。公元前513年，他率兵亲征黑海北岸，征服了色雷斯，然后海陆两路并进，指向多瑙河下游和黑海北岸的西徐亚人。大流士一世的部队遭到了西徐亚人的有效抵抗，损失8万之众，最后被迫撤退。公元前500年，大流士一世前往希腊在小亚细亚的殖民城邦米利都，镇压当地反波斯的起义。攻下米利都后，他借口雅典的海军支援了米利都而出兵希腊，从而揭开了长达50年的希波战争的序幕。公元前492年，大流士一世派他的女婿马尔多尼率战船600艘出征希腊，但在中途遭遇风暴，损失惨重，无功而返。公元前490年，大流士一世再次兴兵从海上进攻希腊，并在马拉松成功登陆，但拥有强大骑兵的波斯军却被全部由步兵组成的雅典军打得惨败而归。虽屡遭挫败，但大流士一世始终没放弃征服希腊建立世界帝国的念头，不过时间已经不允许他实现自己的愿望了。公元前486年，正当他策划再度出兵希腊时，埃及爆发大规模起义，大流士一世亲自前往镇压，未及成功便死了。

大流士一世在位期间，为巩固中央集权，他在政治、经济、军事等方面进行了一系列卓有成效的改革。政治上，他在被征服地区普遍设省、置总督，对行省采用分权但却相互制约的统治方法，同时尊重被征服地区的宗教、法律和习俗，建立起了有效的中央集权体系。经济上，他实行新的税收制度，统一货币和度量衡。军事上，他自任军队最高统帅，各行省军政分权，建立了以波斯人为核心的步兵和骑兵，和以腓尼基水手为骨干，拥有600～1000

艘战船的舰队。为便于调遣各行省军队和传递情报，不惜重金修筑"御道"，设驿站，备驿马，在波斯全境形成驿道网。驿道虽然是出于行政目的修建的，但也极大地便利了商业的发展。此外，他还派人勘察了从印度河到埃及的航路，开凿了尼罗河支流到红海的运河。大流士一世是世界历史上著名的改革家，他的改革奠定了波斯帝国数百年的基业。

大流士一世在位期间是波斯帝国的鼎盛时期，他征服了印度河流域和巴尔干半岛的色雷斯地区，使波斯帝国成为古代世界第一个地跨亚非欧三大洲的大帝国。

※ 狼孩与罗马城

希腊人攻陷特洛伊城后，一部分特洛伊人逃了出来，乘船来到了意大利半岛中部的台伯河入海口一带定居下来。这里土地肥沃，森林茂盛，特洛伊人在这里建立了一个城镇，起名叫亚尔巴龙伽。

亚尔巴龙伽国王的弟弟叫阿穆留斯，他野心勃勃，处心积虑地想谋朝篡位，取哥哥而代之。终于他发动了政变，流放了哥哥，自己当上了国王。为了防止哥哥的后代夺取王位，他杀死了侄子，强迫侄女去当祭司，当时祭司是不允许结婚的。这样一来，就不会有人和自己争夺王位，可以高枕无忧了。

不料，战神玛尔斯使阿穆留斯的侄女怀孕，并生下了一对孪生子。阿穆留斯知道后又惊又怒，立即下令将侄女处死，并派人将孪生子扔到台伯河里去。

当时台伯河正在泛滥，奉命将孪生子扔到河里去的奴隶，将装有孪生子的篮子放在河边就回去了，他觉得一会儿河水上涨就会把两个孩子淹死。这时，一匹来河边喝水的母狼听到孪生子的哭声，顺着哭声，母狼来到篮子边。可能是母狼刚刚失去幼崽，见到两个小孩起了怜爱之心，它不仅没有吃他们，还把他们带回山洞，给他们喂奶。

不久，一个牧人经过山洞，发现了孪生子，将他们带回来抚养。经过多方打听，牧人终于得知了孪生子的身世。牧人给两个孩子取名，哥哥叫罗慕路斯，弟弟叫勒莫斯。时间一天天过去，两个孩子渐渐长成健壮的青年。牧人就将他们的身世告诉了兄弟二人，兄弟二人发誓一定要替舅舅和母亲报仇。他们勤奋习武，渐渐地在这一带有了威望，许多人前来投奔。

一次，他们和另外一群牧人发生了冲突。弟弟勒莫斯不幸被抓住了，被押到一个老人面前。老人看见勒莫斯的相貌，突然吃了一惊，问道："孩子，能跟我讲讲你的身世吗？"勒莫斯见老人慈眉善目，没有什么恶意，就把自己的身份告诉了他。老人听完，顿时泪流满面，说："孩子，我就是你的外祖父啊！"

勒莫斯和外祖父经过商议，率领外祖父的人马和哥哥罗慕路斯联合起来，浩浩荡荡地向亚尔巴龙伽进军。许多痛恨阿穆留斯残暴统治的人纷纷拿起武器加入他们的队伍，阿穆留斯很快被处死，兄弟俩的外祖父复位。

可兄弟俩不愿意依靠外祖父，决定另建一座新城。他们把新城的城址选在了母狼喂养他们的台伯河畔的帕拉丁山冈上。新城建好后，在以谁的名字命名的问题上，兄弟俩发生了争执，并展开了决斗。最后，哥哥罗慕路斯杀死了弟弟勒莫斯，将新城以自己的名字命名，取名为罗马城，时间是公元前753年4月21日，这一天成为古罗马人的开国纪念日。

罗马城建立后，很多逃亡者、流浪汉，甚至盗贼都来到这里。他们好勇斗狠，崇尚武力，使周围的部落对他们畏而远之。由于罗马城男多女少，罗慕路斯向周围的部落求婚，但都遭到了拒绝。

罗慕路斯无奈，只好使用计谋。他派人向周围的部落发出邀请，希望他们来参加罗马的节日宴会。到了节日那天，周围的部落来了很多人，其中以萨宾人最多。他们又吃又喝，玩得非常高兴，整个罗马城到处欢歌笑语。突然，罗慕路斯发出了号令，罗马人将早已看中的姑娘抢回家去成亲。

这就是关于罗马城的传说。在罗马博物馆里，现在仍保存着一尊铜像：一只母狼瞪着双眼，露着尖牙，警惕地望着前方。在它的身下，有两个男婴正在吃奶。

※ 激战马拉松

波斯帝国从居鲁士起，经过几代人的不断扩张，到了大流士一世时，已经成了一个横跨亚非欧的大帝国。

大流士一世垂涎于希腊城邦的繁荣富庶，于是在公元前492年春天，派了300艘战舰、20000多名士兵远征希腊，历史上著名的希波战争爆发了。不料波斯大军在横渡爱琴海时遇上了风暴，战船和士兵全都葬身海底，未经一战就全军覆没。

但波斯王大流士一世贼心不死。第二年春天，他派出很多使者到希腊各城邦索要水和土，意思是要他们表示臣服，如果不给就将他们的城邦夷为平地。大多数城邦被波斯的恐吓吓坏了，急忙献上水和土。但希腊城邦中最强大的雅典和斯巴达根本不把波斯放在眼里，雅典人把波斯使者从高山上扔到大海里，斯巴达人把波斯使者押到水井边，指着水井说："水井里有水也有土，你自己去取吧！"说完就把波斯使者扔到了井里。大流士一世得知雅典和斯巴达拒绝投降，非常愤怒，立即下令第二次远征希腊。

当时波斯是横跨亚非欧的大帝国，而雅典和斯巴达则是希腊的两个小小的城邦，实力悬殊，而且雅典和斯巴达之间还很不团结。为了共同抵抗波斯人，雅典派出了长跑健将斐里庇第斯去斯巴达求援。雅典和斯巴达相距240千米，斐里庇第斯仅用了两天两夜就赶到了斯巴达。不料斯巴达王说："按照我们的风俗，只有等到月圆才能出兵打仗，否则就会出师不利。"斐里庇第斯动之以情晓之以理，最后苦苦哀求斯巴达王，可斯巴达王就是不同意出兵。斐里庇第斯无可奈何，只好连夜赶回雅典。

当雅典人听到斯巴达人拒绝出兵救援的消息后，他们并没有气馁。雅典执政官发出了全民动员令，甚至连奴隶也编入了军队，积极备战。

公元前490年，波斯大军渡过爱琴海，在雅典城外的马拉松平原登陆。当时希腊人的兵役制度是根据公元前600年改革家梭伦的法律制定的。

雅典人分成四个等级，第一等人是最有钱的人，在军队中担任将领。第二等人是乡村贵族，他们组成骑兵。第三等人是作坊主和富农，他们自己准备兵器和盔甲，在军队中组成重甲兵。他们的武器是长达2米的标枪、希腊短剑和盾牌。第四等人是城市中的手工业者和普通的农民，在军队中组成轻甲兵，武器是标枪和弓箭，或者充当海军战船上的划桨手。

雅典军队大概有1万人，他们都决心保家卫国，愿意与波斯侵略者决一死战，所以士气高昂，战斗力很强。

反观波斯，虽然有10万军队，在数量上比雅典人多得多，但他们主要是由奴隶和雇佣军（大部分是被征服的希腊人）仓促组成，士气低落，装备很差，纪律松弛。真正称得上精锐的只有波斯王的1万御林军。

雅典人在统帅米太亚德的率领下奔赴马拉松，迎战波斯人。马拉松平原三面环山，一面临海，波斯人就在平原上扎营。米太亚德看了地形以后，命令雅典人登上高山，占领制高点。

公元前490年9月12日清晨，决战前夕，米太亚德对雅典人说："雅典是永保自由，还是戴上奴隶的枷锁，就看你们的了。"将士们高呼："誓死不做奴隶！"

雅典人沿着山坡冲下，杀向波斯人的军营，波斯人猝不及防，一片混乱。米太亚德趁机排兵布阵，他将军队主力放在两翼，中间则是战斗力很强的重甲兵。不一会儿波斯人杀了过来，用骑兵冲击雅典人的重甲兵。雅典人不断后退，波斯人步步进逼，战线不断拉长。米太亚德一声令下，雅典人的两翼的主力杀声震天，夹击波斯人，波斯人大败，损失了1/3的兵力，其余的纷纷爬上海边的战船，狼狈逃走，雅典人大获全胜。

米太亚德为了让雅典人尽快知道捷报，派斐里庇第斯去传送消息。斐里庇第斯在战斗中受了伤，从斯巴达回来后又没有得到充分的休息，但他还是毅然接受了任务。他飞快地跑到雅典的中央广场，对等在那里的焦急的雅典人说："大家欢呼吧，我们胜利了！"说完就倒在了地上，再也没有起来。

为了纪念斐里庇第斯，1896年举行第一届奥运会时，人们把从马拉松到雅典的40195米的长跑定为比赛项目，这就是著名的马拉松长跑。

※ 温泉关之战

波斯王大流士死后，他的儿子薛西斯登上王位。为了实现父亲的遗愿，薛西斯积极备战，发誓要踏平希腊，血洗马拉松战败之耻。

经过多年的准备，公元前 480 年，也就是马拉松之战后的第 10 年，薛西斯动员了波斯帝国的全部兵力，共数十万大军，海陆并进，浩浩荡荡，向希腊杀去。

波斯军队来到赫勒斯滂海峡（今土耳其达达尼尔海峡）时，薛西斯下令修建浮桥。埃及人和腓尼基人很快各自修建了一座索桥，不料这时狂风大起，将索桥刮断。薛西斯大怒，将架桥的埃及人和腓尼基全部处死。他还下令把铁索抛进海里，想要锁住大海，并派人鞭打大海 300 下，以报复大海阻止他前进。

工匠们将 360 艘木船排在一起，用粗大的绳索相连，在上面铺上木板，两边安上栏杆以防人马落水，架成了一座浮桥。波斯王薛西斯乘坐由 8 匹白马拉的战车，在 1 万头戴花环的御林军——"不死军"的护卫下，趾高气扬地跨过海峡，其余的波斯大军用了七天七夜才全部渡过海峡。

波斯大军跨过海峡后，迅速席卷了北希腊，直逼中希腊。在大敌当前的情况下，希腊各城邦团结起来。30 多个希腊城邦组成抵抗波斯联盟，推举陆军最强大的斯巴达为盟主，斯巴达国王列奥尼达担任统帅，组建希腊联军（实际组织者是雅典），迎战波斯。

公元前 480 年 6 月，波斯军队来到希腊北部的德摩比勒隘口。德摩比勒隘口是北希腊通往中希腊的唯一通道，它西面是陡峭的高山，东面是一片通到大海的沼泽，最狭窄处仅能通过一辆战车，可谓"一夫当关，万夫莫开"，非常险要。因为关前有两个硫黄温泉，所以又叫温泉关。当时希腊人正在举行奥林匹亚运动会，按照风俗习惯，运动会高于一切，在运动会期间禁止一切战争。所以温泉关只有 7000 名战士守卫。斯巴达国王列奥尼达听到波斯人逼近的消息后，急忙率 300 名勇士赶来支援。他将 6000 名战士部署在温泉关一线，1000 名战士部署在温泉关后面的小道，以防波斯人从背后偷袭。

薛西斯写信给列奥尼达，说波斯军队多得很，射出去的箭遮天蔽日，企图吓倒希腊人。斯巴达人哈哈大笑说："那真是太好了，我们可以在荫凉地里杀个痛快了！"薛西斯派探子去侦察希腊人的情况，探子回来禀报说，希腊人把武器堆在一边，有的梳理头发，有的做操，丝毫没有打仗的样子。薛西斯感到很奇怪，一个希腊叛徒说："这是斯巴达人的风俗，表示他们要决一死战了。"薛西斯冷哼一声，认为这点儿人根本不可能和他的大军相抗衡。

薛西斯下令进攻，波斯人一拥而上，企图夺取隘口。斯巴达人居高临下，手持长矛，向波斯人猛刺。由于山道狭窄，无法发挥波斯军队人多的优势，一批又一批的波斯人死在山道上，尸体堆成了一座小山，仍然没有攻下关口。薛西斯大怒，命令自己的"不死军"前去进攻，结果还是无法攻克。

正在薛西斯一筹莫展之时，那个希腊叛徒说："尊敬的大王，我知道有一条路可以绕到温泉关的后面。"薛西斯闻讯大喜，急忙命令叛徒带路，派一部分波斯军队连夜偷袭。由于防守小路的希腊人连续几天没有战斗，所以都放松了警惕，直到黎明时波斯人的脚步声才将他们吵醒。希腊人慌忙拿起武器抵抗，但由于寡不敌众，被迫撤走。波斯人也不追赶，而是赶往温泉关，夹击斯巴达人。列奥尼达见大势已去，为了保存实力就命令其他城邦的希腊人撤退，而留下300名斯巴达勇士拖住敌人。

腹背受敌的斯巴达人宁死不屈，他们占据一个小丘，拼死抵抗。长矛折断了，就用短剑，短剑折断了就用石头砸、用拳打、用脚踢、用牙咬。斯巴达人没有一个投降，没有一个逃跑，最后全部壮烈牺牲。

后人在温泉关树立了一个狮子石像，纪念那些阵亡的斯巴达勇士，上面刻着："来往的过客啊，请带话给斯巴达人。我们忠实地遵守了诺言，为国捐躯，长眠于此。"

※ 萨拉米斯海战

攻占温泉关以后，波斯陆军直扑雅典城。但是，在那里他们却什么都没见到，整座城池空空如也。波斯王薛西斯不由得大为光火，一气之下让人将这座当时最大、最富庶的城市置于火海之中。

雅典城的居民怎么突然消失了呢？原来，雅典和其他城邦的人都接受了海军统帅提米斯托克利的建议，所有的妇女儿童都坐船到亚哥斯的特洛辛和本国的萨拉米斯岛上去躲避，所有的男人都乘着战船，集中到萨拉米斯海湾。当时希腊流传着太阳神的一个预言：希腊的命运要靠木墙才能拯救。根据这个预言，提米斯托克利认为希腊的未来在海上，太阳神所说的木墙就是指大船。

与此同时，波斯海军来到雅典的外港比里犹斯，它与直扑雅典的波斯陆军遥相呼应，那势头简直就要踏平整个希腊。

面对波斯军队的嚣张气焰，集中在雅典城南萨拉米斯海湾的希腊联合舰队对能否打败波斯大军毫无信心，有些城邦的人甚至打算把船驶离海湾，去保卫自己的家乡。

在此危急时刻，提米斯托克利召开军事会议，商讨作战方略。在会上，提米斯托克利说希腊联军完全有战胜波斯大军的可能，但前提是把战船集中在萨拉米斯海湾和波斯海军决战。他的依据是波斯战舰笨重，而港湾狭窄水浅，就算波斯军队在数量上占优势，但是在这种情况下他们的优势根本就无法发挥出来，况且，波斯水手们也不熟悉海湾水情和航路。而希腊人正相反，战船体积小，机动灵活，适合在这个狭窄的浅水湾中作战，加上水兵们在本国海湾作战，熟悉水情、航路，能充分发挥力量。

公元前 480 年 9 月 20 日，萨拉米斯海战正式开始。

欧利拜德斯按照提米斯托克利的建议，立即进行战争准备。他派遣科林斯支队据守西面海峡，斯巴达战舰为右翼，雅典战舰为左翼，其他城邦的战舰在中央，开始向波斯海军发起攻击。

薛西斯封锁萨拉米斯海峡后，首先派 800 艘先锋战舰分成三线一字摆开，向萨拉米斯海峡东端进攻。可是，海峡中间的普西塔利亚岛打乱了波斯军的阵形，波斯海军只好将纵队一分为二进行攻击，再加上波斯战船体大笨重，在狭窄的海湾运转困难，前进不得，后退无路，自相碰撞，乱作一团。

相反，希腊军舰却能在波斯军舰中任意穿梭。因为，希腊战舰大多是三层桨军舰，这样的战舰既快速，又灵活。

希腊联军抓住时机，充分发挥着自己战舰的优势，猛烈攻击波斯舰队。雅典的每艘战舰上载有 18 个陆战队员，他们不断地向敌舰发射火箭、投掷石块。波斯战舰陷入一片火海，波斯人惊恐万分。更令波斯人惊慌的是雅典船只坚固的构造和特殊结构。雅典战舰船头镶嵌铜冲角，船身安装一根 5 米的包铜横木。它们用铜冲角把波斯战舰撞得支离破碎；当它们紧贴波斯舰飞速冲过时，横木像锋利的刀子一样削断敌舰的木桨。波斯军队只能被动挨打了。

经过七八个小时的激战，萨拉米斯海战结束。希腊联军大获全胜，击沉波斯战舰 200 余艘，缴获 50 余艘，希腊舰队仅损失 40 艘战船。

此后，以雅典为首的希腊转入进攻，并乘机扩张海上势力，逐渐建立起雅典在爱琴海的霸权。

公元前 449 年，希腊和波斯在波斯首都签署了《卡利亚斯和约》，希波战争结束。

萨拉米斯海战是世界上最早的大规模海战，是希波战争的转折点，是世界海战史上以少胜多，以弱胜强的典型战例。这一战役使希腊人取得了制海权，而波斯人走向了衰落。

※ 伯罗奔尼撒战争

希波战争后，雅典不断向外扩张，并把提洛同盟成员国变成自己的附庸，控制爱琴海，形成与斯巴达争霸希腊的局面。斯巴达则针锋相对，与雅典争相干预他邦内政，冲突不断发生。公元前 435 年，科林斯与其殖民地克基拉发生争端。公元前 433 年，雅典出兵援助克基拉，逼科林斯退兵。公元前 432 年，雅典以科林斯殖民地波提狄亚隶属提洛同盟为由，要求它与科林斯断绝关系，双方矛盾加剧。同年秋，伯罗奔尼撒同盟各邦开会，在科林斯代表鼓动下，要求雅典放弃对提洛同盟的领导权，遭拒绝。

面对与雅典的争端，斯巴达决定采取发挥陆军优势，鼓动提洛同盟成员国叛离，削弱和孤立雅典的战争策略，因为，斯巴达训练有素的重甲方阵步军和骑兵在陆战中将占有绝对的优势。

公元前431年，伯罗奔尼撒同盟成员底比斯袭击雅典盟邦布拉底引发战火。5月，斯巴达国王率领精锐部队6万余人，向阿提卡进军，伯罗奔尼撒战争全面爆发。

雅典的统帅伯里克利是位杰出的政治家和军事家，他对局势认识很清楚。他知道，要想在战争中胜利或逼和斯巴达，必须避其长击其短。于是，他采取陆上取守势，海上则取攻势的对策，命令陆战队以守为主，派舰船侵袭伯罗奔尼撒半岛沿海地区。

就在斯巴达不断对阿提卡进攻时，雅典的海军在伯罗奔尼撒半岛开始登陆，严密封锁伯罗奔尼撒半岛海岸港口，断绝斯巴达海上与外界的联系，并煽动斯巴达的奴隶希洛人举行起义，使斯巴达陆上进攻受到极大牵制。整个战争按照雅典人的预想进行。

但不幸却降临在雅典人头上，公元前430年，雅典城内发生严重瘟疫，死者甚众，雅典统帅伯里克利也在这场瘟疫中丧生。他的去世使雅典从防御战争变成新任统帅克里昂主张的侵略性战争。公元前425年，雅典海军占领了美塞尼亚西岸的皮洛斯及其附近的斯法克蒂里亚小岛，斯巴达陷入困境。为避开强大的雅典海军主力，斯巴达国王命令柏拉西达将军率领一支精锐部队由小道穿过希腊半岛，向北绕到雅典背后进行攻击，对雅典同盟进行说服，并攻下安菲波利斯。

公元前422年，双方在安菲波利斯展开对决。斯巴达骑兵一举杀死雅典统帅克里昂，但斯巴达统帅伯拉西达也在乱军中被杀死。

双方失去统帅，战争只好暂时停止。公元前421年，雅典主和派首领尼西阿斯与斯巴达缔结《尼西阿斯和约》。条约规定：交战双方退出各自占领地，交换战俘，保持50年和平。

然而，导致战争的基本矛盾依然存在，雅典和斯巴达在希腊争霸的野心并没有消除。和约签订的第6个年头，雅典调集134艘三桨战船、130艘运输船、5100名重步兵、1300名弓弩手共约2.7万人，组成雄壮的远征军由亚西比德统率向西西里进发。

但惊人的意外发生了，雅典方面突然命令亚西比德回国受审。原来，雅典城内的海尔梅斯神像被人毁掉，亚西比德因一贯不敬神而被诬陷，还将被判处死刑。亚西比德一怒之下逃往斯巴达。对雅典战略战术一清二楚的亚西比德的投降使战势发生了转变，斯巴达在埃皮波拉伊重创雅典军。雅典军无奈只好撤军，但撤军当晚发生月蚀，相信月蚀会带来凶险的雅典士兵不肯登船撤退。斯巴达抓住时机，封锁港口，切断陆上要道，包围了雅典军队。公元前 413 年 9 月，雅典全军覆没，经此严重打击，雅典渐失其海上优势。

公元前 411 年，雅典海军在阿拜多斯，次年在基齐库斯，先后打败斯巴达海军。斯巴达则寻求波斯援助，增建舰队，要与雅典海军作最后的较量。公元前 405 年，斯巴达海军在波斯人的援助下一举全歼雅典海军，从此斯巴达成为希腊的霸权国。公元前 404 年，雅典投降，被迫接受屈辱的和约：取消雅典海上同盟（即提洛同盟）；拆毁长墙工事；除保留 12 艘警备舰外，其余的全部交出。

伯罗奔尼撒战争使斯巴达成为希腊的霸权国，但整个希腊遭到严重破坏，繁荣富强的希腊从此一蹶不振。这场战争是希腊城邦开始衰亡的标志，是古典时代的结束。

但斯巴达的霸权没有维持多久，由于斯巴达对其他城邦的肆意压榨，再加上波斯的挑拨离间，希腊各城邦之间陷入了长期的内战，最终都被希腊北部的马其顿王国征服。

※ 和平撤离

公元前 494 年的一天，一队愤怒的罗马人携带武器和生活用品浩浩荡荡离开罗马城，向城东的圣山走去。

"哼！太令人气愤了！一个不把保卫者当公民的城市，有什么值得留恋的！我们离开这里，寻找新生活！"一个罗马人气愤地说。

"我们拼命作战，保卫罗马，可战利品却全被那些贵族占有！我们在前线浴血奋战的时候，他们还在家里享福呢！凭什么！"另一个罗马人也很气愤。

"走！离开罗马！再有外敌入侵，让那些贵族自己去保卫吧！"这队罗马人边走边说。看到他们离开罗马，其他的罗马平民也加入了他们的行列。

这是怎么回事呢？原来罗马城经过不断发展，一小部分富裕的平民上升为贵族，而罗马城中人数最多的是平民，平时发动对外战争和保卫罗马主要靠的是平民组成的罗马军团。罗马实行的是公民兵制，每一个平民都要参军。罗马为了扩张，对外战争不断，平民们常年在战场上奋勇杀敌，流血牺牲。他们的田地无人耕种，应交纳的赋税无法完成，欠下大量债务，不少战士的家庭破产。但是，贵族们却想方设法剥削平民，使他们破产。这样，他们就可以占有平民的土地，甚至把他们变成自己的奴隶。

终于，平民们实在无法忍受了，纷纷结队出走，就出现了本文开始时的一幕。平民的大量撤离，大大削弱了罗马的武装力量，北方的高卢人得知这一消息，立即派大军南下，进攻罗马。这一下子罗马贵族可慌了神，他们急忙派代表去和平民们谈判。

通过多次的协商，平民与贵族达成协议：罗马政府设置保民官和平民大会。罗马保民官从平民中选举，其职责是保障平民的权利。他的人身权利神圣不可侵犯，任何人不得伤害。保民官权力极大，有权出席元老院会议，否决任何人的裁判和提议。后来，平民又获得了担任市政官、军团司令官的权利。平民大会起初只对平民有效，经过斗争，贵族们最终承认平民大会决议对全体罗马人生效。和平撤离取得了初步的胜利。

平民的权利虽然有了一定的保障，但在实际生活中，贵族侵犯平民利益的事情还是经常发生。平民一旦与贵族发生争执，就得依据罗马的传统习惯（有法律效力）进行处理，而习惯的解释权掌握在罗马贵族手里，这对平民相当不利。

公元前 462 年，罗马保民官建议，编纂一部成文法典，建设公平的法律制度。提议遭到罗马贵族的反对，为了支持保民官，也是为了争取更多的权利，平民们再一次选择了撤离。经过多次的斗争和反复的谈判，罗马贵族终于妥协。公元前450年，罗马制定并颁布了著名的《十二铜表法》，它是罗马传统习惯的汇编，虽然维护的是罗马贵族的利益，但成文法的公布，有效地限制了贵族们对法律的任意曲解，这在人类历史上是一个伟大的进步。

平民的斗争与贵族的妥协，提高了国家的凝聚力，罗马走向强大。此后100多年间，罗马不断发动对外战争，征服了大量的部落，疆域不断扩大。随着社会财富的增加，平民与贵族的矛盾转移到经济领域，平民们经过10年斗争，公元前367年，罗马通过了李锡尼和赛克斯都法案，其内容为：平民所欠债务，已付利息作为偿还本金计算，未偿还部分分3年归还；占有公有地的最高限额为500犹格；两个执政官之一须为平民担任。这一法案的通过，是平民斗争的重大胜利，平民由此获得了担任罗马所有高级官职的权力。

公元前287年，平民举行了最后一次撤离，罗马贵族再一次妥协。这次斗争得结果是颁布了一项法律，重申平民会议对全体公民都有法律效力，平民对贵族的斗争取得了巨大的胜利。

❖ 争战中的帝国 ❖

在亚洲、地中海区域等地兴起的一些奴隶制国家的基础上，经过长时间的分化组合，终于形成了波斯帝国、亚历山大帝国、安息帝国、贵霜帝国、罗马帝国等一些地域辽阔的中央集权的专制帝国。

这些帝国大都是依靠武力建立起来的，虽然它们的建立过程给被征服地区的人民带来了灾难，破坏了各民族独立发展的历史进程，但在另一方面却使世界各地的政治、经济和文化的联系更进一步加强，加速了人类历史从分散走向整体的进程。同样，在各种矛盾激化的情况下，这些帝国最终又走向解体和灭亡。

※ 罗马军团

王政时代，罗马军队主要是由氏族部落组成，有3000步兵和300骑兵。公元前6世纪，罗马人学会了重装步兵方阵。塞尔维乌斯按照地域和财产进行改革，建立了公民兵制，规定凡是17～60岁的罗马公民都有自备武器服兵役的义务，这样就扩大和改组了军队。

共和国初期，罗马军队分为两个军团，分别由两个执政官指挥。每个军团的主力是3000重装步兵，另外还配有少量轻装步兵和骑兵。

公元前4世纪，为了适应长期战争的需要，罗马著名军事统帅卡路米斯进行了军事改革，开始实行军饷制。罗马军团被分成30个连队，每个连队有两个百人队。同时，他废除了原来按财产等级列队的传统，按照年龄和经验把军队分为枪兵、主力兵和后备兵，排成三队。第一排是年轻的投枪兵，第二排是有经验的主力兵，第三排是最有经验的老兵。作战时，第一排的投枪兵先向敌人投掷长枪，这种长枪长达2米，装着锋利的金属矛头，再加上强大的冲击力，足以刺穿敌人的盾牌和铠甲。投枪兵投掷完长枪后，迅速后撤。第二排主力兵上前手持盾牌和利剑，同敌人展开厮杀。如果不能取胜，那么最有经验和战斗力最强的老兵们就投入战斗。

罗马军队有一个规定，军队在野外宿营时，哪怕是只住一晚也必须要挖壕沟，筑高墙，以防备敌人偷袭。他们纪律严明，如果有人胆敢违抗命令，立即处死。打仗时，如果全队都当了逃兵，那么罗马将军就将他们排成一排，每隔9个人处死1个。如果作战有功，不管是士兵还是军官，都有赏赐。

公元前2世纪，罗马占领迦太基后，将那里变成了罗马的阿非利加行省。罗马的商人来到这里掠夺搜刮，并向紧邻迦太基的努米比亚国渗透，激起了当地人民的强烈愤怒。努米比亚国王朱古达派军队对当地的罗马人大肆屠杀，于是罗马向努米比亚宣战。朱古达用金钱贿赂罗马将领，罗马士兵为了金钱甚至把武器卖给努米比亚人。这场战争一连拖了好几年，罗马始终无法战胜努米比亚，引起了罗马民众的强烈不满。罗马贵族马略当选为罗马执政官，并担任军事统帅。

为了战胜努米比亚，马略进行了一系列的军事改革：一，用募兵制代替征兵制。当时罗马平民要有一定的财产才能当兵，符合这一要求的人并不多。为了扩大兵源，马略采用了募兵制，吸引了大批的无产者参军。二，延长服兵役的时间。以前打仗的时候，罗马军队都是临时征集的，打完仗后就解散回家。公民服完16次兵役后就解除义务。马略将公民的兵役时间规定为16年，这就将民兵变成了职业化军人。三，给士兵发军饷。士兵服兵役期间，必须脱离生产，为了使士兵的生活有保障，马略规定士兵可以从国家那里领取军饷。战争胜利后，士兵还可以获得战利品。四，有了充足的兵源后，马略对罗马的军团制度进行了大规模调整。用联队军团代替了三列军团。五，改进武器装备，给重甲兵配备标枪和短剑。六，严格训练，最大限度增强军队的战斗力。

经过改革，马略率领罗马军团很快战胜了努米比亚，接着又战胜了日耳曼人，镇压了西西里岛的奴隶起义。罗马就凭着这支勇猛作战的军队征服了地中海沿岸的土地，将地中海变成了罗马的内湖，成了一个横跨亚非欧三大洲的大国。

※ 马其顿的年轻统帅

马其顿原来是希腊北部一个落后的奴隶制王国，它积极吸收与它相邻的希腊文化和技术先进，采用希腊文字，逐渐强大起来。公元前4世纪，马其顿国王腓力二世征服了国内没有降服的部落，占领了沿海的海港，实力越来越强。

有一次，腓力二世买了一匹高头大马，在城郊的练马场试马。许多骑手都轮番上阵，企图驯服这匹烈马。但骑手们一骑上马背，烈马就前蹄腾空，又蹦又跳，狂嘶不已，将骑手一个个摔倒地上，在场的人都哈哈大笑。腓力二世见没有一个人能驯服这匹烈马，正想下令让人牵走，忽然听到身旁12

岁的儿子亚历山大说："不是驯服不了，只是因为他们的胆子太小了。"腓力二世生气地说："不许讥笑比你年长的人！因为你也驯服不了！""我去试试！"腓力二世正想阻止，但亚历山大已经向烈马跑去了。

亚历山大一手牵着缰绳，一手轻轻抚摸着马的鬃毛。他发现马非常害怕自己的影子，就慢慢地把马头转过来朝向太阳。突然，亚历山大以迅雷不及掩耳之势一跃而起，跳上了马背。受惊的烈马人立而起，仰天长嘶，企图将亚历山大掀下马背，但亚历山大牢牢地抓着缰绳，双腿紧紧夹着马腹，稳如泰山。烈马又开始疯狂跳跃，在场的人脸都吓白了，可亚历山大却毫无惧色。烈马长嘶一声，风驰电掣般向远方跑去，眨眼间就在人们的视线中消失。腓力二世焦急万分，急忙派人前去追赶。过了一会儿，满身大汗的亚历山大骑着马回来了，那匹烈马十分驯服地听从他的指挥，全场的人都惊呆了。从此，腓力二世决定将胆识过人的亚历山大培养成自己的接班人。

腓力二世不惜重金，请全希腊最著名的学者亚里士多德担任亚历山大的家庭教师。亚里士多德努力教导他去热爱希腊文化，征服科学的世界，但亚历山大想征服的却是现实中的世界。他非常喜欢读《荷马史诗》，枕边就放着《伊利亚特》。亚历山大最崇拜希腊神话中的英雄阿基里斯，希望有朝一日能像他一样，建立丰功伟绩。

当时希腊各城邦内战不止，实力受到严重的削弱。腓力二世看准时机，发动战争，企图征服全希腊，成为希腊之王。公元前 338 年，腓力二世和亚历山大与雅典和底比斯两个城邦的军队在希腊中部的喀罗尼亚相遇。交战前，马其顿排成了一个 16 排的方阵。方阵中的每个士兵都一手拿着一面可以遮住全身的大盾，一手拿着一根长达 5 米的长矛。后排的士兵将长矛放在前排士兵的肩上，前方和两侧是骑兵。腓力二世将马其顿的骑兵集合起来，形成强大的进攻力量。他亲自担任统帅，指挥右翼，任命亚历山大为副统帅，指挥左翼。

战斗开始后，双方杀得难分难解。底比斯的"神圣部队"突破了腓力二世的右翼，贪功冒进，导致战线拉长。亚历山大抓住战机，率领骑兵迅猛出击，将希腊人打得大败。这场战争后，希腊人再也无力抵抗马其顿人了，希腊并入了马其顿王国。公元前 336 年，腓力二世在女儿的婚礼上不幸遇刺身亡，年仅 20 岁的亚历山大继任为马其顿国王。

希腊各城邦见腓力二世死了，纷纷摆脱马其顿，宣告独立。年轻的亚历山大此时显示出了他的雄才大略，他迅速平定了宫廷内乱，镇压了国内叛乱的部族，随后将矛头指向了反叛的希腊城邦。

当时希腊各城邦分为反马其顿派和亲马其顿派。反马其顿派希望重获独立，而亲马其顿派则希望马其顿统一希腊，然后远征东方，掠夺波斯的财富。亚历山大亲率大军进攻反马其顿的底比斯城邦，将它变成一堆瓦砾，把城中居民统统变卖为奴隶。希腊各城邦害怕了，又纷纷表示归附。

公元前 334 年，亚历山大率领 3.5 万军队和 160 艘战舰远征波斯。临行前，他将自己的所有财产都分给将士。将士们问他："陛下，您把财产都分给我们，那您给自己留下了什么呢？"

"希望！"亚历山大说，"我把希望留给自己，它将带给我无穷无尽的财富！"

将士们被亚历山大的豪言壮语感动，他们齐声呐喊，誓死追随亚历山大，从此踏上远征之路。

※ 征服波斯

公元前 334 年，亚历山大率领一支包括步兵 3 万人，骑兵 5000 人和 160 艘战舰组成的马其顿和希腊各邦联军，浩浩荡荡地渡过赫勒斯滂海峡，登陆小亚细亚，踏上了波斯的领土。

当时波斯国王大流士三世昏庸无能，国内政治腐败，内部矛盾重重。大流士三世闻讯大为惊恐，急忙派 2 万波斯人和 2 万希腊雇佣军前去迎战。两军在马尔马拉海南岸的格拉尼科斯附近交战，波斯军队占据了河对岸的高地，以逸待劳。亚历山大不顾部队长途跋涉的疲劳，率军强行过河，向波斯军队发起进攻。波斯军队一触即溃，士兵们纷纷逃亡，2000 人被俘，而亚历山大的军队只损失了百余人。

首战告捷后，亚历山大继续南下，扩大战果。公元前 333 年，亚历山大在伊苏斯迎战大流士三世亲自率领的 16 万波斯大军。大流士三世率领军队迂回到亚历山大的后方，企图围歼亚历山大。在这危急时刻，亚历山大当机立断，亲自率领精锐骑兵，向大流士三世率领的中军发起冲锋。马其顿骑兵锐不可当，势如破竹，波斯人或死或逃。大流士三世吓得魂飞魄散，急忙掉转马头，落荒而逃，连自己的弓、盾和王袍都丢掉了。其他的波斯将领见国王跑了，都无心再战，也纷纷逃亡。远征军趁机大举进攻，大获全胜。这场战役，波斯人损失了 10 万步兵、骑兵，辎重全部丧失，连大流士的母亲、妻子和两个女儿也被俘虏，而远征军仅损失 5000 人。亚历山大看到大流士三世豪华的帐篷后，羡慕不已，说："这才像个国王啊。"这场战役后，远征军获得战争主动权。

为了赎回自己的母亲和妻女，大流士三世派使者前去觐见亚历山大。使者战战兢兢地说："尊敬的亚历山大陛下，为了两国的和平，我们大流士三世陛下愿意将我们美丽的公主嫁给您，并将幼发拉底河以西的全部领土和 10000 塔兰特作为嫁妆，请求您放回我们大流士三世的母亲和妻女，并各自停战。不知陛下意下如何？"

亚历山大还没有回答，一旁的大将帕曼纽两眼放光，兴奋地说："这么丰厚的条件！如果我是亚历山大，我肯定会同意的！"

亚历山大轻蔑地看了他一眼说："可惜我不是愚蠢的帕曼纽。我是亚历山大，我不会答应的。我要得是整个波斯帝国，而不是部分！我要做全亚洲的统治者！回去告诉大流士，要么投降，要么继续和我战斗！"使者灰溜溜地回去了。

公元前 332 年，亚历山大沿地中海东岸挥军南下，进入埃及，将埃及从波斯人的手中解放出来。埃及祭司为了表达对亚历山大的感激之情，宣布他为"阿蒙神之子"，亚历山大又自封为埃及法老，还在尼罗河口兴建一座城市，并以自己的名字命名，这就是今天的亚历山大港。

战败的大流士逃到幼发拉底河，在这里重整旧部，又招募军队，准备与亚历山大决一死战。10 月 1 日，在尼尼微附近的高加米拉原野，大流士三世的军队与亚历山大军队再次相遇。大流士对此役做了充分的准备，他调集

4万骑兵，100万步兵，还有200辆装有刀剑的战车及15头战象，布置于开阔的高加米拉平原。大流士认为这是最适宜骑兵、战车作战的地方，他命令士兵铲平地面，移走障碍物，高加米拉平原显得更加空旷了。大流士吸取了伊苏斯战役的教训，还给士兵配备了更长的矛，并在战车上装备长刀，试图突破亚历山大的方阵。

大流士将军队分为两个方阵排列：第一方阵为主力部队，排成前后两条战线。战线的左、右翼骑兵和步兵混合在一起，中央由大流士亲率皇族弓箭兵、步兵和骑兵及其他城邦联军组成纵深队形。第二方阵排列在第一方阵正前方。方阵的中央为15头战象和50辆战车，大流士的御林军骑兵紧跟其后；方阵左翼为100辆战车及西亚骑兵；右翼为50辆战车及亚美尼亚和卡帕多西亚骑兵。

亚历山大趁大流士尚在设防之际，亲率一支精锐骑兵勘察地形，巡视敌情，把敌军的战略部署搞得清清楚楚。后方部队则一边加固防御工事，一边休养整顿。

当波斯和马其顿军队接近时，亚历山大并没有直接进攻，而是向波斯军的左翼斜向移动。大流士担心亚历山大攻击左翼，也跟着平行移动。渐渐地，队伍走出了波斯人特意平整过的地带。这时大流士开始警觉起来，他担心精心准备的战车失去作用，便立即命令左翼部队赶紧绕过亚历山大的右翼，阻止其继续右移。双方侧翼骑兵开始了激战。数量明显占优的波斯军，因为骑兵和马匹都有铠甲保护，致使亚历山大骑兵伤亡惨重，败下阵来。亚历山大急忙调骑兵支援，勇猛的骑士连续向波斯军左翼发起冲锋，终于将敌人击退。

大流士看到其左翼的击战正酣，趁势发动长刀战车冲向对方的方阵，试图冲散敌人。当他们接近时，马其顿方阵前方的弓弩手、标枪手上前迎战，有效地阻止了大流士的进攻。

大流士下令右翼开始进攻敌人左翼，亚历山大则命令攻击那些迂回到马其顿右翼的敌军，两翼骑兵的进攻使大流士中央部队现出了一个漏洞。亚历山大亲自率领马其顿方阵和骑兵，还有预备方阵向内旋转，形成一个劈尖，直插大流士的阵营。波斯军顿时乱了阵脚，被冲得七零八落，再也组织不起有效的进攻。大流士见大势已去，仓皇逃走。

公元前 330 年春，亚历山大引兵北上追击大流士，大流士被其部将谋杀，古波斯帝国阿黑门尼德王朝灭亡。

※ 亚历山大之死

大流士死后，波斯帝国灭亡，亚历山大的军队占领了波斯全境。按理说，以进攻波斯为目标的东征该结束了，但是，亚历山大的野心太大，仅仅占领波斯不能让他满足，他要征服世界，他要做万王之王。于是，他借口追击波斯残余势力继续率军东进，于公元前 329 年侵入巴克特里亚，抓获背叛并杀死大流士的拜苏斯，将他处死。中亚地区的民族都骁勇善战，他们不服从亚历山大，不断反抗。花费了两年多的时间，亚历山大才将各地的反抗镇压下去。

安定好中亚后，公元前 327 年，亚历山大率军 3 万沿喀布尔河经开伯尔山口侵入印度。当时的印度，小国林立，内斗不止。印度河上游的旦叉始罗王与东邻的波鲁斯王严重不合，看亚历山大兵强马壮，旦叉始罗王便给他送来金银、牛羊、粮食，引诱亚历山大进攻波鲁斯。公元前 324 年 4 月，亚历山大从上游偷渡成功，在卢姆河畔消灭波鲁斯王大军两万余人，波鲁斯王投降。远征军抵达希发西斯河时，军中疫病流行，多年远途苦战加上久别故乡的疲惫，使将士们再也不愿前进了。亚历山大下令东进，但反复劝说，众将士仍不肯接受命令。无奈之下，亚历山大大帝被迫停止东征，传令撤军。公元前 324 年春，东征军返回巴比伦。

通过 10 年的征战，亚历山大建立起幅员空前的大帝国，帝国西起巴尔干半岛、尼罗河，东至印度河这一广袤地域，建都巴比伦。

亚历山大热爱希腊文化，在远征之前，他认为，只有希腊才是文明开化的民族，其他民族都是没有开化的野蛮民族；希腊文化是世界上最优秀的文化，其他地区没有真正的文化可言。因此，他东征的一个重大使命就是传播希腊文化，让世界上的其他民族共浴希腊文明的光辉。在东侵过程中，他沿途建设了许多希腊风格城市，有好几座还是以他自己的名字命名的，最著名的是埃及的亚历山大城，今天已经发展为埃及最大的海港。

但是，世界并不像亚历山大想象的一样，东方民族也同样是富有智慧和创造力的，也同样创造了灿烂的文明。亚历山大在东征时开始认识到这些，并逐步痴迷于东方文化。波斯人的君主体制，东方的奢华宫殿，东方的宗教都曾打动过他。因此，在传播希腊文化的同时，他也尊重其他地区的文化，并努力推动不同文化间的交流。为推动各民族的交流与信任，他自己就娶了大夏贵族罗可珊娜、波斯王大流士的女儿斯塔提拉等不同民族的妻子。他还鼓励马其顿将士和东方女子结婚，并宣布这样可以享受免税权利。他曾在苏撒举办盛大奢华的婚礼，那是他和斯塔提拉的婚礼，同时也是1万多名将士与东方女子的婚礼，亚历山大向这些新人们赠送了许多礼物。

从印度退兵后，亚历山大并不甘心，他在巴比伦整编军队，计划征服印度，进军迦太基，入侵罗马。但天并不遂人愿，公元前323年，这位不可一世的大帝突然死亡。关于他的死，众说纷纭，至今尚未有定论，成为历史上最大的悬案之一。亚历山大之死，大体有三种说法：第一种看法认为亚历山大由于长期在沼泽地区作战而染上恶性疾病去世；第二种看法是在首都巴比伦，亚历山大在一次宴会上喝得大醉以后，突然发烧，从此一病不起，不久去世；第三种说法是被部将安提帕特鲁毒死。

亚历山大是世界历史上的最伟大的人物之一，也是最具传奇色彩的、富有戏剧性的人物。他胸襟博大，满腔热情，充满了穿凿世界的朝气；他英勇善战，无往不胜，建立起不朽的事业；他年轻有为，英气勃勃，但又英年早逝，为后人留下许多想象。亚历山大的远征和亚历山大帝国的建立，当时给被征服地的人民带来灾难，但从历史角度看，它促进了东西方的文化交流，促进了东西方民族的了解与融合，推动了历史的发展。

※ 孔雀王朝的阿育王

阿育王是古印度摩揭陀国孔雀王朝的第三代国王，他笃信佛教，所以被佛教典籍称为"无忧王"。

公元前 327 年，马其顿帝国亚历山大大帝率军越过兴都库什山脉，入侵古印度，遭到印度人的顽强抵抗。公元前 325 年，亚历山大从印度河流域退走，但他在旁遮普设立了总督，并留下了一支军队。

当时恒河平原最强大的国家是难陀王统治下的摩揭陀国。公元前 327 年，该国出身刹帝利的一名叫旃陀罗笈多的贵族青年揭竿而起，组织了一支军队抗击马其顿的军队。公元前 324 年，他率军直抵摩揭陀国首都华氏城（今印度巴特那），推翻了难陀王的统治，定都华氏城。因为他出身于一个饲养孔雀的家族，所以就把他建立的新王朝叫作孔雀王朝。旃陀罗笈多建国后大肆对外扩张，吞并周边许多国家。孔雀王朝的版图不断扩大，军事势力也很强，拥有 3 万骑兵、60 万步兵和 9000 头战象。

公元前 298 年，旃陀罗笈多逝世，他的儿子频头沙罗登基。频头沙罗在位期间，继续对外扩张，消灭了 16 个大城君主，继续扩大帝国的版图。但这时孔雀王朝的统治并不稳定，各地经常发生叛乱。

公元前 273 年，频头沙罗病逝，死前没有立太子，为了夺取王位，王子和公主们展开了残酷的厮杀。

王子之一的阿育王 18 岁时，被父王任命为阿般提省总督。不久西北部重镇叉始罗城叛乱，他又被任命为该地总督，率军前往镇压，叉始罗城闻风而降，从此阿育王崭露头角，积累了政治资本。父王病逝后，阿育王在大臣们的支持下，加入了争夺王位的斗争。经过 4 年的拼杀，阿育王杀死了 99 个兄弟姐妹，最终获得了胜利。公元前 269 年，阿育王举行了灌顶仪式（印度当时的登基仪式），成为孔雀王朝的第三代君主。

阿育王残暴成性，杀人无数。即位后，他专门挑选最凶恶的酷吏设立了"人间地狱"，残害国内百姓。对外则沿着祖父和父亲的步伐，继续对外侵略扩张，征服了湿婆国等很多国家。其中南征羯陵伽的战争，最为激烈。

羯陵伽位于今孟加拉湾沿岸，是古印度的一个强国，拥有骑兵 1 万，步兵 6 万，战象几百头，而且经济繁荣，海外贸易十分发达。公元前 262 年，阿育王率大军亲征羯陵伽。羯陵伽虽然实力强大，但面对实力数倍于己的孔雀王朝，最终还是失败了。15 万羯陵伽人被俘，10 万人被杀。杀人如麻的阿育王看到尸骨如山、血流成河的场面，也十分震惊。羯陵伽被征服后，孔雀王朝的领土又进一步扩大。整个南亚次大陆，东临阿撒姆西界，南至迈索尔，西抵兴都库什山，北起喜马拉雅山南麓，除了南端外，全部成为孔雀王朝的领土。孔雀王朝成为印度历史上第一个基本统一印度的王朝。

羯陵伽战争中尸山血海的惨状对阿育王震撼极大，他深感痛悔，从小埋藏在心中的佛性，终于被恻隐之心唤醒。战争结束后，他与佛教高僧优波毱多次长谈，大受感召，决心皈依佛教。此后阿育王转变了原有的治国方针，宣布以后不再发动战争。他发布敕令说：他对羯陵伽人民在战争中所遭受的苦难"深感悔恨"，今后"战鼓的响声"沉寂了，代替它的将是"法的声音"。

阿育王宣布佛教为印度的国教，下令在印度各地树立石柱、开凿石壁，将他的诏令刻在上面。他还召集大批佛教高僧，编纂整理佛经，在各地修建了许多寺院和佛塔。同时派出王子和公主在内的大批使者和僧侣到邻国去传教。在他的支持下，佛教日益传播，后来还传到了锡兰（今斯里兰卡）、埃及、叙利亚、缅甸、泰国和中国等地，成为世界性的宗教。对佛教发展历史来说，阿育王是仅次于释迦牟尼的重要人物。

※ 坎尼之役

第一次布匿战争以迦太基的失败告终，迦太基被迫割让西西里岛，付给罗马大量的赔款。迦太基人不甘心失败，卧薪尝胆，决心再与罗马一争高下。公元前 237 年，迦太基统帅哈密尔卡带着自己的儿子汉尼拔来到西班牙建立新迦太基城，作为反击罗马的基地。为了复仇，哈密尔卡对儿子进行了严格的训练。汉尼拔 9 岁时，父亲命令他跪在祭坛前发誓：决不与罗马人为友，一定要为迦太基报仇。在父亲和姐夫的教导下，汉尼拔成长为一名优秀的统帅。他胆识过人，足智多谋，而且善于用兵，深受部下的爱戴。有人曾这样描述汉尼拔：没有一种劳苦可以让他身体疲倦和精神沮丧，酷暑和寒冬他都可以忍受。深夜里，他经常裹着一个薄毯子和普通士兵睡在一起。无论是在骑兵还是在步兵中，总是冲在最前面。战斗时，他总是第一个投入战斗。战斗结束后，他总是最后一个离开战场。

后来父亲战死，25岁的汉尼拔成了迦太基驻西班牙的最高统帅。完成了作战准备后，汉尼拔开始进攻罗马在西班牙的盟友——萨贡姆城。罗马对汉尼拔发出警告，但汉尼拔不屑一顾，很快攻占了萨贡姆城。公元前218年，罗马对迦太基宣战，第二次布匿战争开始。

汉尼拔闪电般地击败了在西班牙的罗马人，随后，率领5万步兵、1.2万骑兵和37头战象，从新迦太基城出发，开始了远征。当他们到达意大利北部时，全军只剩下2万步兵，6000多没有马的骑兵和1头战象了。与罗马有仇的高卢人纷纷加入汉尼拔的队伍。

经过短暂的修整，汉尼拔的大军主动出击。罗马人惊惶失措，以为汉尼拔是从天而降，仓促迎战，结果被打得大败，连罗马人的执政官都被杀死。

公元前216年，8万罗马大军与6万汉尼拔大军在坎尼（今意大利奥方托河入海口附近）相遇，一场大战不可避免。战前，汉尼拔派500名士兵前去诈降，罗马人将他们缴械后安置到了罗马人的阵后。汉尼拔将战斗力较弱的步兵摆在中央，两翼则配备战斗力较强的骑兵。整个汉尼拔大军呈月牙状分布，突出的一面朝向罗马人，背靠大海列阵。战斗开始后，罗马人向汉尼拔发起了猛烈进攻，迦太基步兵抵挡不住逐渐后撤，而骑兵则坚守阵地。月牙阵突出的部分慢慢收缩，罗马人进入了口袋阵。这时，汉尼拔立即指挥两翼精锐骑兵迅速向罗马人的后方包抄，步兵停止后退，开始反攻。先前诈降的500名迦太基士兵也从怀里掏出匕首，杀向罗马人，堵住罗马人的退路。排山倒海一样的迦太基骑兵迅速击败了罗马人的骑兵，开始猛攻罗马人的中央步兵。罗马人顿时陷入了重重包围之中。恰在这时，猛烈的海风吹来，扬起了满天尘土，迷住了罗马人的眼睛。几万罗马人乱成一团，不成阵式，根本无法发挥出战斗力。罗马人向前受大风的阻挡和迦太基步兵的反击，两翼受到迦太基骑兵的夹击，后面又遭到迦太基士兵的进攻，溃不成军。

这场战役整整持续了12个小时，直到黄昏后才结束。罗马人有5.4万人战死，1.8万人被俘，1.4万人突围逃走，而汉尼拔只损失了6000人。坎尼战役成为历史上著名的以少胜多的辉煌战役。

后来，罗马人改变战略，开始进攻迦太基本土，汉尼拔被迫回援，结果战败，第二次布匿战争又以迦太基的失败告终。汉尼拔为了躲避罗马人的追杀，四处逃亡，最后被逼自杀。52年后，罗马人发动了第三次布匿战争，彻底灭亡了迦太基。

※ 斯巴达克起义

公元前2世纪，罗马横跨欧、亚、非三大洲。连年的扩张，使大批的战俘和被征服的居民成为罗马人的奴隶，奴隶们被称为"会说话的工具"。奴隶主为了取乐，建造巨大的角斗场，强迫角斗士手握利剑、匕首，相互拼杀，或者让角斗士与狮子等猛兽搏斗。一场角斗戏下来，场上留下的是一具具奴隶尸体。

公元前80年，希腊东北部的色雷斯（今保加利亚、土耳其的欧洲部分）被罗马征服，战将斯巴达克被俘后沦为奴隶，成为一名供罗马贵族娱乐的角斗士。在卡普亚城一所角斗士学校，斯巴达克遭受了非人的待遇。公元前73年，在忍无可忍的情况下，斯巴达克向他的伙伴们说："宁为自由战死在沙场，不为贵族老爷们取乐而死于角斗场。"角斗士们在斯巴达克的鼓动下，拿起厨房里的刀和铁叉，为了争取自由，斯巴达克秘密带领78名角斗士杀死卫兵，逃到维苏威深山里，斯巴达克被推选为起义首领。斯巴达克起义爆发后，许多逃亡的奴隶和农民纷纷加入，起义军很快发展到1万人。起义军不断出击，势力日益壮大起来，影响范围也越来越广。

得知奴隶起义的消息，罗马元老院急忙派克狄乌斯率3000人前去围剿。维苏威山是断崖山，山后是悬崖峭壁，克狄乌斯封锁了山路，企图把起义军困死在山上。斯巴达克一边命人在前面吸引敌人的注意力，一边命主力用野葡萄藤编成绳梯，夜里顺着绳梯下山，绕到敌后，向正在沉睡的罗马军队发动进攻。罗马军在起义军的突然袭击下乱作一团，溃不成军，克狄乌斯慌忙逃脱。起义军名声大振，队伍进一步扩大。

起义军队伍壮大起来后，斯巴达克决定将队伍转移到罗马兵力较弱的意大利北部。罗马元老院命瓦利尼乌斯率领 1.2 万大军分三路截击。斯巴达克采取各个击破的策略，先后打败两路大军。两路失败的罗马军与第三路军汇合后继续反攻，将起义军困在山洞里，起义军正好得到了休整机会。休整完毕，起义军在营中点起篝火，吹响号角，迷惑敌人，然后趁夜色从崎岖的小道突破重围。天亮后，罗马军才知中计，急忙追赶。起义军又利用有利地势设下埋伏，打了罗马军队一个措手不及。

公元前 72 年，斯巴达克的军队发展到 1.2 万人，斯巴达克按照罗马军队的形式对部队进行了改编，除了由数个军团组成的步兵外，还建立了骑兵、侦察兵、通信兵和小型辎重部队。此外，斯巴达克还组织制造武器，对士兵进行训练，并制定了严格的兵营和行军生活规章。起义军声威大震，控制了整个坎佩尼亚平原。斯巴达克决定继续北上，但和他的副手克里克苏产生分歧，克里克苏拒绝北上，带领部分人马原地留守。

罗马元老院对起义军的发展极为担忧，遂命两个军团对起义军进行围剿。罗马军首先给了留守的克里克苏部致命一击，克里克苏阵亡。然后，又兵分两路夹击斯巴达克军。斯巴达克集中兵力先打击堵截的罗马军团，后乘胜回头对追兵发起了猛攻，罗马军团再次惨败。

取得这场胜利后，斯巴达克不再向北转移，而是挥师南下，向西西里岛进军。罗马元老院惊慌失措，派克拉苏统帅 6 个军团约 9 万人镇压起义军。这时斯巴达克大军已挺进到意大利半岛的南部，准备从这里渡海去西西里岛，到那里建立政权。但是被西西里收买而毁约的海盗没有给他们提供船只，斯巴达克只好组织起义军编制木筏，海上的风暴又使他放弃了这个计划。这时罗马大军赶到，在起义军后方挖了一条大壕沟，切断了起义军退路。起义军回师反攻，用土和树木填平了壕沟，突破罗马军队的防线，但起义军也损失惨重，2/3 的战士牺牲。

公元前 71 年春，起义军试图占领意大利南部的重要港口布尔的西，乘船渡海驶向希腊，进而到色雷斯。罗马元老院想尽快将起义镇压下去，就分别从西班牙和色雷斯将庞培的大军和路库鲁斯的部队调来增援克拉苏。为了不让罗马军队会合，斯巴达克决定对克拉苏的军队发起总决战。

在阿普里亚省南部的激战中，斯巴达克军队虽在数量上比罗马军队少得多，但他们仍然英勇战斗。斯巴达克身先士卒，骑在马上左冲右突，杀伤两名罗马军官。他决心杀死克拉苏，但由于大腿受了重伤，只好在地上屈着一条腿继续战斗。在罗马军队的疯狂围攻下，6万名起义者战死，斯巴达克也壮烈牺牲。此后，斯巴达克的余部继续战斗达10年之久。

斯巴达克起义虽然失败，但它沉重地打击了罗马统治，对罗马的政治、经济、军事都产生了深远的影响，其不畏强暴、前仆后继寻求解放的斗争精神谱写了奴隶解放的光辉诗篇。

※ 恺撒大帝

"今天的收获真不小，竟然抓到了一个衣着如此光鲜的'贵重货'。"地中海的海盗们高兴极了。海盗们知道这个穿着华贵衣服的人就是这伙人的头，于是就对其他被俘的人说："你们赶紧回去取20塔兰特，然后来赎回你们的主人。"这位被称为主人的人听了海盗的话，不慌不忙地说："我的身价应值50塔兰特。"

海盗得到钱后，果然把这个衣着光鲜的家伙给放了。这一回，这个人反倒不依不饶地说："你们听着，将来我要率领一支舰队消灭你们。"海盗们不以为然。几年后，这股海盗果真被一支舰队打败了。临死时，强盗们认出了那个下达"把他们钉在十字架上"命令的人，正是他们曾经俘获并向他索要20塔兰特的衣着光鲜的人。

这位海盗的俘虏，就是古罗马共和国末期著名的统帅和政治家恺撒（约公元前100～前44年）。在历史上，能同时拥有政治、军事、文学、雄辩等诸多才能于一身的人，除了恺撒之外，恐怕再找不出第二个人了。

恺撒是古罗马历史上最有成就的伟人，有人断言，若不是他在英年时突然被刺身亡，罗马的历史将可能改写，甚至他的成就将可能超过著名的马其顿国王亚历山大大帝。

恺撒生性好学，加之出身贵族，所以自幼就受到了非常良好的教育。他跟随一位高卢人老师学习了拉丁文、希腊文和修辞学，这位老师对他的性格塑造有着不可磨灭的影响。少年时期的恺撒就怀有非凡的抱负和志向，他幻想权力和荣誉，希望为风云变幻的罗马共和国建功立业，13 岁时，他就当选为朱庇特神（即宙斯）的祭司。公元前 84 年，恺撒奉父命与珂西斯汀结婚，父亲去世后，他与珂西斯汀离婚，另娶了当时平民党的领导者金拉的女儿可妮丽娜为妻。独裁者苏拉在取得统治权后，杀死了自己的政敌金拉，但他非常赏识年轻有为的恺撒，要求恺撒和可妮丽娜离婚，被恺撒拒绝。一气之下，苏拉没收了恺撒的世袭财产和他妻子的嫁妆，并且要处死恺撒，恺撒闻讯，逃离罗马，直到公元前 78 年苏拉死后，才返回罗马。

回到罗马后，恺撒迅速在政坛崛起，以雄辩、慷慨、热心公务的作风和改革派的形象赢得了公众的好感，并在广大平民和部分上层人士中赢得威望。公元前 73 年，他被选入最高祭司团，此后，又历任财政官、市政官、大祭司长、大法官等高级职务，并于公元前 60 年与担任执政官的庞培和克拉苏结成"三头同盟"。在后两者的支持下，恺撒于公元前 59 年登上了罗马执政官的宝座，任满后出任高卢总督（公元前 58 ～前 49 年）。就任高卢总督期间，恺撒建立起了一只能征善战、完全听命于自己的强大的军队，这支军队征服了高卢全境，越过莱茵河奔袭德意志地区，并两次渡海侵入不列颠群岛，为恺撒赢得了赫赫战功。恺撒势力的迅速增长，引起了元老院贵族的惊恐。

克拉苏死后，庞培与元老院合谋，企图解除恺撒的军权。恺撒决定兵戎相见，经过 5 年内战（公元前 49 ～前 45 年），他消灭了以庞培为首的敌对势力，征服了罗马全境，被宣布为独裁者，获得了至高无上的统治权力，成为没有君主称号的君主。凭借手中的权力，恺撒进行了包括土地制度、公民权、吏治法纪和政治体制在内的多方改革，建立起高度的中央集权，初步形成了一个以罗马为中心的庞大帝国，而且其中的一些措施对后世影响深远。他曾让属下在墙上写出罗马发生的重大事件和元老院会议的报告书，成为现代报纸最原始的雏形；他主持制定的儒略历，有些国家到 20 世纪还在应用，而现行的国际通用的公历也是在这个历法的基础上改革而成的；他曾为当时众多的马车制定单向通行的制度，成为现代交通管理的溯源；他所写的《高卢战记》更是为后人留下了了解当时外高卢、莱茵河东岸的山川形势、风俗人情等的最早的第一手材料。

恺撒的独裁权力始终为元老院的贵族反对派所不满，于是他们勾结起来预谋刺杀恺撒。

公元前 44 年 3 月 15 日，恺撒没带卫队，只身一人来到元老院开会。当他落座后，一个刺客假装汇报情况来到他面前，突然拔出藏在胸前的匕首刺向恺撒。恺撒毫无防备，应声倒地。其他阴谋者一拥而上，连刺恺撒 23 刀。当恺撒看到他最宠爱的义子布鲁图也持刀向他刺来时，便绝望地喊道："孩子，连你也要杀我吗？"然后便不再抵抗，用长袍把头蒙住，任由大家刺杀，至死维护自己的尊严。

恺撒虽然死了，但罗马帝国的车轮已经运转起来，恺撒的甥孙、年轻的屋大维最终取得了罗马的统治权，成为罗马历史第一个皇帝，被尊称为"奥古斯都"（神圣之意），开创了罗马帝国。

※ 元首屋大维

"我接受了一座用砖建造的罗马城，却留下一座大理石的城。"这是罗马帝国的创建者奥古斯都充满自豪感时说的一句话。奥古斯都平生的志向就是要让罗马人从战争中解放出来，"永远过和平的生活"。他也的确实现了自己的诺言，在他统治的 43 年里，古罗马经济进入了史上最繁荣的时期。鉴于他伟大的功绩，公元 14 年 8 月，当他死去时，罗马元老院将他列入了"神"的行列，并且将 8 月称为"奥古斯都"，以纪念他。

奥古斯都原名盖乌斯·屋大维，奥古斯都是罗马元老院授予他的尊号，是神圣、庄严、伟大的意思。屋大维 4 岁时，父亲去世，他的母亲改嫁给马尔库斯·腓力普斯，从此，屋大维由继父抚养。12 岁时，他在外祖母尤利娅的葬礼上致悼词，第一次在公众场合露面。15 岁时，他被选入大祭司团。恺撒被刺时，他 19 岁，正在阿波罗尼亚城（今阿尔及利亚境内）接受教育，为恺撒远征帕提亚（今伊朗一带）做准备。恺撒在遗嘱里将自己财产的 3/4

赠予了屋大维，并将屋大维立为自己的继承人。

得悉恺撒的死讯后，屋大维返回罗马，利用恺撒对自己的恩宠及恺撒的影响力开始了谋求罗马统治权的活动。他向恺撒的部将、当时掌握实权的执政官安东尼提出继承恺撒权力的要求，但遭到拒绝。

屋大维知道要想获得政权，必须拥有一支属于自己的军队。为此，他四处募集资金，甚至拍卖家产，招募恺撒旧部，不到一年的时间，屋大维便建立了自己的军事力量。公元前43年，他趁安东尼出兵在外，率军进入罗马，获得了元老院的支持。此后，屋大维、安东尼、雷必达三位实力相当的人物达成协议，缔结盟约，共同执政，史称"后三头"政治同盟。在清除了一系列反对势力后，后三头重新划分势力范围，屋大维用计剥夺了雷必达的权力，兼并了他的军队，成为罗马实力最强的人物。公元前42年，拥有罗马东方行省的安东尼来到埃及，拜倒在埃及女王克里奥帕特拉的石榴裙下。不久，克里奥帕特拉为他生下一对双胞胎，高兴过头的安东尼竟然宣布把罗马的东方行省赠给克里奥帕特拉及其子女。这一行为激起了绝大多数罗马人的愤慨。罗马元老院和人民大会不能容忍安东尼，宣布剥夺他的权力，并授权屋大维率兵讨伐。公元前31年，屋大维与安东尼在亚克兴海决战，安东尼失败，逃回埃及后自杀。屋大维进军埃及，克里奥帕特拉企图笼络屋大维，失败后也自杀身亡，埃及成为罗马的一个行省。公元前29年，屋大维肃清了自己的敌对势力，成为罗马唯一的统治者。

凯旋罗马后，屋大维接受了"元老院首席公民"（即元首）和"元帅"的称号，并于公元前28年当选为罗马执政官。与恺撒不同的是，屋大维在共和政府的形式下进行了实质上的独裁统治，这成为他在罗马执政42年的重要原因。公元前27年1月13日，他召开元老院会议，在会上宣布交出独裁权力并恢复"共和国"制度，此举使心怀感激的元老院在三天后授给他"奥古斯都"的尊号。但是，他又装作应元老院和人民的请求，接受了完全违背共和制原则的绝对权力，创立了独裁的元首制。公元前13年，奥古斯都被选为祭司长，成了罗马宗教的首脑。这样，他总揽了行政、军事、司法和宗教大权，实际上成为罗马帝国的第一个皇帝，那一年，他36岁。

建立元首制后，奥古斯都将罗马各行省分为由元老院任命总督管辖的元老院行省和直属元首的行省，同时继承了恺撒的制度，在行省中推行自治市制度，把公民权授予行省上层分子，又将大批退伍士兵移居各行省，从而大大加强了对全国各个地区的控制力度。奥古斯都建立了一支强大的正规化的常备军，依靠这支军队，征服了高卢和西班牙，占领了从莱茵河到易北河的全部地区，把地中海变成了罗马的内湖，极大拓展了帝国的疆域。

尽管奥古斯都比较长寿，但他却一直受到疾病的困扰和折磨。他患有严重的皮肤病、风湿病、关节炎等多种疾病，怕冷却又不敢晒太阳。他饮食清淡，遇有宴会，他要么预先吃饱，要么宴会后单独再吃，而不动宴席上的东西。像中古的圣哲一样，他用精神支持肉体，建立了自己的千秋伟业。

公元 14 年，奥古斯都巡视南意大利，在路上因病死去，享年 77 岁。

※ "魔鬼"尼禄

公元 37 年 12 月 5 日，尼禄出生于罗马。他的父亲是一个臭名昭著的大贪官，母亲阿格里披娜是罗马皇帝的侄女。3 岁的时候，尼禄的父亲病死，他的母亲用美色诱惑自己的叔叔，当上了皇后。

阿格里披娜是一个野心勃勃、权力欲极强的女人，她处心积虑怂恿老皇帝将太子废掉，立尼禄为太子。为了让尼禄的地位更巩固，她又撺掇老皇帝将公主屋大维娅嫁给了尼禄。

阿格里披娜以为这样一来，只要老皇帝一死，罗马皇帝的宝座就是尼禄的。但事情的发展并不如意，老皇帝的身体非常健康，并且经常怀念废太子。阿格里披娜急得团团转，最后她竟勾结近卫军将老皇帝毒死。就这样，年仅17 岁的尼禄登基，成为罗马皇帝。

尼禄在元老院的第一篇演说受到了元老们的普遍称赞，元老们一致认为尼禄将是一个非常有作为的皇帝，罗马帝国的一个新的黄金时代即将到来。尼禄上台后，起初施行仁政，下令禁止血腥的竞技，废除极刑，减少赋税，允许奴隶们控诉虐待他们的主人等，他甚至宽恕写诗讽刺他的诗人，赦免阴谋反对他的人。

尼禄当上皇帝后，阿格里披娜得意扬扬，以为整个罗马都是她的了。她平时专横跋扈，不可一世，经常干涉朝政和尼禄的生活。尼禄不喜欢自己的妻子，而喜欢一个美丽的女奴隶。他的母亲斥责他，尼禄生气地说："我是罗马皇帝，我想怎么样就怎么样！"阿格里披娜大怒说："你别忘了，是谁让你当上皇帝的！我能让你当上皇帝，也能让你哥哥当上皇帝！"尼禄惊恐万分，彻夜难眠，便下令将他的哥哥秘密处死。为了消除后患，尼禄又决定对自己的母亲下毒手。

一天，尼禄扶着母亲登上一艘豪华的大船上，给母亲说了很多好话，还亲自斟酒，不停地道歉。阿格里披娜非常高兴，认为儿子回心转意了。尼禄走后不久，"轰"的一声巨响，船身猛地倾斜到一边，吓得阿格里披娜魂飞魄散，急忙跳水逃生，游了半天才上岸，在众人的搀扶下，回到了自己的别墅。惊魂未定的阿格里披娜还没来得及喘口气，几个五大三粗的士兵就闯入别墅，大声说："我们奉皇帝之命前来杀你！"阿格里披娜还没来得及说话，一把锋利的刀就插进了她的胸膛。派人杀死了自己的母亲后，尼禄又派人杀死了老师和妻子。从此以后，再也无人能节制他，尼禄性格大变，整天过着荒淫无耻的生活。

公元64年夏季的一天，精神极度空虚的尼禄做了一个令人震惊的举动：火烧罗马城。全罗马城14个区有10个区都燃起了熊熊烈火，罗马人奔跑着、惊呼着，仿佛世界末日来临。尼禄站在皇宫的最高处，看着满城冲天大火的壮观景象，兴奋得手舞足蹈。他不仅不派人去救火，反而触景生情，用忧伤的语调高声朗诵特洛伊毁灭的诗篇。

大火过后，人民无处安身，生活在饥寒交迫之中。可尼禄根本不管这些，下令修建自己的皇宫。皇宫内部用金银珠宝装饰得富丽堂皇，餐厅里有镶着象牙的可以转动的天花板，不停地撒下花瓣和香水。浴池可以引进海水，也可以引进泉水。当这座富丽堂皇、豪华别致的建筑竣工后，尼禄兴奋地说道："这才像个人住的地方啊。"

人民猜测是尼禄放火烧毁了罗马，纷纷议论。尼禄非常生气，派士兵杀死了很多非议他的人，并嫁祸基督徒，大肆迫害他们。

尼禄觉得自己是个艺术家，经常上台表演。他在皇宫举办了很多场豪华演出，自己扮演朗诵者、歌手、演奏师甚至角斗士登台表演。在演出时，他下令紧闭剧场大门，不许观众中途退场。观众们实在无法忍受他那刺耳的歌声和拙劣的演技，纷纷翻墙逃跑。

尼禄见在罗马没有人"欣赏"他的"才华"，就率领庞大的剧团到希腊去演出。希腊人赞扬了他，尼禄非常高兴，觉得希腊人懂艺术，就赐予希腊自治权。

罗马人再也无法忍受尼禄的暴政了。公元 68 年，罗马的西班牙和高卢行省的总督号召人民起来反抗，尼禄的近卫军也纷纷响应。众叛亲离的尼禄逃出罗马城，在郊外的一所别墅中自杀。临死前，尼禄仰天长叹："一个多么伟大的艺术家就要死了！"

※ 君士坦丁大帝

公元 312 年的一天夜里，正在为第二天的大战而忧心忡忡的君士坦丁，站在罗马附近的米尔维亚桥上眺望着星空。突然，他看到苍茫的天空中出现了 4 个火红色的十字架，还伴随着这样的字样：依靠此，你将大获全胜。

这个情节是那么遥远而虚幻，以至于后人对它的真实性产生怀疑。但是，不管它是真是假，的确从那一年之后，世界历史发生了一个影响极为深远的变化，并且这个变化就来源于君士坦丁。

君士坦丁是私生子，出生于公元 280 年，父亲是位著名的将军，后来被士兵拥立为奥古斯都，母亲是一个小旅店的女仆。他小时候没有受过多少教育，只懂得一些希腊文。十几岁他就随父亲从军，参加抵御外族入侵的战争。由于有勇有谋，他很快就成长为一名高级将领。公元 306 年，父亲死后，君士坦丁继任"奥古斯都"。此时罗马帝国出现两个奥古斯都并存的局面，君士坦丁是西部奥古斯都，东部奥古斯都为李基尼乌斯。

公元 313 年，君士坦丁与李基尼乌斯在米兰会晤，共同颁布了著名的"米兰敕令"。"米兰敕令"承认基督教的合法地位，并归还以前没收的教堂和财产。从此，基督教由受迫害的秘密宗教转变为受政府保护的合法化宗教，迅速在罗马帝国传播开来。此后，君士坦丁与李基尼乌斯为争夺统治权，进行了 10 年的战争。公元 323 年，君士坦丁击败李基尼乌斯，成为唯一的奥古斯都，重新统一了罗马帝国。

君士坦丁夺取全国政权后，在行政、军事、宗教等方面进行了一系列改革，以加强中央集权的专制统治。他取消以前的四帝共治制，委派自己的亲信治理帝国各个部分，加强对地方的控制。他在行省中施行军政分开的政策，军事首长直接向皇帝负责，从而使皇帝完全掌握了军事大权。宗教方面，他对基督教进行保护和利用，把基督教变为帝国政权的可靠支柱。公元 323 年，为了解决基督教的内部纷争，君士坦丁在尼西亚召集了基督教第一次宗教大集结，统一了基督教的教义和组织，使基督教成为维护专制统治的工具。通过这一系列措施，君士坦丁把罗马的君主专制制度提高到一个新阶段。

随着帝国重心的东移，君士坦丁于公元 330 年把首都从罗马迁到东方的拜占庭，取名君士坦丁堡，意为君士坦丁之城。为营建新都，他大兴土木，从帝国各地调集石料、木料，用于建造宫殿、教堂、图书馆和大学等。他还大力提倡文学和艺术，采用各种措施吸引世界各地的杰出人才来到君士坦丁堡，使君士坦丁堡成为当时的文化中心。此后，君士坦丁堡一直是东部罗马帝国的首都。

政治上风光无限的君士坦丁，在家庭生活中却很不幸。他娶了两个妻子，第一个妻子明妮弗纳为他生了大儿子卡洛斯普士后便死去，第二个妻子弗西蒂生有三男三女。公元 326 年，弗西蒂向君士坦丁哭诉，说卡洛斯普士调戏自己，君士坦丁一怒之下杀了卡洛斯普士。在得知弗西蒂所说的不符合事实后，他又杀了弗西蒂。除杀了儿子和妻子之外，君士坦丁还以"谋反罪"处死了妹妹的儿子。

君士坦丁在统治期间，虽然宣布基督教合法，鼓励臣民们与他一同接受这个新信仰，但从没有公开承认自己是基督徒。直到公元 335 年 5 月 22 日，君士坦丁身患重病，自知将不久于人世，才请了一位基督教牧师给自己洗礼，据说是为了藉此洗净一生的罪恶。然后，这位年届 64 岁、疲惫不堪的君主，脱去了皇帝的紫袍，换上初信圣徒所穿的白长衣，安然辞世。

君士坦丁的专制统治与改革措施，使罗马帝国得到暂时的稳定，但无法挽救罗马奴隶制社会的没落。君士坦丁死后，统治集团内部发生争夺帝位的长期混战，到狄奥多西一世时才重新恢复统一。

公元 395 年，狄奥多西一世死后把帝国分给两个儿子，由此罗马帝国正式分裂为以君士坦丁堡为都城的东罗马帝国和以罗马为都城的西罗马帝国。公元 476 年，日益衰落的西罗马帝国被日耳曼人所灭，而东罗马帝国转入封建社会后，又继续存在了近千年。

※ 民族大迁徙

罗马人征服高卢之后，在帝国的北部，相当于今天欧洲的北起波罗的海、南到多瑙河、西至莱茵河、东至维斯杜拉河之间的广大地区，生活着日耳曼人，人口大约有 500 多万。那时，他们还处于原始社会阶段，以畜牧业、狩猎为生，相对于罗马人来说，他们要落后得多，所以被称为"蛮族"。

日尔曼人分为很多部落，有东哥特人、西哥特人、汪达尔人、盎格鲁人、撒克逊人、勃艮第人、法兰克人等等。在罗马帝国强大的时候，为了保障自身的安全，罗马人有时主动出击，攻打日耳曼人；有时又允许一部分日耳曼人进入北部边境，帮助罗马人守卫边疆；有时不断挑拨离间日耳曼各部落之间的关系，让他们自相残杀。在与罗马人的接触中，日耳曼人逐渐掌握了先进的生产工具和武器，生产力水平不断提高。随着人口的增加，为了生存和满足自己对财富的渴望，日耳曼各部落的首领率领族人不断袭击已经衰落的罗马帝国。

首先进入罗马的是西哥特人。当时，来自东方的匈奴人击败了东哥特人，继续向西进军。西哥特人犹如惊弓之鸟，在得到罗马皇帝瓦伦斯的允许后，他们渡过多瑙河进入罗马帝国避难，从此掀开了欧洲民族大迁徙的序幕。

迁入罗马帝国的西哥特人经常受到罗马官员的欺压，公元 387 年，忍无可忍的西哥特人举行了武装起义。罗马皇帝瓦伦斯亲自率兵镇压，结果在亚得里亚堡（今土耳其乔尔卢城北）全军覆没，自己也被西哥特人所杀，全欧洲为之震惊。这一仗，打破了罗马人不可战胜的神话，大大鼓舞了其他日耳曼部落的信心。这次起义虽然被后继的罗马皇帝狄奥多西镇压，但罗马帝国已无力彻底消灭西哥特人，狄奥多西只好极力笼络西哥特人，准许他们定居巴尔干半岛，并保证供给足够的粮食。公元395年，狄奥多西去世，罗马帝国分裂为东、西两个帝国，西哥特人在首领阿拉里克的率领下趁机再次起义，在马其顿和希腊大肆掠夺。

公元401年，阿拉里克率领西哥特人进军意大利半岛。罗马帝国虽然已经衰落了，但意大利本土一直是安全的。西哥特人的到来，令罗马人大为惊恐。罗马将军斯底里哥调集了许多军队，终于赶跑了阿拉里克，罗马人这才长出一口气。公元410年，阿拉里克率领西哥特人卷土重来，这一次，他攻克了罗马。西哥特人在罗马城中大肆劫掠了三天三夜，扬长而去。阿拉里克死后，继任的阿多尔福与罗马言和，并接受了罗马将军的封号。公元412年，西哥特人进军高卢，占领了南高卢的阿奎丹地区，不久又占领了西班牙。公元419年，西哥特人建立了以图卢兹为中心的第一个"蛮族"王国——西哥特王国。从此，西哥特人结束了长达半个世纪的迁徙，在南高卢和西班牙定居下来。

在罗马人和西哥特人交战的时候，另一支日耳曼部落汪达尔人乘虚而入，抢掠了高卢后，进入西班牙定居。公元416年，西哥特人向汪达尔人发动进攻，汪达尔人抵挡不住，只好渡过直布罗陀海峡，进入北非。经过10年的征战，汪达尔人战胜了那里的罗马军队，占领了罗马的阿非利加行省，定都迦太基，建立了汪达尔王国。此后，汪达尔人又占领了西西里岛、撒丁岛、科西嘉岛等地。公元455年，汪达尔人渡海攻克了罗马城，将全城的文物破坏殆尽。

法兰克人和勃艮第人则越过莱茵河，进入高卢。公元457年，勃艮第人在高卢东南部建立了勃艮第王国，定都里昂。公元486年，法兰克人在首领克洛维率领下，击败罗马军队，占据高卢北部，建立法兰克王国。

公元5世纪中叶，盎格鲁人、撒克逊人横渡英吉利海峡，在大不列颠岛登陆，打败了当地的凯尔特人，占据大不列颠岛的东部和南部，建立许多小王国。

匈奴帝国灭亡后，东哥特人获得独立。他们进军意大利，占领了拉文那一带，建立东哥特王国，后被拜占庭帝国所灭。

公元 568 年，伦巴第人又占领意大利半岛的北部，建立了伦巴第王国，定都拉文那，为欧洲民族大迁徙画上了一个句号。

※ 西罗马帝国覆灭

罗马城虽然经过了外族的两次洗劫，但还拥有很多金银财宝，很多外族还想再去抢劫，比如北非的汪达尔人。

汪达尔人不是北非的土著居民，他们是日耳曼人的一支，原来居住在斯堪的那维亚半岛南部。公元 3 世纪的时候，他们南下中欧，重金贿赂罗马皇帝君士坦丁，获得了在罗马帝国境内居住的权力。后来匈奴人来到欧洲，汪达尔人被迫西迁，加入了民族大迁徙的洪流之中。他们先是来到高卢境内，接着又翻越了比利牛斯山，到达西班牙，摧毁了当地的罗马政权，在那里建立了汪达尔王国。

公元 416 年，西哥特人进攻西班牙，汪达尔人被迫南迁。当时，汪达尔人的首领名叫盖赛里克，身材不高，但足智多谋。他决定避开势力强大的西哥特人，转移到罗马人统治力量薄弱的北非地区。

到达北非后，汪达尔人一路向东，沿途烧杀抢掠。当时北非的柏柏尔人正在反抗罗马人，他们把汪达尔人视为解放者，积极支持汪达尔人同罗马人作战，使罗马人在北非的政权土崩瓦解。公元 438 年，汪达尔人占领了北非的迦太基，并建都于此，建立了汪达尔王国。北非是罗马的粮食供应地，这里沦陷后，罗马顿时出现了粮荒，而汪达尔人则势力大增。罗马人被迫同汪达尔人签订条约，承认他们对北非地区的占领，还把罗马的公主嫁给汪达尔王子。

但盖赛里克并不满足，他占领了罗马在非洲的全部领土后，把目光投向了罗马城，他想像阿拉里克一样攻陷罗马城，掠夺财富。为此，盖赛里克建立了一支强大的舰队，并日夜不停地训练。汪达尔人的舰队相继占领了撒丁岛、西西里岛等地中海主要岛屿，成为继迦太基和罗马之后的地中海霸主。

公元 455 年，盖赛里克率领庞大的汪达尔舰队开始渡海北征，进攻罗马城。当汪达尔人的舰队到达台伯河的入海口处时，整个罗马城陷入了一片恐慌之中。

几辆豪华的马车从罗马皇宫疾驶而出，向城门口冲去。

"开门！快开门！"西罗马皇帝从马车中伸出头，对守门的卫兵大声说。

这时旁边的罗马人认出了皇帝，大喊："不好了！皇帝要逃跑了！"很多罗马人听到喊声赶了过来，将皇帝的车队围得水泄不通。

"让开！让开！"西罗马皇帝愤怒地大喊大叫。

"你不能走！你是罗马皇帝！你必须带领我们抵抗汪达尔人，和罗马共存亡！"一个罗马人义愤填膺。

"罗马守不住了，你们也快跑吧！开门！快开门！"西罗马皇帝急不可待地说。愤怒了的罗马人一拥而上，将皇帝活活打死。

很快，汪达尔人的舰队就来到罗马城下。此时的罗马人早已没有了他们祖先当年的勇武，汪达尔人很快就攻克了罗马，并在城中开始了大规模抢劫。皇宫、国库、教堂、富人的宅邸甚至一般人的家都被汪达尔人洗劫一空。他们把掠夺来得金银财宝、丝绸、瓷器、华丽的装饰品装满了他们的大船，并且将 3 万罗马人掠为奴隶，盖赛里克还抢走了罗马公主。最后汪达尔人四处放火，将罗马城付之一炬。几百年来，罗马人留下的无数建筑珍品和文明成果就这样被熊熊大火吞没。罗马，这座昔日繁华富丽的城市，在经历了这场浩劫之后已是满目疮痍，一片凄凉。后来的欧洲把疯狂破坏文明成果的野蛮行为称为"汪达尔主义"。

此时的西罗马帝国已经四分五裂，勃艮第人占领了高卢，西哥特人占据着西班牙，汪达尔人统治着北非，意大利半岛被东哥特人控制着，连西罗马皇帝都是东哥特人的傀儡。

公元 476 年，日耳曼雇佣军的长官奥多里克废黜了最后一个罗马皇帝罗慕洛·奥古斯都，西罗马帝国灭亡。年轻的罗慕洛·奥古斯都手中没有一兵一卒，他无力反抗，只好命随从把东西搬上车，默默地离开了皇宫。

中世纪

　　中世纪始于 5 世纪，迄于 15 世纪，横跨历史长河 1000 年，在罗马帝国古老的黄金时代和文艺复兴的新黄金时代之间，构成了人类社会最重要的转型期。波澜壮阔的民族大迁徙使人类社会开始从分散走向整体，同时，国家和社会体制也发生了变化。封建化的兴起与早期封建国家的建立，奠定了近代世界历史格局的基础，人类历史开始进入一个新的发展时期。

※ 拜占庭的扩张

西罗马帝国灭亡后，东罗马帝国皇帝就以罗马帝国的继承者自居，并以恢复古罗马帝国的版图为己任。当时被视为"蛮族"的日耳曼人在原西罗马帝国的领土上建立了很多小王国，他们信奉基督教的阿里乌斯教派，这是自认为信奉基督教正统、以基督教正统保护者自居的东罗马皇帝所不能容忍的。查士丁尼即位后，立志消灭信仰异端的蛮族国家，实现罗马帝国在政治和宗教上的统一。

东罗马帝国是古罗马帝国工商业繁荣的地区，首都君士坦丁堡位于亚欧大陆的交界处，可以收取高额的过路费，丝绸专卖使政府获利丰厚。查士丁尼又在全国征收土地税，每年可得黄金3000磅，使得东罗马帝国的经济实力非常强大。经过多年的准备，查士丁尼开始了自己雄心勃勃的收复罗马帝国计划，发动了大规模的战争。

为了解除后顾之忧，查士丁尼不惜赔款1.1万磅黄金，与波斯签订了"永久和约"。稳定了东方后，查士丁尼开始对西方发动大规模的战争。当时西部的外族国家，如汪达尔王国、东哥特王国、法兰克王国等国动荡不安，国内矛盾十分尖锐。这些外族王国文化落后，所以他们努力学习罗马的先进文化，受罗马文化影响很深，以至于他们认为罗马皇帝是人间的上帝。在东罗马帝国大军兵临城下的时候，他们不是联合起来共同对敌，反而互相掣肘，自相残杀。

公元533年，查士丁尼派大将贝利萨留率领1.6万人从君士坦丁堡出发，开始了长达二十多年的征服战争。

贝利萨留大军的矛头首先指向的是北非的汪达尔王国。汪达尔人本来与东罗马帝国签订过和平条约，两国长期以来平安无事。但信仰阿里乌斯教派的汪达尔人无法容忍信仰基督教正统的罗马人，所以对汪达尔王国境内的罗马人大肆迫害，有的关进监狱，有的卖为奴隶，并没收了罗马人的土地和财产。很多罗马人纷纷逃到君士坦丁堡，向查士丁尼求救，希望他能消灭蛮族、铲除异端，这正好给了查士丁尼一个发动战争的借口。

贝利萨留率领军队在北非登陆，向汪达尔王国的首都迦太基推进。此前，汪达尔国王盖利麦一直没有认真备战，听到东罗马人登陆的消息才匆忙率军前去迎战，双方在迦太基城附近展开决战。开始的时候汪达尔人占了上风，但盖利麦的兄弟不幸阵亡，悲伤过度的盖利麦抱着弟弟的尸体号啕大哭，竟然放弃了军队的指挥权。失去指挥的汪达尔大军顿时陷入了一片混乱之中，贝利萨留趁机发起反攻，东罗马人反败为胜。此后，汪达尔人再次进攻东罗马人，又遭失败。东罗马人攻陷迦太基，汪达尔王国灭亡。盖利麦带人逃到努米比亚，投奔了柏柏尔人。

查士丁尼把被汪达尔人剥夺的罗马人的财产全部归还，恢复了古罗马时代的旧制度。

征服汪达尔之后，查士丁尼又把矛头转向了东哥特王国。公元535年，查士丁尼以调解东哥特王国内部纷争和解救因不同信仰而被迫害的罗马人为借口，出兵被东哥特人占领的意大利。贝利萨留率领8000人先占领了西西里岛，很快又登陆意大利半岛。东哥特国王迪奥达特惊惶失措，想向东罗马人投降，结果被部下所杀。东哥特人推举将军维提格斯为新国王。维提格斯决定避敌锋锐，率主力撤到北方的首都拉文那。公元536年12月，贝利萨留进军罗马，教皇和居民开城投降。

公元537年2月，维提格斯率军南下围攻罗马，贝利萨留坚守不战。东哥特人久攻不克，士气低落，再加上军中瘟疫，只好撤退。公元540年，贝利萨留率军北上，攻陷东哥特首都拉文那，俘虏维提格斯。公元545年，东哥特人在新国王托提拉的率领下攻陷罗马，但他却向查士丁尼求和，这给了东罗马人以喘息之机。公元552年，东罗马人在意大利中部塔地那战役大败东哥特人，托提拉阵亡。公元554年，东罗马人彻底消灭了东哥特的残部，收复了整个意大利半岛。同年，东罗马帝国又利用西哥特王国的内讧，占领了西班牙的东南沿海地区。至此，东罗马帝国恢复了大部分罗马帝国的版图。但东罗马军队在意大利疯狂的搜刮掠夺，不仅遭到蛮族而且也遭到罗马人的痛恨。

公元 565 年查士丁尼去世。不久，东罗马帝国被征服地区大都丧失。

※ 日本大化革新

日本位于东海之中，是由北海道、本州、九州、四国四个大岛和很多小岛组成的岛国。公元 3 世纪以后，本州岛出现了一个较强大的国家大和，它的最高统治者自称天皇。经过不断扩张，大和逐渐占领了很多地区。到公元 5 世纪时，大和已经统一了日本的大部分地区，定都平城京（今日本奈良）。

公元 7 世纪的时候，大和国的朝政被权臣苏我家族把持着。苏我家族的族长苏我虾夷和他的儿子苏我入鹿架空天皇，疯狂兼并土地，激起了其他贵族，尤其是皇极女天皇的儿子——中大兄皇子的强烈不满。中大兄皇子经常接触一些从唐朝回来的留学生，从他们口中，中大兄皇子得知了唐朝的中央集权和繁荣富强，心中非常向往。为了夺回政权，中大兄皇子联络了一些同样对苏我家族势力不满的大臣，开始密谋除去苏我家族的势力。

公元 645 年六月，高句丽、新罗和百济的使者前来给大和国天皇进贡贡品。文武百官身穿朝服，肃立在两旁。大殿上只有天皇、苏我虾夷和苏我入鹿坐着。

这时，老奸巨猾的苏我虾夷忽然发现中大兄皇子没来，就懒洋洋地问皇极女天皇：“中大兄皇子怎么没来啊？”

“哦，可能一会儿就到吧。”天皇有些害怕地说。

苏我虾夷早就知道中大兄皇子对自己家族把持朝政不满，又听说中大兄皇子最近在一个寺院操练军队，心中突然有一种不祥的预感。他站起身，说自己身体不适，要回去了。

临走时，他回头向儿子苏我入鹿使了个眼色，意思是要他注意点。苏我入鹿微微点了点头。

“使臣到！”随着朝官的禀报，大殿上鼓乐齐鸣，大臣们立在两旁。三位使者捧着贡品缓缓走进大殿。这时，苏我入鹿发现中大兄皇子竟然跟着三位使者一起走了进来。中大兄一走进大殿，就高声命令侍卫把大殿的大门关上，任何人不得进出。

"你在搞什么名堂！"苏我入鹿非常生气，站起来大声斥责中大兄皇子。

大中兄皇子也不答话，猛地拔出刀，冲上前去，向苏我入鹿猛砍。苏我入鹿大吃一惊，急忙拔刀自卫。没过几个回合，苏我入鹿的刀就被中大兄皇子震落。苏我入鹿见大势不好，急忙向门口冲去，中大兄皇子一个箭步冲上去，将刀刺入了他的后背。苏我入鹿惨叫一声，趴在地上一动不动。

大殿上的文武百官吓得脸色都白了，躲在角落里恐惧地看着这一幕，简直不敢相信自己的眼睛。三位使者捧着贡品，立在大殿上吓得一动都不敢动。杀死苏我入鹿后，中大兄皇子大喊一声，大殿外的侍卫一拥而入，将投靠苏我家族的大臣五花大绑，押了下去。

中大兄皇子笑着对三位使者说："现在没事了，给天皇献贡品吧。"三位使者这才哆哆嗦嗦地走上前，给天皇献上贡品后，急急忙忙退出了大殿。

中大兄皇子立即冲出大殿，跨上战马，率领宫廷卫队直奔苏我家，同时派人占领京城的交通要道。苏我虾夷的家臣和卫队早就不满他们父子的恶行，见了中大兄皇子的军队一哄而散，众叛亲离的苏我虾夷在绝望中自杀。

政变后的第三天，中大兄皇子逼迫自己的母亲皇极女天皇退位，拥立自己的舅舅登基，就是孝德天皇，自己以皇太子的身份摄政，开始启用从唐朝归来的留学生。孝德天皇即位后，迁都难波（今大阪），仿效唐朝建年号"大化"。

公元646年，孝德天皇颁布《改新诏书》，仿效唐朝进行改革，史称"大化革新"。新政权废除了奴隶主贵族世袭制，改为封建的中央集权官僚制度；废除奴隶主贵族私自占有土地和拥有部民（奴隶）的制度，土地收归国有，贵族以后从国家那里领取俸禄，部民改称公民，从属国家；建立从中央到地方的行政组织和军事、交通制度，将兵权收归国有；实行班田收授法，每6年授田一次，土地不得买卖，死后国家收回，受田人必须承担一定的租税和徭役。

大化革新是日本历史上一个的重要事件。通过大化革新，抑制了奴隶主贵族的特权，解放了部民，完善了国家制度，促进了日本生产力的发展，是日本从奴隶社会走向封建社会的转折点。

※ 查理大帝

圣诞节之夜，罗马圣彼得大教堂灯火辉煌，装饰一新。随着庄严的音乐声响起，高大魁梧、仪态威严的国王开始在圣坛前作祈祷。站在一旁的教皇把一顶金冠戴在了他的头上，并带头高呼："上帝为查理皇帝加冕，敬祝他万寿无疆和永远胜利！"众位教士也跟着欢呼起来。这就是当时开始称霸西欧的法兰克国王查理一世加冕的盛况。

查理，或称查理曼，出生于公元 742 年，其父矮子丕平当时是法兰克王国墨洛温王朝的宫相（相当于中国的宰相）。丕平是位很有谋略的政治家，在他的影响下，查理从小便渴望拥有权力。公元 751 年，丕平建立了加洛林王朝，查理和哥哥卡洛曼一起被确立为王位继承人。查理经常随父亲四处征战，积累了丰富的军事经验。公元 768 年，他的父亲患水肿病死于巴黎，留下查理和卡洛曼两个儿子，法兰克人召开民众大会，推举这两兄弟为国王，平分全部国土。但卡洛曼放弃了对王国的监管，进修道院当了僧侣，三年后去世。公元 771 年，查理被拥戴为法兰克唯一的国王。

查理对基督教极为热诚和虔信，在他统治时期，曾下令教会和修院办学，并在宫中成立学院，广泛招聘僧侣学者前来讲学。他还从中等人家和低微门第人家中挑选子弟，与贵族子弟共同接受教育。甚至任命出身贫穷，学习优异的青年教士为主教。

查理不仅大力推行文化教育，他本人也酷爱学术。他喜欢历史，研究天文学，还向旅行家学习地理知识，并喜欢听文法演讲，甚至编了一本日耳曼语文法。他曾经与聘请来的各国著名学者组成小团体，与其中每个成员都平等相待、自由交往，并以绰号代替真名，查理就给自己取了一个"戴维德"的名字。

在定都亚琛后，他大兴土木，修建了许多金碧辉煌的宫殿和教堂，所有的大理石柱都是从遥远的罗马等地拆除古代建筑运来的。随着建筑的兴盛，绘画、雕刻等艺术也有所发展。查理还派人搜集和抄写了许多拉丁文和希腊文手稿，虽然他对抄本内容一无所知，但为后代保留了许多古典作家的著作。因为查理大帝统治的王朝叫加洛林王朝，所以后来的历史学家又把查理时代的文化繁荣称为"加洛林文化"。

查理统治法兰克王国时期，开始了大规模的扩张领土行动。他是个典型的中世纪骑士，身材魁梧，精力过人，从不知疲劳，把一生的大部分时间都用在了战争上。他一生共发动了五十多次远征，并亲自参加了其中三十次远征。

公元 774 年，查理出兵意大利北部，征服了伦巴德人。随后他又跨过易北河，与萨克森人展开了长达 33 年的拉锯式战争，并最后征服萨克森人，迫使他们改信基督教。对萨克森人的征服使基督教的传播范围空前扩大，查理在基督教世界的威望也与日俱增。公元 778 年，查理率军进入伊比利亚半岛，打败统治西班牙的阿拉伯人，攻克巴塞罗那城。

通过几十年的征战，法兰克王国领土已经扩大到了相当于今天的法国、瑞士、荷兰、比利时、奥地利以及德国、意大利的大部分地区，成为当时欧洲空前强大的国家。公元 800 年，查理进军罗马，援救被罗马贵族驱逐的教皇利奥三世，并被教皇加冕为"罗马人皇帝"。从此，法兰克王国成为"查理帝国"，查理国王则成了"查理大帝"。他把自己的帝国当作了古代罗马帝国的继续，有些历史学家甚至认为，查理的加冕标志着神圣罗马帝国的诞生。

到晚年时，他的军队已无力再继续征伐，甚至对阿拉伯人的侵扰也无能为力。年迈的查理已无当年的雄心壮志，把希望寄托在儿子身上。公元 814 年，查理大帝因病逝世，他的儿子"虔诚者"路易继位。"虔诚者"路易死后不久，他的三个儿子缔结和约，把帝国一分为三。以后的西欧几个主要国家就是在此基础上逐渐发展起来的：东法兰克王国形成了以后的德国，西法兰克形成了以后的法国，东、西部之间偏南的地区形成了以后的意大利。法兰克人的语言也出现明显的分化，逐步形成了法语、德语和其他西欧国家的民族语言。

※ 诺曼征服战

英国自公元 789 年便成为维京人疯狂劫掠的目标，1013 年，丹麦王斯汶大举入侵不列颠，攻占了伦敦，建立了包括英国、丹麦和挪威在内的北欧帝国。丹麦王国衰落后，长期流亡在诺曼底的英国王子爱德华被迎回英国，继承了王位。爱德华曾宣誓永保童贞，因而没有儿子，在表弟诺曼底公爵威廉访问英国时，爱德华将王位继承权暗许给威廉，但在他临终时，却由哈罗德继承了王位。诺曼底公爵威廉听说后极不甘心，决定以武力夺回王位继承权。

威廉以讨伐背信弃义的篡位者为名在欧洲各国进行游说，得到了教皇、神圣罗马帝国皇帝和丹麦国王的支持，教皇还赐给他一面神圣的"圣旗"。不久，威廉便组织了一支 6000 余人的军队，其中有 2000 余名骑兵、3000 余名步兵和 450 艘战舰。整个部队集结在索姆河口的圣瓦莱里，只等风向转南即可出发。

1066 年 9 月 27 日，威廉下令横渡英吉利海峡，向英国挺进。而这时，英国国王哈罗德正在约克庆祝胜利。原来，当威廉正积极准备攻打英国的时候，挪威国王哈拉尔和托斯蒂格联合在一起，入侵英格兰北部的约克。托斯蒂格想向哈罗德要求王位的继承权，而哈拉尔却想趁火打劫。他们一路烧杀抢掠，向约克前进。哈罗德听到哈拉尔入侵的消息后，立即率兵救援约克。经过一场苦战，敌军全部被歼，哈拉尔和托斯蒂格也被杀。

9 月 28 日，威廉顺利渡过海峡并在佩文西登陆，在黑斯廷斯建立营地，并开始向四周洗劫，用来补给。10 月 1 日，哈罗德闻讯赶紧率领亲兵返回伦敦，11 月 13 日夜，哈罗德率领各地兵力 6000 余人，到达巴特尔，并占据了附近的一个高地，威廉的军队也向这边前进。14 日，双方会战开始，哈罗德在山冈的顶部指挥，两侧是他的亲兵，山脊的两翼则主要为民兵。为防止骑兵的冲击，哈罗德将士兵组成一个"防盾的墙壁"，两翼又有险陡的洼地防止敌人迂回攻击，这样，哈罗德军队就能有效地维持阵形。威廉将部队排成左中右三部分，每一部分又有三个梯队，前面为弓弩兵，中间是重装备步兵，后面为骑兵，而队伍的正前方，打出了教皇赐予的"圣旗"。

威廉军队开始缓缓向山坡进攻，直扑英军的盾墙。两军接近时，威廉军前面的弓弩手开始进攻，但由于地势处下风，并没有给对方造成太多的伤亡。而英勇的英军则向威廉军投掷长矛、标枪和石块，犹如疾雨，对威廉军造成极大的威胁，造成了严重伤亡。威廉军左路兵向山坡进攻，敌人突然从上而下猛攻下来，左路军队随之溃逃，对中路军的士气造成了很大影响。威廉重新排好阵形，让骑兵分成小队，试图攻破盾墙，但英军的步兵手持战斧，打得诺曼骑兵纷纷落马，败阵而逃。

威廉见无法攻破盾墙，急中生智，决定佯退，以引诱敌人离开山坡。他先让步兵撤回安全地带，再让骑兵引诱敌人。原本占上风的哈罗德见敌人伤亡惨重开始全线撤退，认为这是消灭威廉的大好机会。于是，哈罗德命军队全线压上，向前迅速追击。威廉继续后退，从谷底退向山坡，步兵却向两侧转移。等到占据居高临下的有利地势后，威廉立即下令进行反攻。这时，英军的盾墙因为移动而漏洞百出。诺曼军一鼓作气杀入敌军，哈罗德猝不及防，被砍死。失去主帅的英军溃不成军，威廉最终赢得了会战的胜利。

接着，威廉大军直逼伦敦，势不可挡。伦敦早已做好了投降的准备，威廉如愿以偿地登上了英国的王位。

诺曼征服战后，封建制度移植到英国，英国建立起中央集权政府。从此，英国历史上的诺曼王朝开始了。

※ 阿维农之囚

13世纪的时候，西欧的国家特别是法国崛起了。法国国王腓力四世凭借强大的武力，强行夺取了很多公爵的领地，进一步扩大了王权。腓力四世野心勃勃，想让整个法兰西只听从自己一个人的命令。但法国人都信仰天主教，很多传教士都只听从罗马教皇的命令，对腓力四世不屑一顾，这让腓力四世非常恼火。他决心凭借自己的强大实力，做一个真正意义上的法国国王！

由于连年发动战争，法国军费开支巨大。为了弥补军费开支，腓力四世决定向法国的教会征税。在以前，拥有大量土地和财产的教会是不向所在国的国王纳税的，他们只向教皇纳税，腓力四世的这个决定大大损害了教皇的利益。教皇卜尼法斯八世非常生气，下了一道命令，重申教会只向教皇纳税，各国国王无权向教会征税。

桀骜不驯的腓力四世立即针锋相对地发布了一道命令，没有国王的许可，严禁法国的金银、马匹、货物出口。命令虽然没有提到教皇，但实际上却切断了法国教会和贵族向教皇缴税的道路，断了教皇在法国的财源。卜尼法斯八世无可奈何，只好同意腓力四世向教会征税。

但卜尼法斯八世不甘心失败，他决心捍卫教皇的利益，而腓力四世也不满足自己取得利益，还想进一步扩大。于是，教皇的神权和国王的王权之间的斗争更加激烈。腓力四世准备制定一个法令，以限制教皇在法国境内的权力。卜尼法斯八世听说后，急忙派法国的大主教前去干涉。法国大主教仗着有教皇撑腰，狐假虎威，在腓力四世面前趾高气扬，不可一世。腓力四世刚开始默不作声，后来实在忍无可忍，下令士兵把大主教抓起来，投入了监狱，随后交给法庭审判。

听到这个消息后，卜尼法斯八世气得七窍生烟。他一连发了三道教皇令，指责腓力四世犯了严重错误，声称只有罗马教廷才有权力审判大主教，并宣布取消腓力四世向教会征税的特权。腓力四世也不甘示弱，他当众烧掉了教皇令，并向在场的所有人郑重宣布：从今以后，除了上帝，他和他的子孙决不屈服于任何外来的势力。

为了彻底让法国的教会势力服从于国王，1302年，腓力四世在巴黎圣母院召开了法国历史上第一次由贵族、教士和市民三个等级参加的会议。在会议上，腓力联合贵族和市民两个阶级，迫使教士们向国王效忠。

卜尼法斯八世气急败坏，立即下令开除腓力四世的教籍。不料，腓力四世根本不吃这一套，他列举了卜尼法斯八世的29条罪状，宣布要以法国国王的名义在法国审判教皇，并派军队去罗马逮捕教皇。

1303年9月的一天，卜尼法斯八世正在开会，准备对腓力四世进行惩罚。

正在这时，一群法国士兵闯了进来。领头的法国军官说："奉法国国王的命令，我们要逮捕教皇卜尼法斯八世去法国受审！"整整三天，卜尼法斯八世脸色苍白，浑身颤抖，躺在床上不吃不喝，受尽了法国人的侮辱和戏弄。虽然后来他被营救出来了，但由于气愤、惊吓和刺激，75 岁高龄的卜尼法斯八世不久就死了。当时的人们这样评价他：爬上教皇位子的时候像只狐狸，行使职权的时候像头狮子，死的时候却像条狗。

在和教皇斗争中大获全胜的腓力四世并不满足，他把法国籍的一个大主教扶上教皇的位置，即克雷芒五世，从此教皇成了腓力四世的傀儡。克雷芒五世长期居住在法国而不回罗马，后来索性将罗马教廷迁到了法国南部的小城阿维农。从此，罗马教廷凌驾于国王之上的时代一去不复返了。历史学家把 70 多年里居住在阿维农的 7 位教皇称为"阿维农之囚"。

※ 蒙古帝国西征

1206 年，蒙古各部落首领在斡难河畔召开大会，推举铁木真为大汗，尊称成吉思汗。之后，以成吉思汗为首的蒙古贵族不断发动掠夺战争，用兵的主要方向是南下与西征，南下攻击的主要目标是金朝和南宋，西征则是征服中亚、东欧各国。

1219 年，为了剿灭乃蛮部的残余势力，征服西域强国花剌子模，成吉思汗带着 4 个儿子术赤、察合台、窝阔台、拖雷，以及大将速不台、哲别开始了西征。蒙古 20 万大军长驱直入，在额尔齐斯河流域分进合击，先后攻占布哈拉、花剌子模新都撒马尔罕、讹答剌与毡的城。花剌子模国王摩诃末西逃，成吉思汗令速不台、哲别等穷追不舍。后来，摩诃末病死在里海的一个小岛上，摩诃末的儿子札阑丁在呼罗珊一带继续抵抗。

为了剿灭札阑丁，1221 年，成吉思汗大军渡过阿姆河，占领塔里寒城。他以塔里寒城为根据地，派出两路大军，分别进攻呼罗珊、乌尔根奇。拖雷率兵进攻呼罗珊，相继攻陷尼沙不儿、也里城；察合台与窝阔台攻陷乌尔根奇。两路大军完成任务后，都回到塔里寒城与成吉思汗会师。然后，各路大军成吉思汗的率领下，继续追击札阑丁，在印度河击败其余众。札阑丁孤身一人逃跑，花剌子模灭亡。1223 年，蒙古大军在西追札阑丁的同时，还深入罗斯，大败敌军，罗斯诸王公几乎全部被杀。1225 年，成吉思汗凯旋东归，将本土及新征服所得的西域土地分封给自己的几个儿子。

1227 年，成吉思汗去世，成吉思汗的第三子窝阔台继任大汗。1234 年，窝阔台集结诸王大臣召开会议，商讨西征大事。窝阔台派兵分别攻打波斯（今伊朗）和钦察、不里阿耳等部，基本上征服了波斯全境。1235 年，由于进攻钦察的军队受阻，窝阔台派遣其兄术赤之子拔都，率 50 万大军增援。西征军一路势如破竹，很快就彻底消灭了花剌子模，杀死札阑丁。1237 年底，拔都又率大军，继续西进，大举进攻罗斯，相继攻陷莫斯科、基辅诸城。1240年，拔都分兵数路继续向欧洲腹地挺进，进攻孛烈儿（今波兰）、马扎尔（今匈牙利）。1241 年，北路蒙军在波兰西南部的利格尼兹，大破波兰与日耳曼的联军；中路蒙军主力由拔都亲自率领，进击匈牙利，大获全胜，兵锋直指意大利的威尼斯。1241 年年底，窝阔台驾崩的消息传到军中，拔都率军从巴尔干撤回到伏尔加河流域，以萨莱为都城，在伏尔加河畔建立了钦察汗国。

1251 年，蒙哥即大汗位。1253 年，蒙哥派弟弟旭烈兀率军发起了第三次西征。这次西征的目标是消灭西南亚地区的木剌夷国（今里海南岸的伊朗北部）。1257 年，蒙军荡平木剌夷，挥师继续西进，直指黑衣大食首都巴格达。1257 年冬，旭烈兀三路大军围攻巴格达，于第二年初攻陷该城，消灭了有 500 年历史的黑衣大食。此后旭烈兀又率兵攻陷阿拉伯的圣地麦加，攻占大马士革，其前锋部队曾渡海到达富浪（今地中海东部的塞浦路斯岛）。

后来由于蒙古军队被埃及军队打败，旭烈兀才被迫停止西进，留居帖必力思，建立了伊儿汗国。

成吉思汗和他的继承者以剽悍的武功征服了欧亚广大地区，以蒙古为中心，建立起由钦察汗国、察合台汗国、窝阔台汗国、伊儿汗国组成的横跨欧亚大陆的国家，形成世界历史上前所未有的大帝国。

※ 奥斯曼土耳其崛起

土耳其人是突厥人的一支，土耳其就是由突厥一词转变而来的。突厥人原来生活在中国北方的蒙古高原和中亚一带，后来被中国的唐朝击败，被迫西迁，来到中东地区，依附于塞尔柱突厥人建立的鲁姆苏丹国。鲁姆苏丹将一块贫瘠的位于西北边境的土地赏赐给他们，让他们为鲁姆苏丹国守卫边疆，抵抗拜占庭帝国。

1242 年，鲁姆苏丹国在蒙古人的打击下瓦解，土耳其人趁机崛起。酋长埃尔托格鲁尔率领土耳其人东征西讨，打败了四周的部落，自称埃米尔（君主的意思）。1288 年，埃尔托格鲁尔病死，他的儿子奥斯曼继位。

奥斯曼想娶长老谢赫艾德巴里的女儿为妻，但遭到了拒绝。一天，奥斯曼来到谢赫艾德巴里家，对他说："我昨天做了一个奇怪的梦，梦见我的腰部长出了一棵大树，所有的树叶都变成了利剑，指向拜占庭帝国的首都君士坦丁堡的方向。长老，你懂得解梦，我的这个梦是什么意思？"谢赫艾德巴里沉思了一会儿说："这个梦预示着你的子孙会占领君士坦丁堡，成为世界的统治者。"奥斯曼听后非常高兴，说："那我现在可以娶你女儿吗？"谢赫艾德巴里点头答应了。奥斯曼登基那天，谢赫艾德巴里赠送给他一把"胜利之剑"。后来，颁发"胜利之剑"成为奥斯曼土耳其苏丹即位的传统仪式之一。此后，奥斯曼手持"胜利之剑"四处征战，建立了一个庞大的帝国。

奥斯曼是个雄才大略的人，当时拜占庭帝国已经衰落，外强中干，在小亚细亚的统治摇摇欲坠。奥斯曼把部落的士兵组织起来，将掠夺的土地分给他们，大大激发了他们的战斗热情。他还吸收了很多其他突厥部落的勇士，壮大了自己的力量。有了强大的军事实力，奥斯曼开始向拜占庭帝国发起进攻。他攻占美朗诺尔城后，将这里作为首都，改名为卡加希沙尔。1300 年，奥斯曼自称为苏丹，并宣布他的国家是一个独立的公国。奥斯曼并没有就此满足，1301 年，奥斯曼对拜占庭帝国发起了更大的进攻，占领了富庶的卑斯尼亚平原，国力大增。1317 年，奥斯曼率领军队围攻拜占庭帝国在小亚细亚最重要的城市布鲁沙城。拜占庭人凭借高大的城墙拼死抵抗，奥斯曼围攻了9 年都没有攻克。1326 年，实在无力抵抗的拜占庭人被迫宣布投降。这时候，奥斯曼已经身染重病。奥斯曼去世后，他的遗体被安放在布鲁沙的大教堂内。奥斯曼死后，他的儿子乌尔汗继任为苏丹，迁都布鲁沙城。此后，人们把奥斯曼创建的国家称为奥斯曼帝国，也称奥斯曼土耳其。土耳其人也因此被称为奥斯曼人或奥斯曼土耳其人。

乌尔汗和他父亲一样，是一个野心勃勃的人。他继续父亲没有完成的事业，在不到 10 年的时间里，完全占领了拜占庭帝国在小亚细亚的领土。乌尔汗利用塞尔维亚和拜占庭帝国的矛盾，开始插手欧洲事务。为了占领一个进攻欧洲的军事基地，乌尔汗于 1354 年率军渡过达达尼尔海峡，占领了加里波里半岛上的格利博卢城堡。由于城堡高大坚固，加上拜占庭人的拼死抵抗，土耳其人一时无法攻克，乌尔汗一筹莫展。这时，乌尔汗的儿子苏莱曼自告奋勇，表示愿意前去攻打格利博卢城堡。在征得父亲的同意后，他只率领 39 名勇士，夜里乘船偷偷渡海来到城堡下。正在这时，此地突然发生大地震，城堡的城墙被震塌，城堡内的士兵和居民惊慌失措，纷纷逃亡。苏莱曼等人一个个斗志昂扬，杀入城中，很快占领了这座城堡。土耳其人急忙增兵 3000 人，巩固了胜利果实。后来，格利博卢城堡成为奥斯曼土耳其进攻欧洲的桥头堡。

1359 年，乌尔汗去世，他的儿子穆拉德一世即位。穆拉德一世率领奥斯曼大军继续进攻已经衰落不堪的拜占庭帝国，攻陷了一座又一座名城，拜占庭帝国被迫乞降，逐步沦为奥斯曼帝国的附庸。

※ 俄罗斯的崛起

1240 年，蒙古西征军在成吉思汗的孙子拔都的率领下攻占了基辅罗斯的首都基辅。1242 年，占领了俄罗斯大部分土地的拔都建立了庞大的钦察汗国，许多俄罗斯的小公国被迫向他屈服。因为蒙古人住在金色的大帐中，所以俄罗斯人又把钦察汗国称为"金帐汗国"。

金帐汗国中，蒙古人只占少数，俄罗斯人占大多数。为了有效统治俄罗斯，拔都就以册封全俄罗斯大公的封号为诱饵，挑拨离间，使各个小国之间不合，甚至互相攻打，借此铲除反抗蒙古的势力，巩固自己的统治。归顺的小国王公们接受金帐汗国的敕令，向金帐汗国缴税、服兵役。为了向金帐汗国缴税和满足自己的奢侈生活，大公们竭力搜刮老百姓，老百姓们苦不堪言。

1327 年的一天，一支蒙古军队来到伏尔加一带，这里是全俄罗斯大公亚历山大统治的地方。蒙古人一到这里就开始抢夺老百姓的财产，老百姓纷纷拿起武器抵抗。亚历山大也忍无可忍了，他亲自率领军队攻击蒙古人。蒙古人死伤惨重，狼狈逃走。金帐汗大怒，决定派军队讨伐亚历山大。

这时，莫斯科大公伊凡匆匆赶来求见。

"你来有什么事？"金帐汗问。

"无比尊敬的金帐汗，您千万不要为了亚历山大那个混蛋生气。为了表示我的忠心，我愿意率领我的军队和其他大公的军队为您讨伐他。此外这是孝敬您的礼物。"伊凡说完，献上了很多金银财宝。

金帐汗一看，非常高兴，说："好，打败了亚历山大，我就封你为全俄罗斯大公，让你替我收税！"

伊凡率领军队很快打败了亚历山大。亚历山大被处死后，伊凡如愿以偿地被封为全俄罗斯大公。从此，他利用手中掌握的收税权力中饱私囊，还帮助金帐汗去镇压别的小公国，同时扩大了自己的领土。到他死的时候，莫斯科公国已经成为俄罗斯最强大的公国了。到了伊凡的孙子季米特里·顿斯特伊担任大公的时候，莫斯科公国的势力又进一步发展，领土面积进一步扩大。这时的金帐汗国却四分五裂，蒙古王公们为了争夺大汗之位混战不止。季米特里决定趁金帐汗国内乱之机举兵反抗，摆脱蒙古人的统治。他率兵赶跑了莫斯科公国内的蒙古人，宣布独立。金帐汗国的大汗马麦汗非常恼火，决定教训教训季米特里。

1380 年 9 月，马麦汗率领 15 万大军大举进攻莫斯科公国，季米特里率领 10 万大军迎战。两军在顿河南岸的库里可沃平原相遇。战前季米特里仔细观察了一下地形，库里可沃平原不大，中间是沼泽，四周是山岗和森林，不利于蒙古骑兵发挥优势。季米特里利用地形精心摆兵布阵，他将军队一字排开，中间是主力，两边是两翼，中间主力前面是先锋部队，他还将一支精锐的骑兵埋伏在敌人后方的森林里。

清晨的大雾刚刚散去，蒙古军队就呐喊着向俄罗斯人杀过来。俄罗斯士兵群情振奋，勇敢地冲向蒙古人。两军杀在一起，难分难解。季米特里身穿厚厚的铠甲，挥舞着大刀，奋勇杀敌。渐渐地蒙古人占据了优势，击溃了俄罗斯人的两翼，并集中兵力向中间主力进攻。俄罗斯主力步步后退，将蒙古人引到了沼泽地带。泥泞的沼泽大大延缓了蒙古人的攻势，季米特里趁机组织俄罗斯军队反攻。

埋伏在森林中的俄罗斯骑兵看到蒙古人陷入沼泽，阵形有些混乱，俄罗斯骑兵指挥官果断下令出击。蒙古人根本没有料到自己背后还有一支伏兵，顿时军心大乱。在俄罗斯人的前后夹击下，蒙古人大败而逃，这场战役最终以俄罗斯人的胜利而告终。库里可沃之战表明，俄罗斯人是可以战胜蒙古人的。到了 15 世纪，莫斯科的伊凡三世统一了俄罗斯，并最终击败蒙古人，结束了金帐汗国对俄罗斯长达两个半世纪的统治。16 世纪，俄罗斯已成为欧洲的一个的强国。

※ "黑死病"肆虐欧洲

1347 年前后，"黑死病"从亚洲传入意大利西西里岛，很快传播到整个意大利。次年年底，开始在欧洲迅速传播。

其实，黑死病能在欧洲迅速传播，和当时欧洲人恶劣的生活条件是分不开的。那时，就连罗马、巴黎、伦敦这些大城市，也都是污水横流，垃圾、粪便和动物的死尸随意丢弃，臭气熏天，卫生状况非常差，这就为传染病的传播提供了有利条件。城市中除了贵族和有钱人外，绝大多数平民都生活在拥挤不堪、通风不畅的狭小房间里，很多人挤在一张床上，甚至有的人家连床都没有。当时的人也很少洗澡，从贵族到农民，很多人的身上跳蚤、虱子乱蹦乱跳。

当时的医学水平根本无法治愈黑死病，一旦染病只能等死。人们把染病者关进屋子里，把门和窗全部钉死，让他们在里面饿死。有的人结成一个个的小社区，过与世隔绝的生活，拒绝听任何关于死亡与疾病的消息。有的人则认为反正是死，不如及时行乐。他们不舍昼夜地寻欢作乐，饮酒高歌，醉生梦死。有的人手拿香花、香草或香水到户外去散步，认为这些香味可以治疗疾病。也有一些人抛弃了他们的城市、家园、居所、亲戚、财产，独自逃到外国或乡下去避难。而罗马教皇则坐在熊熊烈火中间，以此来隔绝黑死病的侵袭。由于欧洲的犹太人懂得隔离传染病人的医学常识，所以死的人较少。一些别有用心的基督徒就侮蔑犹太人和魔鬼勾结，带来了黑死病，大肆屠杀犹太人。整个欧洲简直是一副世界末日的景象。

据统计，在14世纪的100年中，黑死病在欧洲共夺去了2500多万人的生命，再加上饥饿和战争，大约有2/3的欧洲人死亡。

※ 英法百年战争

11世纪，威廉征服英国成为英国国王后，通过联姻和继承，英王在法国占有广阔的领地。12世纪以来，法国逐渐收回被英国占领的部分地区，力图把英国人从领土上驱逐出去，双方的矛盾越来越尖锐。富庶的佛兰德尔曾被法国夺回，但仍与英国保持密切的联系，对佛兰德尔的争夺成为双方斗争的焦点。1328年，没有儿子的法王查理四世去世，英王爱德华三世凭借自己是法王腓力四世外甥的身份要求法国王位继承权。这样，为争夺法国的王位继承权，双方开始出兵作战，拉开了英法百年战争的序幕。

1337年11月，英王爱德华三世率军入侵法国。对于岛国英国来讲，制海权是入侵法国成败的关键。1340年6月，爱德华三世率领250艘战舰、约1.5万人攻击斯鲁斯海里的法国舰队，法国舰队闻讯急忙出海迎战。拥有380艘战舰和2.5万人的法国舰队向英国舰队压过来。爱德华三世不敢硬碰，指挥舰队开始有条不紊地佯退。见敌船要逃，法国舰队急速追击，阵形开始紊乱。

英军舰队突然调转船头，向法军冲去。虽然数量处于劣势，但英国海军却有更丰富的海战经验，法国舰船几乎全军覆没。英国夺得了制海权，为陆上战争解除了后顾之忧。

1346年，丧失海军的法王腓力六世大怒，他将自己精锐的重装骑兵派到前线，想用强硬的马蹄把英军踏得粉身碎骨。而当时的英国以步兵为主，根本没有与之相抗衡的骑兵。号称6万余人的法国骑兵在克雷西与2万英军步兵相遇。英王爱德华三世命令部队放慢进攻速度，引诱敌人来攻。当两队尚有一定距离时，英军强弓手开弓放箭，箭雨向法国骑士飞去。原来，英军为对付身披铠甲的法国骑士，偷偷制造了一种秘密武器——大弓，这种弓箭射程远、射速快、精确度高，能在较远处射穿骑士的铠甲。法军被箭雨打乱了阵脚，溃不成军。英国步兵抓住时机猛攻上去，与敌人展开白刃格斗。身着笨重铠甲的法军陷入被动，很快被英军击败。英军控制了陆上进攻的主动权，一举占领了法国的门户诺曼底，不久又攻占了重要港口加莱。英国的弓箭让法军吃尽了苦头，从卢瓦尔河至比利牛斯山以南的领土都为英国人所有。

为抵抗英国的侵略，夺回丧失的土地，后来的法王查理五世改编军队，整顿税制，还任命迪盖克兰担任总司令。迪盖克兰指挥法军避开英军的锋芒，采用消耗、突袭和游击战术，发挥新组建的步兵、野战炮兵以及新舰队的威力，使英军节节败退，陷入困境。法国趁势夺回大片领土，并恢复了骑兵建制。

在战争中，法国内部矛盾日益加剧，贵族争权夺利，农民起义不断。刚登上英国王位的亨利五世乘机重燃战火，不久法国的半壁江山又落入英军手中。英军继续向南推进，开始围攻通往法国南方的门户要塞奥尔良，法国贵族却没有一个敢去解围。

农民出身的少女贞德以神遣的救国天使名分，手持一把剑和一面旗帜带领法军冲进英军营中。贞德的勇气鼓舞着法军，他们顽强拼杀，一次次击败英军的进攻。法军击溃英军，被围困长达7个月之久的奥尔良城得救了。战争由此开始向有利于法军的方向发展，1453年，法军夺回了所有被攻占的地区，英国被迫投降。

英法百年战争给法国人民带来深重灾难，但促进了法国民族意识的觉醒；

同时使英国放弃了谋求大陆的企图，转而走向海洋扩张的道路。

※ 君士坦丁堡的陷落

在奥斯曼帝国的蚕食下，拜占庭帝国只剩下一个城市，就是首都君士坦丁堡。

1453 年，野心勃勃的奥斯曼土耳其苏丹率领 20 万大军和数百艘战船围攻君士坦丁堡。君士坦丁堡位于欧洲大陆的东南端，北临金角湾，南靠马尔马拉海，东面与亚洲的小亚细亚半岛隔海相望，西面与陆地相连，地势十分险要。大敌当前，君士坦丁堡的军民更是尽一切力量加固首都防御工事，除了在西面筑了两条坚固的城墙外，还在城墙上每隔 100 米修建一个碉堡，墙下挖了很深的护城河。在城北金角湾的入口处，他们用粗大的铁索封住海面，使任何船只都无法进入，在城东、城南临海的地方，他们也修建了高大的城墙。

4 月 6 日，土耳其苏丹拒绝了拜占庭皇帝君士坦丁的求和，下令攻城。随着一阵阵震耳欲聋的巨响，一颗颗重达 500 公斤的巨石从土耳其人的大炮中发出，重重地砸在君士坦丁堡的城墙上，高大坚固的城墙顿时出现了一个个的大坑。"冲啊！"数万土耳其士兵肩扛粗大的木头，滚动着木桶，向护城河冲去，企图填平护城河，为大军攻城铺平道路。"射击！快射击！"城墙上的拜占庭军官不住地大声催促士兵反击。

拜占庭士兵趴在城墙上，躲在堡垒中，用毛瑟枪、火炮、投石机、标枪、弓箭等向城下密密麻麻的不断涌过来的土耳其人疯狂射击。没有任何防护措施的土耳其人惨叫着，纷纷倒地而亡，剩下的吓得急忙扔掉木头扭头逃回本阵。城墙下尸骨如山，血流成河，那些重伤躺在地上的土耳其人还在发出阵阵痛苦的呻吟，城墙上的拜占庭士兵一片欢腾。

看到这一幕，土耳其苏丹知道正面强攻是不行了，必须另想办法。于是他下令挖地道，准备潜入城中，打拜占庭人个措手不及。不料，地道还没有挖到城中，就被拜占庭人发觉，拜占庭人用炸药破坏了地道。

此后 4 艘拉丁船和 1 艘希腊船企图冲过土耳其人的封锁线，支援拜占庭。

土耳其苏丹下令海军将他们击沉，土耳其人派出140多艘战舰前去拦截，结果反被击沉了很多艘，而敌军的5艘船却顺利地进入君士坦丁堡。城中军民见来了援兵和给养，士气大振。

土耳其苏丹把海军司令叫来，臭骂了一顿，并宣布把他撤职。海军司令一听，顿时慌了神，急忙说："尊敬的苏丹，千万别撤我的职，给我一个赎罪的机会，我知道怎么攻克君士坦丁堡！""怎么攻克？"苏丹问。"用海军从金角湾进去！""胡说八道！金角湾有铁索，怎么进？"苏丹非常生气。

"有办法，金角湾北边是由热那亚商人守卫的加拉太镇，与君士坦丁堡隔海相望。热那亚商人都是些见钱眼开的财迷，只要我们给他们大量的贿赂，就可以从加拉太镇进入金角湾。""好，就照你的主意办，先不撤你的职。"

土耳其人和热那亚人经过秘密协商，达成了协议，热那亚人同意土耳其人从加拉太镇经过。一天晚上，土耳其人的80艘战船来到加拉太镇。他们在岸上用木板铺设了一条道路，上面涂满了牛油羊油，以减少摩擦。经过一夜的努力，这些战船终于从陆路通过了加拉太镇，进入了金角湾。

第二天早晨，守卫君士坦丁堡北墙的士兵发现了土耳其人的战舰，大吃一惊。在苏丹的亲自指挥下，土耳其士兵在炮火的掩护下，一次接一次地冲锋。君士坦丁堡内的所有教堂的钟声都敲响了，拜占庭皇帝亲自登上城头，激励士兵拼死作战。可就在这时，一件不可思议的事情发生了。一群士兵从城墙上的小门出击，返回后忘了将门锁紧！土耳其人发现了拜占庭人这一致命疏忽，他们立即结集重兵，猛攻这个小门，终于攻进这座城市。

土耳其人进城后，疯狂地屠杀城中的居民，四处抢劫，很多豪华的建筑都被他们付之一炬。不过土耳其苏丹并没有毁灭这个城市，抢掠过后，他把奥斯曼帝国的首都迁到这里，改名为伊斯坦布尔。

※ "玫瑰战争"

百年战争失败后，英国国内各阶层矛盾越来越尖锐，英国皇室内部争斗更为激烈。在这种长期的争斗中，英国皇族后裔的两个家族逐渐形成了两大对立的贵族集团：一是以红玫瑰为标志的兰开斯特派，它代表着西北经济落后地区的贵族集团；一是以白玫瑰为标志的约克派，它代表着东南部经济比较发达地区的贵族集团。围绕着英国王位继承权问题，两大集团进行了激烈的争夺，英国朝政更为混乱。1454 年 12 月，约克公爵查理在宫廷斗争中失利，开始举兵反对兰开斯特家族出身的国王，玫瑰战争开始。

1455 年 5 月 22 日，约克公爵联合沃里克伯爵等贵族从南方调遣 3000 人发起对兰开斯特派的进攻。兰开斯特家族出身的国王亨利六世和王后玛格丽特率军队 2000 余人在圣奥尔本斯迎战。约克军密集的弓箭和火炮打败了国王的军队，国王受伤后被俘，而王后玛格丽特则逃到了苏格兰。约克公爵迫使国王承认他为王位继承人，玛格丽特闻讯大怒，从苏格兰借兵反攻约克，双方在威克菲尔德展开激战。人数占优的玛格丽特军一举击败约克军，并将约克及其次子杀死，把他的首级扣上纸做的王冠悬挂示众。

约克公爵的死，使约克派贵族的拥护者极为愤怒，他们拥立约克公爵的儿子爱德华为王，称为爱德华四世。在沃里克伯爵的帮助下，1461 年 3 月，爱德华四世率领 4 万余人向北进军，攻打玛格丽特。玛格丽特带军 6 万迎击，两军在陶顿相遇。

陶顿位于地势较高的山丘上，玛格丽特的军队居高临下，地势较为有利。但是，这一天却刮起强劲的南风，雪暴风狂，使人睁不开眼睛。同时，玛格丽特军枪炮的射程和威力也因逆风而大打折扣。爱德华四世却正好相反，虽然处于地势较低之处，但风雪却使他们的弓箭枪炮威力大增。借着风势，爱德华向山上发起猛攻，兰开斯特军损失惨重。虽说占有人数上的优势，但恶劣的自然条件却抑制了玛格丽特的军队。

为了扭转被动的防守局面，玛格丽特下令向山下的敌人发动反攻，双方在风雪中展开肉搏。一直激战到傍晚，仍然未分出胜负。突然，玛格丽特军队的侧翼开始骚动。原来，爱德华四世的后续部队赶到，并从防守较弱的敌军侧翼进行猛攻。玛格丽特军队发生混乱，无法抵挡。爱德华四世率领将士一鼓作气，一直追杀到深夜。玛格丽特趁乱带着亨利六世和幼子又一次逃往苏格兰。

1465 年，亨利六世再次被俘，被爱德华四世囚禁在伦敦塔，基本肃清了兰开斯特派的势力。

约克派掌握政权后，内部的矛盾开始显露出来，国王爱德华四世与实权人物沃里克伯爵产生了不可调和的冲突。沃里克发动反叛，把爱德华俘获，关在监狱里。爱德华出狱后又重新组织力量，一举将沃里克赶到法国。沃里克便与兰开斯特家族结成联盟，并在法国的支持下，卷土重来，爱德华不得不逃亡到他妹夫勃艮第公爵那里。

沃里克掌权后，英国人民对他的统治极为反感，国内矛盾再一次升温。爱德华抓住这一有利时机，于 1471 年 3 月亲率军队在尼巴特和沃里克展开决战。这天浓雾迷漫，仅有 9000 人的爱德华决定以先发制人的战术突袭敌人，于是他率部队提前出发，而沃里克想依靠 2 万人的绝对优势采取迂回战术夹击敌人。激战开始后，浓雾使双方分不清敌我，死伤惨重。爱德华趁势猛攻，沃里克在交战中被杀。兰开斯特的军队抵挡不住，几乎全军覆没。爱德华抓住了王后玛格丽特，并将她和她的幼子及许多兰开斯特派贵族杀死，只有兰开斯特的远亲亨利·都铎逃脱。

1485 年，亨利·都铎率军击败英王查理三世并将其杀死，结束了历时 30 年的玫瑰之战，都铎登上王位后，与爱德华四世的长女伊丽莎白结婚，至此两大家族重新修好。

"玫瑰战争"是贵族自己实施的大手术，使英国两大家族为首的贵族几乎全部消亡，新兴贵族和资产阶级的力量逐渐发展起来，政治也逐渐统一。

文艺复兴时期

　　地理大发现促进了资本主义萌芽的成长，同时沟通了东西两半球及局部地区彼此的经济交往，世界市场开始形成，新兴资产阶级拥有了广阔的活动空间。文艺复兴所涌现出的资产阶级新文化思潮与地理大发现互相呼应，改变了人们的观念和生活方式，成为资本主义发展的精神动力。紧随着文艺复兴的是宗教改革，是一场规模更大、影响更广泛的新兴资产阶级的反封建斗争，宗教改革的烽火在整个西欧点燃。宗教改革进一步瓦解了中世纪的封建结构，确定了新兴资产阶级在政治上、经济上和思想上的统治地位。

※ 哥伦布发现新大陆

哥伦布出生于意大利的热那亚城，那里航海业发达，年轻的哥伦布热衷于航海和冒险，这些条件为其日后的远航打下了基础。

十五六世纪的欧洲，地圆学说已广为传播。人们相信从欧洲海岸出发一直向西，便可以到达东方。《马可·波罗游记》把东方描写为遍地是黄金和香料的天堂。当时的欧洲，随着商品经济的发展和资本主义萌芽的出现，发生了所谓的"货币危机"，即作为币材的黄金、白银严重匮乏。许多欧洲人狂热地想到东方去攫取黄金，以圆自己的发财梦，哥伦布便是其中的代表人物。

梦想归梦想，去东方在当时可不是一件容易的事。传统的东西之间陆上贸易通道已被崛起的奥斯曼土耳其帝国隔断，地中海上的通路又为阿拉伯人把持。欧洲人要圆自己的梦，必须开辟新船路。可喜的是此时中国的指南针业已传入欧洲，而欧洲的造船业也达到相当的水平。这时年富力强的哥伦布认为条件已经成熟，决定进行一次远航。

第一次航行并不顺利，首要的问题是找不到赞助支持者。1486年，哥伦布就向西班牙王室提出了自己的设想，直到1492年才获批准。在西班牙王室的支持下，哥伦布于当年的8月3日率领3艘帆船和87名水手从巴罗士港出发，向正西驶去。经过两个多月的颠簸，哥伦布一行终于发现了一片陆地，草木葱茏。他们欣喜地上岸，并将其命名为圣萨尔瓦多，意为救世主。这个岛屿就是巴哈马群岛中的一个，现名为华特霖岛。这时哥伦布犯了一个错误，他以为已经到了印度，就没有再向西，而是转道向南，沿着海岸线，陆续到达了今天的古巴和海地。他称这一带的土著民族为印第安人（即印度人），并了解了他们的风土人情，只是没有找到大量的黄金。

虽然没有直接获取黄金，但哥伦布也不虚此行。他一上岸就与当地的土著进行欺诈性贸易，以各种废旧物品换取他们珍奇、贵重的财物。而善良的土著人待之如上宾，主动帮助他们适应当地的生活方式，如建筑房屋、采集和狩猎等。这些野心勃勃的殖民者却在站稳脚跟后，对当地人进行疯狂掠夺和残酷的压榨。临走的时候，还掳走了 10 名印第安人。就这样，哥伦布及其船队于 1493 年的 3 月 15 日回到出发地巴罗士港，向人们宣布他已找到去东方的新航路。哥伦布由此受到国王的嘉奖，平步青云地跻身于贵族行列。

不久，尝到甜头的西班牙王室有意让哥伦布再度远航。第二次航行，哥伦布到达海地和多米尼加等地区。之后哥伦布又两次航行美洲，但最终也未能给西班牙王室带回可观的黄金，终于受到冷落。1506 年的 5 月 20 日，哥伦布在西班牙的瓦里阿多里城郁郁而终。

哥伦布发现了美洲新大陆，但到死都认为自己到了印度，今天的东印度群岛的名称即来源于此。美洲的发现开拓了人们的眼界，使世界逐步连为一体，对于扩大世界范围内的交流和推动人类文明进步有一定积极意义；同时也引发了欧洲大规模的殖民扩张，给当地的人民带来空前的灾难。

※ 麦哲伦环球航行

费尔南多·麦哲伦，世界著名航海家，出身于葡萄牙贵族。10 岁左右时，他被父亲送入王宫服役，1492 年成为王后的侍从。16 岁时，他进入葡萄牙国家航海事务厅，因而熟悉了航海事务的各项工作。1505 年，麦哲伦参加了一支前往印度探险的远征队，不久因心理素质好、组织能力突出被推举为船长。此后，麦哲伦带领船员多次到东南亚一带探险和游历，积累了丰富的航海知识和航海经验。他根据古希腊人所提出的地球是圆形的说法，坚信穿过美洲东面的大洋就能到达东南亚，于是决定做一次环球航行。

麦哲伦先求助于葡萄牙王室，未果，转而向西班牙国王请求资助。西班牙国王查理虽然在口头上表示坚决支持麦哲伦的探险计划，但在实际行动中并不慷慨，只给了他少量资金。由于资金紧张，麦哲伦只购买了 5 艘破旧不堪的船只，最大的载重量只有 120 吨，最少的仅 75 吨。这些航船很难经受住大风浪的考验，被人们戏称为"漂浮的棺材"，但这些并没有破坏麦哲伦的计划。

麦哲伦率领一支由 5 艘帆船和来自 9 个国家的近 270 名水手组成的船队，于 1519 年 9 月 20 日从西班牙塞维利亚港出发，向西驶入大西洋。6 天以后到达特内里费岛，稍事休整，10 月 3 日继续向巴西远航，途中曾在几内亚海岸停靠，终于在 11 月 29 日驶抵圣奥古斯丁角西南方 27 里格处（里格，长度单位）。之后，船队继续向南，次年的 3 月到达阿根廷南部的圣朱利安港。当时的自然条件对航行极为不利，寒冷的天气使得缺衣少食的船员开始怀疑此行的价值，人心不稳，最终发生了 3 名船长叛乱事件。麦哲伦凭其卓越的领导才能，果断地平息了反乱，处死了肇事者。船队在圣朱利安港一直待到这一年的 8 月，为的是等待气候的好转。

根据麦哲伦等人的航海日志，船队于 1520 年 8 月 24 日离开圣朱利安港南下，10 月 21 日绕过了维尔京角进入了智利南端的一道海峡（后被命名为麦哲伦海峡）。由于该海峡水流湍急，麦哲伦的船队只得小心翼翼地探索前进，经过 20 多天他们才驶出海峡，在此期间有两条船沉没。10 月 28 日，麦哲伦等人出了海峡西口进入"南面的海"，有趣的是在这片海域的 110 天航行竟然没有遇上过巨浪，故而船员称之为"太平洋"。由于长时间的曝晒，船上的柏油融化，饮用水蒸发殆尽，食物也变质甚至生了蛆虫。船员无奈之下只得以牛皮绳和舱中的老鼠充饥。其艰难困苦可见一斑，但最危险的时刻还没有到来。

经过严重的减员之后，麦哲伦的船队于 1521 年 3 月抵达马里亚纳群岛中的关岛。在这里船员们获得梦寐以求的新鲜食物，他们感觉自己好像进入了天堂。他们停下来休整了一段时间以恢复体力，之后他们继续向西航行，到达了菲律宾群岛。

在登上菲律宾群岛的宿雾岛后不久，这些殖民者的本来面目就显露出来。麦哲伦妄图利用岛上两部落的矛盾来控制这块富饶的土地，不料在帮助其中一个部落进攻另一个部落时，被土著人杀死。

麦哲伦死后，环球航行面临夭折的危险，幸好麦哲伦的得力助手埃里·卡诺带领余下的两船逃离虎口，他们穿过马六甲海峡进入印度洋，这时仅有的两只船又被葡萄牙海军俘去一只。埃尔·卡诺只好带领仅存的"维多利亚"号绕过好望角，回到西班牙的塞维利亚港，这时已是1522年的9月6日。经过3年多的航行，原来浩浩荡荡的船队只剩下一艘船和18名船员，可见这次航行代价之惨重。

历时3年有余的环球航行，以铁的事实证明了地球是圆的，使天圆地方说不攻自破，同时也使世界的形势大大改观，宣布了一个新时代的到来。麦哲伦等人为世界航海史、科学史做出巨大贡献的同时，客观上也给殖民主义扩张开辟了广阔的道路。

※ 文艺复兴

14世纪前后，意大利半岛出现了一些城市国家，比如佛罗伦萨、威尼斯和热那亚等。这些城市国家有发达的商业和手工工场，是欧洲经济最发达的地区，产生了商人和工场场主等新兴的资产阶级。他们渴望摆脱中世纪神学对人们精神的控制，要求以人为中心，而不是以神为中心，渴望享受世俗的快乐，追求人生的幸福。

14世纪末，奥斯曼帝国攻陷了东罗马帝国的首都君士坦丁堡，东罗马帝国灭亡。许多东罗马的学者带着大批的古希腊古罗马文学、历史、哲学等书籍和艺术品，逃往西欧避难，其中有很多人逃到了意大利。一些逃到佛罗伦萨的东罗马学者在当地开办了一所叫"希腊学院"的学校，专门讲授古希腊的辉煌文明和文化，这让当时只知道《圣经》的佛罗伦萨人耳目一新。后来意大利和欧洲其他地区也开办了很多类似的学校。欧洲人发现古希腊文明的一切竟然是那么美好，中世纪的一切是那么丑恶，因此许多学者呼吁复兴古希腊古罗马的文化艺术，得到了新兴资产阶级的支持，欧洲掀起了一场声势浩大的"希腊热"浪潮，当时的人们把这场运动称为"文艺复兴"。

文艺复兴之所以首先发生在意大利，是因为意大利在地理和文化上是古罗马的继承者，古罗马的文明在意大利保存得最多也最完整。古罗马人是意大利人的祖先，复兴祖先的文化艺术，对意大利人来说是一件非常光荣的事。

　　文艺复兴的先驱是但丁。但丁在他的长诗《神曲》中描写自己在古罗马诗人维吉尔和自己恋人的带领下游历了天堂、地狱和炼狱，在地狱里但丁看到了很多历史上的盗贼、暴君和恶人在这里受苦，甚至当时还活着的教皇也在这里有一个位置，而那些高尚的君主和圣贤则在天堂中享福。《神曲》将批判的矛头直指天主教会，表达了诗人对它的厌恶，但丁因此被誉为中世纪最后一名诗人和新时代第一位诗人。

　　14世纪的一天，一个年轻人不顾修道士的阻挠，闯入罗马附近的一个修道院的藏书室中。这个修道院是在罗马帝国灭亡后不久建立起来的，它的藏书室中收藏了很多古罗马的书籍。但在漫长的中世纪，没有一个修道士对这些书感兴趣，所以也就没有人去翻阅它们。年轻人推开早已腐烂不堪的木头门，看见一屋子的珍贵书籍上落了厚厚的灰尘。他擦去这些灰尘，发现了很多珍贵的古书，甚至还有许多早已失传的书。看到这一切，年轻人兴奋得又哭又笑，随后赶来的修道士都觉得这个人的精神不正常。他顾不上那些修道士的抗议和呵斥，就开始埋头整理这些无价之宝。

　　这个年轻人就是文艺复兴的著名代表之一、意大利小说家、佛罗伦萨人薄伽丘。当时佛罗伦萨是个城市共和国，它的工商业是欧洲最发达的。经济的发达也带动了文化的发达，佛罗伦萨第一个高举"文艺复兴"的大旗，开展了反教会反封建的新文化运动。薄伽丘满怀激情，投入到了这场轰轰烈烈的运动中。他创作的小说集《十日谈》以佛罗伦萨黑死病大流行为背景，讲的是3个女子和7个男子躲到一个乡间别墅，为了打发时间，每人每天讲一个故事，一共讲了10天。这些故事有的是薄伽丘自己的见闻，有的是各地的奇谈传说，对当时的国王、贵族、教会等势力的腐朽黑暗大加讽刺，揭露了他们的虚伪本质。因此薄伽丘备受教会势力的咒骂攻击，他一度想烧毁自己的著作，幸亏好朋友彼特拉克劝阻，才使《十日谈》得以保存下来。

　　薄伽丘的好朋友彼特拉克被称为"人文主义之父"，他提出了要在思想上摆脱封建主义的束缚，要一切以人为中心，要关心人、尊重人，给人以自由。彼特拉克强烈反对天主教会以神为中心的封建教义，反对人一生下来就有罪的说法，他认为人应该掌握自己的命运，人是伟大的，应该享受人生的快乐。

彼特拉克第一次提出了以人为中心的"人文主义"进步思想。

文艺复兴预示中世纪"黑暗时代"的结束。后来，文艺复兴逐渐从意大利向欧洲其他国家扩展，文艺复兴的领域也由原来的文学扩展到美术、医学、天文学、航海等，极大地促进了欧洲的发展，使欧洲成为近代最发达的地区。

※ 大诗人但丁

但丁出生于意大利的佛罗伦萨，父母早亡，由姐姐抚养长大。10 岁前，他就读完了古罗马作家维吉尔、奥维德和贺拉斯等人的作品，对维吉尔推崇备至，视之为理性的象征和引导自己走出人生迷途的第一位导师。12 岁时，他拜意大利著名学者布鲁内托·拉蒂尼为师，学习修辞学、神学、诗学、古典文学、政治、历史和哲学。拉蒂尼对但丁影响很大，被他称为"伟大的导师"，"有父亲般的形象"。但丁的青年时代是在读书中度过的，他勤奋好学，求知欲十分强烈，曾经到帕多瓦、波伦那和巴黎等地的大学深造，对美术、音乐、诗学、修辞学、古典文学、哲学、神学、伦理学、历史、天文、地理和政治都有很深的研究，成为了一个多才多艺、学识渊博的学者。

少年时，但丁曾经历了一场刻骨铭心的爱情。有一位名叫贝阿特丽齐的少女，她端庄、贞淑与优雅的气质令但丁一见钟情，再不能忘。遗憾的是贝阿特丽齐后来遵从父命嫁给一位银行家，婚后数年竟因病夭亡。哀伤不已的但丁将自己几年来陆续写给贝阿特丽齐的 31 首抒情诗以及散文整理在一起，取名《新生》结集出版。诗中抒发了诗人对少女深挚的感情，纯真的爱恋和绵绵无尽的思念，风格清新自然，细腻委婉，是欧洲文学史上第一部剖露心迹、公开隐秘情感的自传性诗作。1291 年，在亲友的撮合下，但丁与盖玛结婚，生有两男一女。

但丁不是一位只埋头于故纸堆的学究，他积极投身于争取共和和自由的政治斗争。但丁的故乡佛罗伦萨是欧洲最早出现资本主义萌芽的城市之一，也是新兴的资产阶级同封建贵族激烈斗争的中心。但丁在青年时代就加入了代表资产阶级利益的归尔弗党，参加反对封建贵族和罗马教皇专制统治的政治斗争。1300 年，归尔弗党建立了佛罗伦萨共和国，但丁被任命为最高行政会议 6 大行政官之一。但共和国不久后失败，但丁遭到放逐，从此再也没有回到佛罗伦萨。在流放期间，但丁创作了《飨食》《论俗语》《帝制论》3 部作品。《飨食》介绍了从古至今的科学文化知识，激烈批判封建等级观念，是意大利第一部用俗语写的学术性著作；《论俗语》论述了意大利各地区方言的历史演变与特点，为意大利民族语言的发展奠定了理论基础；《帝制论》第一次从理论上阐述了政教分离、反对教皇干涉政治的观点，向封建神权勇敢地提出挑战。

意大利北部名城拉文那的君主是位很有文化修养的骑士，他非常仰慕但丁的文学才华，邀请但丁到拉文那去定居。但丁到拉文那后，创作了他一生中最伟大的著作《神曲》。《神曲》是一部采用中世纪梦幻文学形式写成的长诗，描写诗人梦幻游历"地狱""炼狱""天堂"三界的经过。但丁在诗中对教会的贪婪腐化和封建统治的黑暗残暴进行了无情抨击，赞美现实生活并强调人的价值，体现了人文主义的新思想，为文艺复兴运动的兴起开辟了道路。《神曲》是用意大利方言写成的，为意大利文学语言奠定了基础，因此但丁被意大利人称为"民族诗人"。

晚年时，但丁与妻子盖玛和已经长大成人的三个孩子在拉文那团圆，得享天伦之乐。1321 年秋，但丁不幸染上疟疾，不久便去世，享年 56 岁。但丁在世时，一直希望能够重回故乡，但未能如愿。但他坚信等《神曲》全书出版后，佛罗伦萨人民会请他返回故里，并给他戴上桂冠，因此还婉言谢绝了波伦那大学授予他的桂冠诗人称号。他死后，被拉文那人民戴上桂冠，隆重安葬。

几世纪后，佛罗伦萨人想把但丁的遗骸迁回故乡，市政府甚至在圣克洛斯教堂为他修筑了一座高大的墓冢。但迁葬一事遭到了拉文那人民的坚决反对，他们认为但丁是他们的光荣。结果直到现在，佛罗伦萨的但丁墓仍然是一座空穴。

※ 文艺复兴美术三杰

16 世纪，文艺复兴运动逐步走向繁荣，意大利涌现出很多著名的艺术家、文学家和科学家，其中达·芬奇、拉斐尔和米开朗琪罗被称为"文艺复兴美术三杰"。

达·芬奇是佛罗伦萨人，他学识渊博，多才多艺，被认为是世界上智商最高的人，他在多个领域都有所建树，但使他闻名于世的是他的绘画。

达·芬奇的代表作是为米兰的圣玛利亚修道院画的壁画《最后的晚餐》和肖像画《蒙娜丽莎》。《最后的晚餐》取材于《圣经》，描绘了耶稣在被捕前的一个晚上吃晚餐时，对 12 个门徒说："你们当中有人出卖了我。"12 个门徒顿时震惊了，他们有的愤怒，有的怀疑，有的极力表示自己清白，有的询问，有的讨论，只有一个人紧握着钱袋，惊惶失措，身体后仰，他就是收了敌人银币后出卖耶稣的叛徒犹大。达·芬奇将这 12 个不同性格的人，描绘得惟妙惟肖，以艺术的手法谴责了叛徒犹大的卑鄙行为。这幅画是世界绘画史上的经典之作，1980 年，《最后的晚餐》被列为世界文化遗产。相传在画这幅画时还有一个有趣的故事。达·芬奇为了画好耶稣，就去找了一个相貌端庄的模特，照着模特的样子画。画好以后，达·芬奇非常满意，就给了模特一大笔钱。几年后，达·芬奇要画犹大，就去找了一个相貌猥琐的乞丐，照他的样子画了犹大。没想到，乞丐放声大哭，对达·芬奇说："是你害了我！我就是以前的那个模特，你给了我一大笔钱后，我就开始过起奢侈的生活，但很快就把钱花光了，只好当了乞丐。"达·芬奇听了感慨不已。

有一天，一个富商请达·芬奇给他的妻子画像。这位贵妇人刚刚失去了小女儿，心里万分悲痛。达·芬奇为了让她微笑，特意请来一个喜剧演员，给她讲笑话，做各种滑稽的动作，这位贵妇人终于微微一笑。达·芬奇抓住这一刹那的微笑，一气呵成，终于画出了杰作《蒙娜丽莎》。

米开朗琪罗·波纳罗蒂出生于意大利的佛罗伦萨。他年轻的时候，有一次，一位公爵请他和达·芬奇各自创作一幅古代佛罗伦萨人反抗外敌侵略的画。当时达·芬奇已经是非常有名的画家了，但米开朗琪罗的构思和创作还是获得人们的认可与好评。米开朗琪罗的画表现的是佛罗伦萨人正在河里洗澡，听见了军号声，他们匆忙上岸，穿上衣服，拿起武器奔向战场，表现了佛罗伦萨人奋不顾身保卫祖国的英雄气概。

米开朗琪罗还是个雕塑家，他的代表作是《大卫》。《大卫》取材于《圣经》，雕像雕塑了一个健壮的青年，目光炯炯有神，表现了战胜敌人的必胜信心。《大卫》像完成后，佛罗伦萨人将之树立在城中，作为保卫佛罗伦萨城的英雄象征。后来他还应罗马教皇之请，为西斯廷教堂绘制天顶画。

拉斐尔·桑乔出生在意大利东部的乌尔比诺城，他的父亲是一位画家，受父亲的影响，拉斐尔从小就非常喜欢画画。21岁的时候，拉斐尔来到佛罗伦萨，仔细观摩达·芬奇和米开朗琪罗等人的作品，进步很快。他的性情平和、文雅，他的画也一样。后来受教皇的聘请，拉斐尔为梵蒂冈创作了很多宗教画。以前的宗教画都非常呆板，拉斐尔别出心裁，将文艺复兴中的古典艺术思想注入宗教画中，使这些宗教画看上去充满了人文主义色彩。在他创作的名画《雅典学院》中，巨大建筑物的一重重拱门由近及远，柏拉图和亚里士多德边走边谈，周围是苏格拉底、阿基米德等人，象征着古希腊文明后继有人。拉斐尔37岁就去世了，但他的天才创作为他赢得了"画圣"的称号。

※ 马丁·路德与宗教改革

马丁·路德是著名的宗教改革家。他出生于德国萨克森州的埃斯勒本，两岁那年举家迁往曼斯费尔德。父亲汉斯·路德当矿工，靠租用领主的三座小熔炉起家。马丁·路德的父母都是虔诚的基督教徒，所以他从小就接受了严格的宗教教育。1501年春，他进入当时德意志最著名的爱尔福特大学，在1502年秋获得文学学士学位，1505年，又以优异成绩取得硕士学位。在大学期间，他开始受到反对罗马教皇的世俗思想的影响。

大学毕业后不久，22岁的马丁·路德不顾亲友的反对，进入圣奥古斯丁修道院当修士，希望通过苦修让上帝赦免自己的罪行。1512年，他获得维登堡大学的神学博士学位，并成为该校的一名教授。1512～1513年间，他逐步确立了自己"因信称义"的宗教学说。他认为一个人灵魂的获救只需靠个人虔诚的信仰，根本不需要外在的善功及教会的权威。这一学说一反天主教的救赎理论，从根本上否定了教会和僧侣阶层对社会的统治权。

德意志当时深受罗马教皇的盘剥，每年都要向教皇上缴30万古尔登（当时的一种货币单位）的宗教税。1517年万圣节前夕，教皇又派人到德意志大量兜售"赎罪券"，宣称只要交钱购买，上帝就会免除其罪行。马丁·路德对教皇的做法非常不满，于是写了《九十五条论纲》，张贴在维登堡卡斯尔教堂的大门上。

在《论纲》中，他痛斥教皇兜售"赎罪券"的做法，提出"信仰耶稣即可得救"的原则，反对用金钱赎罪的方法。《论纲》引起了强烈反响，激发了人民对教权至高无上的怨愤和反对，点燃了德国宗教改革的火焰，使路德一时成为德意志民族的代言人。1519年，罗马教会的神学家约翰·艾克同马丁·路德在莱比锡展开了大论战，这场大辩论，成为路德宗教改革生涯中的一次重大转机。1520年，为了更加广泛地传播自己的思想，马丁·路德撰写了一系列文章和小册子，发表了被称为宗教改革三大论著的《致德意志贵族公开书》《教会被囚于巴比伦》《基督徒的自由》。这年6月2日，教皇颁布敕令，希望马丁·路德能在60天内撤回《九十五条论纲》中的41条，否则就开除他的教籍。路德不为所动，公开把教皇的敕令付之一炬。

1521年，路德参加了德皇召集的沃姆斯帝国会议。

之前，友人曾劝路德不要前往，担心他会惹来杀身之祸。但路德说："即使沃尔姆斯的魔鬼有如房顶上的瓦片那样多，我还是要坦然前往。"在100多名萨克森贵族的伴随下，在沿路凯旋式的迎送行列中，路德到达了沃尔姆斯。他拒绝承认错误，义正词严地为自己申辩，得到沃尔姆斯全市人民的同情与支持。他在会上郑重宣称："我坚持己见，决不反悔！"与罗马教廷彻底决裂。德皇无计可施，只好放了路德，但代表教皇开除了路德的教籍。

为了避免遭到教会的迫害，路德隐居到瓦特堡，从事《圣经》的德文翻译工作。

1525年，42岁的路德与一位叛逃的修女波拉结婚，以实际行动向天主教的禁欲主义发起了挑战。1543年，路德翻译的德文版《圣经》面世了，在书中，路德恢复了早期基督教民主、平等的精神，为人民提供了对抗天主教会的思想武器。他还把自己"信仰耶稣即可得救"的主张加入其中，成为基督新教的主要教义。此外，他翻译的《圣经》使用的是德国语言，这种统一的语言成为联系分裂的德意志各邦的重要纽带。

1546年2月，路德因病去世，被葬于维登堡大教堂墓地，享年63岁。他死后，他所创立的基督新教在欧洲各国传播开来，掀起一场轰轰烈烈的宗教改革运动。

※ 苏莱曼一世的征战

苏莱曼是奥斯曼土耳其苏丹塞里姆一世的独生子。他出生于1494年，他本人是奥斯曼土耳其帝国的第10任君主，奥斯曼人都认为他必将成为一个伟大的君主，将会统治整个世界。

1509年，15岁的苏莱曼奉父亲的命令，在知识渊博、经验丰富的大臣的陪同下，离开首都宫廷的舒适生活，到外省去做总督。在大臣们的精心辅佐下，苏莱曼学到了很多治国安邦的经验。父亲率军远征的时候，他就代替父亲管理国政。

1520年，塞里姆一世去世，26岁的苏莱曼即位为苏丹，后世称为苏莱曼一世。就在奥斯曼帝国的国势蒸蒸日上的时候，欧洲的基督教国家却是一片混乱。各国为了土地和财富，混战不休，自相残杀。这给了苏莱曼一个扬名立万的大好时机。

苏莱曼决定进攻欧洲的门户——贝尔格莱德。贝尔格莱德位于欧洲巴尔干半岛的中心位置，处于匈牙利人的统治之下。如果占领了贝尔格莱德，就可以向北进入欧洲的心脏地带，甚至占领整个欧洲。苏莱曼的前几任苏丹曾率兵攻打过贝尔格莱德，但都惨败而回。

1521 年 8 月，苏莱曼率领 10 万大军，动用了数万头马匹和骆驼，运载了大量的粮草、军械，大举进攻贝尔格莱德。匈牙利人躲在又高又厚的城墙后面，严阵以待。苏莱曼没有让士兵们一味硬攻，而是调集了数百门大炮，将贝尔格莱德团团围住，然后下令狂轰。霎时间，贝尔格莱德上空硝烟弥漫，炮声震耳欲聋。高大的城墙被打得千疮百孔，摇摇欲坠。匈牙利人实在抵挡不住了，只好弃城逃跑。就这样，苏莱曼占领了进攻欧洲的门户，贝尔格莱德之战也成为奥斯曼土耳其帝国扩张史上的骄傲之战。

第二年 6 月，苏莱曼又在小亚细亚结集了 10 万大军和 300 艘战舰，进攻地中海的罗德岛。罗德岛位于小亚细亚和奥斯曼帝国的领土埃及的航线之间，被信仰基督教的圣约翰骑士团占领，他们经常派战舰拦截奥斯曼帝国的航船。前几任苏丹也都曾攻打罗德岛，想拔掉这颗眼中钉、肉中刺，但由于罗德岛地势险要，圣约翰骑士团作战顽强，都无功而返。

罗德岛上有 600 名骑士，6000 名士兵，士兵又分为长矛兵和火枪兵。虽然他们人数较少，孤军奋战，没有援军和物资补给，但由于火炮配置合理，弹药充足，又有一支灵活机动、火力强大的海军，因此有恃无恐。1522 年 6 月，10 万奥斯曼大军在罗德岛登陆。这支大军装备精良，训练有素，配有炮兵和工兵。奥斯曼军队首先向炮击罗德岛上的碉堡，罗德岛守军立即反击。由于罗德岛守军藏在坚固的碉堡中，所以伤亡很小，再加上守军战前已对火炮射程内的每个目标都进行了十分认真的测量，所以炮兵发射的每发炮弹都能准确命中目标，在旷野中没有掩护措施的奥斯曼人伤亡惨重。为了扭转不利的局面，奥斯曼军工兵开始挖掘地道，埋设地雷，企图炸塌城墙。8 月，奥斯曼工兵把城墙炸开了一个缺口，大军一拥而入，但遭到了守军的顽强抵抗，大败而回。随后的几个月里，奥斯曼军从城墙的缺口处多次攻入城中，被守军击退。但奥斯曼军在人数上占压倒性优势，而守军每伤亡一人，战斗力就减少一分，无法得到补充。随着士兵伤亡的增加，守军的压力越来越大，外面没有援军，内部人员、弹药的消耗也得不到补充，守军处境日益艰难。相反，奥斯曼的兵源和物资源源不断运抵罗德岛。在圣诞节前夕，经过谈判，圣约

翰骑士团表示可以有条件地放下武器离开。由于奥斯曼伤亡人数已经达到了
5万人，所以苏莱曼同意了。由此，罗德岛划入奥斯曼帝国的版图。

苏莱曼一生进行了13次亲征，在欧洲文献中，他被称为"苏莱曼大帝"。
在他统治时期，奥斯曼帝国的国力达到了顶峰。

※ 阿克巴大帝

莫卧儿帝国的第三个帝王是阿克巴大帝。他是巴布尔的孙子，阿克巴是
伟大的意思。阿克巴是印度历史上的一位伟大的君主，可以和阿育王相媲美。
他在位期间不断扩张，到他去世时，莫卧儿帝国的版图东起布拉马普特拉河，
南到哥达瓦利河上游，西起喀尔，北抵克什米尔，成为印度历史上一个空前
庞大的帝国。

1566年，14岁的阿克巴即位后不久，前苏尔王朝的贵族阿迪尔沙和喜
穆率军3万、战象1500头卷土重来，企图恢复苏尔王朝。莫卧儿军大败，
重要城市阿格拉和德里相继失陷。阿克巴和宰相培拉姆汗不甘失败，立即率
领2万骑兵反攻德里，两军展开了决战。刚开始时，喜穆依靠优势兵力和众
多的战象占了上风，莫卧儿军节节败退。阿克巴和培拉姆汗立即调整战术，
派大军迂回到敌人的两翼攻击，牵制敌人推进，同时率主力进行反攻，给敌
人制造混乱。为了对付敌人的战象，阿克巴指挥战士们向战象发炮，令弓箭
手射火箭。这战术果然有效，战象害怕火，见了炮火和火箭只有四处狂奔，
根本不听指挥，敌人的阵势大乱。阿克巴趁机下令进攻，杀死了喜穆手下的
两员大将。为了扭转不利战局，喜穆亲自上马率军反攻，阿克巴弯弓搭箭，"嗖"
的一声，羽箭射中了喜穆的眼睛，喜穆惨叫一声，倒地而亡。苏尔军见主帅
战死，顿时斗志全无，纷纷扔下兵器四散而逃，莫卧儿军乘胜追击，取得了
最后的胜利。通过这场战役，莫卧儿人彻底战胜了苏尔人，莫卧儿帝国确立
了对印度的统治，并开始了对外扩张。

阿克巴登基时才14岁，朝政大权完全掌握在宰相培拉姆汗手里。宰相
认为阿克巴是一个小孩子，根本不把他放在眼里，利用手中的大权，任人唯

亲，排斥异己，甚至连阿克巴的好友都处死，还企图篡位。

18岁的时候，阿克巴对飞扬跋扈的培拉姆汗再也无法容忍了，下令将他处死，自己亲自掌握了朝政。

阿克巴亲政后，一些贵族很不满意，在各地发动叛乱，严重威胁了阿克巴的王位和国家的稳定。阿克巴亲自率兵镇压，终于平息了叛乱，巩固了自己的王位。为了警告叛乱者，他下令将两千多名叛乱者的头骨筑成了一座令人毛骨悚然的头骨塔。

印度是一个多宗教的国家，大多数平民信奉印度教，此外还有佛教、锡克教等。各个宗教之间冲突不断，经常发生流血冲突，阿克巴对此头痛不已。为了制止这类事件的发生，阿克巴宣布宗教自由，各个宗教平等，他任命了很多印度教徒做官，并娶了一位印度教贵族的女儿为王后。

为了根除宗教冲突，1581年阿克巴自己创立了一个宗教——"圣教"。阿克巴是这个宗教的教主，圣教徒相遇后都高呼"阿克巴"。圣教没有寺庙，也不用祈祷，只是要求平时多做好事，爱护动物就可以了。这个宗教虽然没有流行，但却缓解了印度的宗教矛盾。

阿克巴对社会上的一些陈规陋习深恶痛绝，屡次下令改正。当时印度有一种非常野蛮、非常残酷的风俗，就是丈夫死了，妻子必须跳入火中殉葬，这种风俗当然也在阿克巴禁止的范围之内。

一次，一个官员向他报告："启禀陛下，孟加拉已故总督的妻子明天要跳火殉葬！"阿克巴知道孟加拉总督的妻子是一位非常聪明能干的女人，她决不会主动要求跳火殉葬的，一定是有人在逼她。

第二天，阿克巴早早地带着侍卫来到了孟加拉总督的家。这时院子里已经燃起了熊熊大火，四周站满了人，一个穿着华丽衣服的女子正在哭泣。

阿克巴走到总督妻子面前，问道："你跳火殉葬，是自愿的吗？"总督妻子哭着连连摇头说："不是啊，陛下！是我丈夫的哥哥逼我殉葬的，他怕我分丈夫的财产！"

"哼！"阿克巴冷哼一声，瞪总督哥哥一眼，总督哥哥跪在地上吓得浑身打颤。阿克巴大声对在场的人说："现在我下令，从今以后，谁再强迫寡妇跳火殉葬，一律处死！"在场的所有人齐声附和，手忙脚乱地把火扑灭，扶着总督夫人进屋去了。

在英明的阿克巴统治下，莫卧儿帝国逐渐强盛。

※ 德川幕府

丰臣秀吉死后，他的儿子丰臣秀赖年纪还小，原来归顺丰臣秀吉的大名德川家康起了反叛之心。

1598 年丰臣秀吉死后，他的部下分裂为石田三成、小西行长为首的官僚派和加藤清正、福岛正则为首的武将派。实力最强的首席大老（辅佐丰臣秀赖的最高执政官）德川家康为取丰臣家而代之，利用两派不和迫使武将派归顺了自己，然后率领 10 万军队，于 1600 年六月进攻官僚派，石田三成和小西行长组成 8 万人的大军迎战。九月，两军交战于关原（今日本岐阜县不破郡）。由于官僚派的大将小早川秀秋临阵倒戈，投降了德川家康，导致官僚派惨败，石田三成和小西行长被俘。德川家康把他们处以极刑，90 多个参加官僚派的大名的领地被没收，丰臣秀赖也被降为一般的大名，德川家康开始称霸全国。

1603 年，天皇封德川家康为"征夷大将军"，德川家康在江户（今日本东京）建立了幕府，成为了日本实际的统治者。从此日本开始了德川幕府（又称江户幕府）时代。

随着德川家康一天天衰老，丰臣秀赖一天天长大。德川家康为了自己家族的利益，决定消灭丰臣秀赖，永绝后患。丰臣秀赖也不甘示弱，为了击败德川家康，他招募了大量的武士，决心与德川家康决一雌雄。在关原之战中，很多参加官僚派的大名失去领地，很多武士失去了生活来源，因此他们非常憎恨德川家康。当丰臣秀赖在大坂发出招募武士的消息后，很快有 10 万名武士前来投奔。1615 年夏天，德川家康率领大军进攻大阪，丰臣秀赖拼死抵抗，但最终大阪还是被攻陷，丰臣秀赖自杀。

德川家康为了巩固和强化自己的统治，建立了完整的幕藩体制。幕即是德川幕府，是中央政府机关，幕府将军是日本的最高统治者，统治着全国200多个藩国。天皇只是名义上的国家元首，没有任何实权，只是个傀儡。藩就是藩国，是幕府将军封给各地大名的土地和统治机构。藩国的统治者是大名，他们要绝对服从幕府将军和他颁布的各项法令，但在藩国内，他们享有很高的自治权，拥有政治、军事、司法和税收等大权，甚至还拥有自己的武装。日本实际上是由幕府和藩国共同构成的封建国家，这就是所谓的幕藩体制。

德川幕府把当时的日本人分成4个等级：士、农、工、商。士就是武士，是日本的统治阶级。农是农民，工是工匠，商是商人，他们都被统治阶级剥夺了一切政治权利。

德川幕府时期的主要的生产资料——土地，全部属于幕府和藩国所有。这些封建领主把土地分成很多份地让农民耕种，农民要向领主缴纳地租，地租约占他们全部收成的40%，此外还必须服各种多如牛毛的徭役。德川幕府建立后，日本结束了长期的战乱，国内一片和平景象，农业逐步恢复，工商业也开始快速发展，新兴城市不断出现，原有的许多城市的规模日益扩大，出现了繁荣景象。到了18世纪初，德川幕府的所在地江户的人口已达百万，大阪和京都的人口也超过了30万。城市中出现了一些主要为统治阶级服务的商业和金融机构，这时候一些大商人、高利贷者也相继涌现，并享有极大的特权，大阪的鸿池和江户的三井是当时全国最富有的高利贷者。

在对外关系上，德川幕府发布锁国令，实行锁国政策，禁止日本船只出海贸易，严格限制日本与海外交往，只同中国、朝鲜和西方的荷兰保持一定的贸易关系，并对到达日本的外国船只进行监视，严格控制它们的贸易活动。

德川幕府实行锁国政策主要是为了巩固自己的统治，防止沿海的藩国通过海外贸易获取大量的资金，用以购买武器；同时也为了防止西方殖民主义的渗透，维护日本的独立。锁国政策实行了200多年，使日本成为一个闭关自守的国家，几乎处于一种与世隔绝的状态，割断了日本经济同世界经济的联系，造成了日本的落后，严重阻碍了日本资本主义的发展，使日本被西方国家远远地抛到了后面。

※ 哥白尼与《天体运行论》

哥白尼出生于波兰的富商家庭，他 10 岁丧父，由舅父瓦兹洛德大主教抚养，受到了良好的教育。他少年时代就对天文学有浓厚兴趣，中学时，在老师指导下，制造了一具按照日影确定时刻的日晷。1491 年，哥白尼以优异成绩考入克拉科夫大学，学校的人文主义者、数学家和天文学家布鲁楚斯基对他影响很大，哥白尼经常向这位学者请教天文学和数学方面的问题，还学会了用天文仪器观测天象。

大学毕业后，哥白尼在舅父的资助下前往意大利。1497 ～ 1500 年，他在博洛尼亚大学读书，除教会法规外，还同时研究多种学科，尤其是数学和天文学，并与该校的天文学教授、意大利文艺复兴运动领导人之一的诺法拉交往甚密，他们时常一起观测宇宙，记录数据，研讨前人有关天文学的著作。哥白尼了解到，早在公元前 3 世纪，古希腊天文学家阿里斯塔恰斯就曾提出过地球绕太阳运行的概念，并首先测定了太阳和月亮对地球距离的近似比值，但后来遭到宗教势力的反对。为了直接阅读这类著作，哥白尼学会了希腊文。天文测量的实践和对前人著述的钻研，使他对地球中心说产生了怀疑。地球中心说是古希腊哲学家亚里士多德提出来的，公元 2 世纪，罗马天文学家托勒密又加以推演论证，使它进一步系统化了。地心说认为地球静止不动地居于宇宙中心，日月星辰都围绕地球运转，这一学说被基督教会奉为真理，成为神权统治的重要理论基础。

1506 年，哥白尼回到祖国，在弗罗恩堡大教堂担任教士，这使他有了一定的社会地位和物质保障，得以继续从事天文学和科学实验活动。为了研究方便，他特意选择了教堂围墙上的箭楼做宿舍兼工作室，他在里面设置了一个小小的天文台，用自制的简陋仪器，开始了长达 30 年的天体观测。正是在这里，他写下了震惊世界的巨著《天体运行论》，而其中选用的 27 个观测事例，有 25 个是他在这个箭楼上观测记录的。《天体运行论》共有 6 卷，在书中，哥白尼大胆地提出："太阳是宇宙的中心，所有行星都围绕太阳运转；地球不是宇宙的中心，而是绕太阳运转的一颗普通行星。""人们每天看到的太阳由东向西运行，是因为地球每昼夜自转一周的缘故，而不是太阳在移动。""天上的星体不断移动，是因为地球本身在转动，而不是星体围绕着静止的地球转动。""火星、木星等行星在天空中有时顺行，有时逆行，是因为它们各依自己的轨道绕太阳转动，而不是因为它们行踪诡秘。""月亮是地球的卫星，一个月绕地球转一周。"

哥白尼的太阳中心说，科学地阐明了天体运行的现象，推翻了长期以来居于统治地位的地球中心说，从根本上否定了基督教关于上帝创造一切的谬论。尽管他的学说仍然坚持宇宙中心和宇宙有限论，但却把天文学从宗教神学的束缚中解放出来，实现了天文学的根本变革，在近代科学的发展上具有划时代的意义。

然而，这本伟大著作的面世确是相当曲折的。哥白尼深深了解自己学说的颠覆性影响，慑于教会的强大力量，他迟迟没有将书稿送去付印出版。直到他病重时，才由唯一的弟子雷提卡斯将书稿送至德意志的纽伦堡出版。1524 年 5 月 24 日，70 岁的哥白尼终于收到了《天体运行论》的样书，那时他的眼睛已经失明，据说他只用手摸了摸书的封面，就与世长辞。《天体运行论》出版后，果然遭到了罗马教廷的激烈反对，被列为禁书，就连宗教改革家马丁·路德也辱骂哥白尼是个傻子，居然想推翻《圣经》的权威论证。直到 300 多年以后的 1882 年，罗马教皇才最终承认了哥白尼学说是正确的。

哥白尼不仅仅是一位伟大的天文学家，他还在众多方面取得了突出成绩。他精通拉丁文和希腊文，对古希腊罗马的文学颇有研究；他绘制过埃尔门兰德地区的地图，设计过埃尔门兰德各城市的自来水系统；他的医术大名远扬，连教区外的人也常来请他治病；他甚至写过一本《货币的一般理论》的经济学著作，主张实行货币改革，限制货币发行量，以抑制因为货币贬值而给国内市场带来的混乱。

※ 莎士比亚

莎士比亚的父亲早年是自耕农，1551 年迁居到斯特拉福镇，开了一家经销皮革制品兼营农产品的店铺，1557 年同当地的富家女儿玛丽·阿登结婚，生了 8 个子女，存活 5 人，莎士比亚排行老大。4 岁时，他的父亲被选为"市政厅首脑"，成了拥有 2000 多居民、20 家旅馆和酒店的斯特拉福镇镇长。7 岁时，他开始上学，学习拉丁语、文学和修辞学。1578 年，父亲经商失利，莎士比亚只好辍学帮助父亲打理生意。虽然莎士比亚只读过 7 年书，但掌握了丰富的修辞、历史和古典文学知识。18 岁时，他与邻乡富裕农民的女儿安·哈瑟维结婚，三年后已有 3 个孩子。莎士比亚对自己的婚事常常感到遗憾，他的妻子比他大 8 岁，而他认为"女人应该与比自己年纪大的男子结婚"。

1586 年，莎士比亚来到伦敦，在一家剧院门口当马夫，侍候骑马前来看戏的富人。他头脑灵活，口齿伶俐，工作之余，还悄悄地看舞台上的演出，并坚持自学文学、历史、哲学等课程，同时自修了希腊文和拉丁文。当剧团需要临时演员时，他就演一些配角，不久就被剧团吸收为正式演员。那时候，伦敦的剧团对剧本的需求非常迫切。因为一个戏要是不受观众喜欢，马上就要停演，需要再上演新戏。莎士比亚在学习演技的同时，也开始编写一些剧本。27 岁那年，他写了历史剧《亨利六世》三部曲，展示出了自己的才华。剧本上演后，大受观众欢迎，莎士比亚逐渐在伦敦戏剧界站稳了脚跟。1596 年，他在南安普敦伯爵亨利·娄赛斯雷的帮助下，替父亲申请并获得了家徽，于是莎士比亚家成了当地世袭的乡绅，以后他又在家乡购置了房产和地产。

莎士比亚一生共写了两部长篇叙事诗、37 个剧本、154 首十四行诗和一些杂诗，代表作品众多。以 1600 年为界，莎士比亚的作品分为前后期，前期的基调是乐观的，所写 9 部历史剧反映了英国民族国家的形成过程，表达了反对封建割据，拥护中央集权的君主专制制度，希望实现开明君主统治的愿望。这个时期的悲、喜剧更多地表现了人文主义者的理想。以"爱征服一切"为主题,悲剧《罗密欧与朱丽叶》反映了爱情、理想与封建偏见的冲突,赞美了青年纯真的爱情。《威尼斯商人》则描写了旧式高利贷商人与新兴工商业资本家之间的矛盾。1601～1607年是莎士比亚创作最辉煌的时期,这个时期莎士比亚的作品以悲剧为主,是封建社会后期激烈的阶级斗争的反映。《哈姆雷特》以12世纪丹麦史的一个复仇故事为主题,揭露宫廷的仇杀,认为整个世界都成了一座监狱。《李尔王》则描写了社会正义与权威之间的矛盾。莎士比亚的戏剧处处体现了人文主义思想,使他成为英国文艺复兴运动的代表性人物。除戏剧外,莎士比亚的十四行诗大都是写给他一个理想中的情人的,在表达爱情中流露出对生活的肯定,要求个性解放。

1610年前后,莎士比亚回到故乡,开始享受田园生活,安度晚年。

莎士比亚成名时所受到的尊重远不如今天,当时的剧作家都是受过高等教育的大学精英分子,他们对来自农村、学历浅薄的莎士比亚突然成为剧坛的明星,深感不安,羞与为伍。名噪一时的戏剧作家格林在写给同行的信中公开攻击莎士比亚是一只"青云直上的乌鸦,利用我们的羽毛美化自己,用演员外衣掩盖起虎狼之心",还辱骂莎士比亚"自以为写了几句虚夸的无韵诗就能同你们中最优秀的人比美,他是地地道道的打杂工,却自以为在英国只有他才能'震撼舞台'。"

1616年初,莎士比亚因病逝世。在他的墓碑上刻着这样的碑文:"看在上帝的面上,请不要动我的坟墓,妄动者将遭到诅咒,保护者将受到祝福。"

※ 伽利略的故事

实践出真知,谁要是违背了这条真理,谁就注定要在科学面前栽上一跤,哲学大师亚里士多德也不能例外。

亚里士多德曾做出这样一个著名论断:两个铁球,其中一个是另一个重量的10倍。如果两个铁球在同一高度同时落下,那么重的铁球落地速度必然是轻的铁球的10倍。这话并不难理解:重的物体当然比轻的物体先着地,这还用问吗?而且这话是大师说的,人们对此深信不疑。而一个十七八岁的毛头小伙子偏不信这一套，招来人们一阵又一阵的冷嘲热讽。

这个毛头小伙子就是 18 岁的伽利略，在 1590 年的一天，他当众宣布自己要检验一下圣哲的话，地点就选在著名的比萨斜塔。这天天气格外晴朗，好像老天也要见证一下这个历史时刻。消息传出，人们奔走相告。时过不久，比萨斜塔周围便密密麻麻地挤满了人，就像今天的重大赛事要开场一样。

伽利略带着他的助手，信心十足地步入斜塔，然后快步走上塔的最高层。他环视四周，人们的面孔有的充满惊奇，有的则略带嘲讽，还有的漠然以待。伽利略不慌不忙将器具一一取出。这些器具包括一个沙漏（用于计时），一个铁盒，底部可以自动打开，还有两个分别重为 10 千克和 1 千克的铁球。伽利略的助手将这两个铁球装入盒子，然后将盒子水平端起，探身到栏杆的外侧。最后由伽利略在众目睽睽之下按动按钮，盒子的底部打开，两个铁球同时从盒中脱落，自由落向地面。这时成千上万的人全都屏住呼吸，目光随着铁球向下移动，在铁球从铁盒落到地面的短暂间隔中，人群异常安静，地上连掉一根针都能听到。短暂的十几秒钟过去了，只听"咚"的一声，两个铁球同时砸到了地面上，时间不差分毫。平静的人群立即沸腾了，有的人对着塔上的伽利略欢呼，有的人惊得合不拢嘴，那副神情分明在说："原来亚里士多德也有错的时候！"伽利略则浑身轻松，心满意足地微笑着。

自由落体实验在人们的一片沸腾声中结束了，亚里士多德的"落体运动法则"不攻自破。可敬的伽利略并没有为这点小小成绩（在他看来，这仅仅是一点小小的成绩）而飘飘然，从塔上下来，他就投入到新的科学研究中。

凭着这种追求真理、尊重实践的科学精神，伽利略又接连做出一系列的重大发现。1608 年，有一位荷兰的光学家，无意之中将两张玻璃片组合起来，竟能将远处的景物看得好像就在眼前一样。这项惊人的发现立刻吸引了伽利略的注意。根据他的推想，望远镜的两个透镜必须一个是凸透镜，一个是凹透镜。于是，他成功地制造了一个能放大两三倍的望远镜。之后，伽利略经过一次又一次改进，最后制造出一架可以放大 32 倍的望远镜。他将望远镜送给威尼斯的市议会，市议会对他的成就非常赞赏，对这位杰出的物理学家刮目相看，立刻决议增加他的薪水，并且承认其地位为终身职业，这是许多教授梦寐以求的。

在一个晴朗的夜里，伽利略用望远镜去观察月亮。那个时候，人们依照亚里士多德的学说及《圣经》的教义，认为月亮是完美无缺的，表面是完全光滑的银白色。可是伽利略透过这支简陋的望远镜，发现月亮和地球一样，有高山也有深谷，既不平滑，也不光洁。他又用这架望远镜去看银河，发现银河竟是由无数的小星球组合而成的，因为有的星球离开地球太远，若不借助望远镜，便无法看得真切。

一次，伽利略在教堂里祈祷完之后，就坐在长凳上看远处的景物。他的视野中浮过雪白的大理石柱、美丽的祭坛……突然，教堂的执事进来破坏了沉静的氛围，原来他来点教堂的灯，这种灯是用长绳系在天花板上的。当这位执事点灯时，不小心碰动了它。借助惯性，吊灯就一左一右地摆个不停。这时，伽利略的注意力又转移到灯上，目光随着吊灯左右摆动。突然，伽利略发现一个有趣的现象，尽管吊灯摆动的幅度越来越少，但完成摆动周期所花的时间始终未变，当时他测定时间是靠脉搏的频率。伽利略由此发现了钟摆的等时性原理。

除了这些发现，伽利略还著有《论运动》、《关于托勒密和哥白尼两大世界体系的对话》、《关于两种新科学的对话》等科学专著。伽利略为科学事业作出巨大贡献，被称为近代自然科学的奠基人。

※ "无敌舰队" 的覆灭

自哥伦布发现新大陆后，西班牙凭借强大的海上势力，在美洲占领了广大地域，掠夺了大量财富，并将殖民势力扩展到欧、亚、非、美四大洲。此时，英国正处于资本主义发展阶段，急需大量的原料和财富，也开始积极推行殖民政策，向外扩张。西班牙是海上霸主，这给英国的对外扩张带来极大的阻碍，于是两国的矛盾冲突日益尖锐。

为和西班牙争夺海上的霸权，英王伊丽莎白采取各种措施加快海军的建设，同时利用海盗来抢劫西班牙从各地掠来的财物，从而威胁西班牙在海上的贸易垄断地位。西班牙对此极为恼火，怀着侵占英国的目的，就想把苏格兰女王玛丽扶上英国的王位。1587 年 3 月，伊丽莎白下令处决了玛丽。海上的不断侵扰和玛丽之死，使愤怒的西班牙国王腓力二世准备以武力征服英国。

　　1588 年 2 月，西班牙国王腓力二世命西多尼亚公爵为统帅，率领 130 余艘船、3 万余人、2431 门火炮组成庞大舰队远征英国。英国接到情报后，积极备战。伊丽莎白命霍华德勋爵为统帅，德雷克为副手，并对英国舰船船身、船楼、船体及炮台、火炮做了相应的改进。英舰船体矮且狭长，重心较低，目标小，灵活性强，速度快。船上装载的火炮数量多，射程比西班牙的重炮远。

　　7 月中旬，在一座座堡垒似的西班牙战舰上挤满了步兵，西多尼亚欲利用步兵数量上的优势，运用传统战法，冲撞敌舰，并钩住它们，然后登船与敌人进行肉搏战。但英军快速灵活，伺机攻击，始终保持敌炮射程范围之外的距离，利用自己炮火射程远的优势不断袭击敌船，消耗对方的火药，使他们时刻处于警备状态。当西班牙舰队到达尼德兰加莱附近时，并未得到计划好的帕尔马公爵的船只、人员及弹药的补给。

　　7 月 29 日凌晨，英国在 8 艘旧船内装满硫黄柴草等易燃物品，船身涂满柏油。点燃后，8 只火船像 8 条火龙顺风而下，向西班牙舰队急驰而去。在黎明的宁静中，西班牙哨兵发现几道火舌向他们冲来，立即发出警报。顿时，西班牙舰队乱作一团，一些木壳船已经被大火点燃。西多尼亚公爵忙命令各舰船砍断锚索，想等到火船过去再占领这个投锚地。但恐慌的西班牙人乱成一片，他们只顾夺路奔逃，致使船只相互碰撞，甚至大打出手，而被砍断锚索的舰船只能随风沿着海岸向东北漂流。西多尼亚只好命旗舰圣马丁号起锚向漂流的船只追去。

　　德雷克、霍金斯等人继续全速向西班牙舰队追去。英军开始向敌人发火，许多船只纷纷中弹起火，而西班牙的重炮却很难击中目标，步兵和重炮无法充分发挥作用。英国凭借船身矮小，灵活自如，对敌船猛烈地轰击。他们巧妙配合，相互策应，使散开的西班牙战舰更为混乱。激烈的战斗持续了近一天，英军的损失极小，而西班牙舰队却受到严重的摧残，舰船被打得支离破碎，旗舰被击沉，损伤 30 余艘船只，16 艘成为了英军的战利品，剩余的伤兵残船在西多尼亚的领导下被迫退出英吉利海峡。

不甘心失败的西多尼亚带领残部决定再度控制英吉利海峡，但风向始终没有转向有利于他的方向，再加上没有船只、人员及弹药的供给，他只好放弃并绕道北海退回西班牙。途中他们又遭到风暴的袭击，1588 年 10 月，当他们返回西班牙时，仅剩 43 艘残破船只。

这场海战是历史上第一次全凭舰炮制胜的海战，舰船的机动性和火炮优势取代了传统的战法。同时英军的胜利使西班牙一蹶不振，英国成为新的海上霸主。

※ 伊凡雷帝

1530 年 8 月 25 日，俄罗斯首都莫斯科克里姆林宫诞生了一位王子，取名伊凡。这时，天空突然想起了阵阵雷声，紧接着一道闪电击中了克里姆林宫。莫斯科人惊恐万分，俄罗斯大公瓦西里三世派人到俄罗斯东边的喀山汗国，请求喀山大汗解释这个天象。善解天象的喀山大汗的妻子说："沙皇已经出生，他生下来就有两排牙齿，一排用来吞食我们，一排用来吞食你们。"

1533 年，瓦西里三世去世，年仅 3 岁的伊凡登基，称伊凡四世。瓦西里三世的几个弟弟见伊凡四世年幼，根本不把他放在眼里，经常在他面前大吵大闹，甚至公开侮辱他。伊凡四世 8 岁时，这些大贵族又毒死了代他摄政的母亲，可怜的伊凡一下子成了孤儿，那些大贵族就更加肆无忌惮了。年幼的伊凡四世对那些贵族无可奈何，只好把怨气发泄到小动物身上。他经常残忍地拔掉小鸟的羽毛、挖掉小鸟的眼睛，看着它们痛苦地慢慢死去，而他却开心大笑。有时候伊凡四世抱着小猫、小狗，从塔楼上扔下去，看着它们摔死，从中寻找乐趣。

1547 年，伊凡 17 岁了，莫斯科克里姆林宫大教堂为他举行了隆重的加冕仪式，大主教马卡林把从东罗马帝国传下来的皇冠戴在他头上。为表明自己已拥有无限的权力，伊凡四世不再满足大公的称号，他自称"沙皇"。沙皇起源于古罗马帝国皇帝的称号"恺撒"（俄语里的"沙"是从拉丁文"恺撒"

转音而来），沙皇也就是皇帝。伊凡四世成了俄国第一位沙皇。

伊凡四世虽然登基了，但朝政大权还掌握在他的舅舅、大贵族格林斯基手里。格林斯基专横独断，横征暴敛，弄得人们怨声载道。

伊凡四世登基半年后，莫斯科城内突然发生了一场大火，火势非常凶猛，烧毁了大半个城市。莫斯科人纷纷传说这是格林斯基放的火，愤怒的人民自发组织起来，冲进格林斯基的家，杀死了遇见的所有格林斯基的家人，并将他家洗劫一空。后来又冲进克里姆林宫，继续追杀格林斯基家的人。直到伊凡四世发话说要严惩格林斯基，人们才逐渐散去。

这件事把伊凡四世吓坏了，从那以后，伊凡四世得出了一个教训："今后再也不能把政权交给大贵族掌握了，必须由自己亲自掌握。"他积极拉拢中小贵族和商人，成立了属于自己的特辖军，疯狂地屠杀了4000名大贵族，加强了中央集权，同时颁布了《兵役条例》，增强了军事实力。

为了满足中小贵族和商人对土地和财富的渴望，伊凡四世发动了对喀山汗国的战争。喀山汗国是从金帐汗国分裂出来的一个小国，这里土地肥沃，物产丰富，商业繁荣，俄罗斯曾对其发动过很多次侵略战争，结果都失败了。伊凡曾经发动过3次侵略喀山汗国的战争，结果也是大败而回。这次，伊凡四世亲自率领15万大军，带着150大炮，杀气腾腾地来到喀山城下。

当时喀山只有3万守军，使用的是落后的火绳枪，更糟糕的是喀山城的城墙还是木头的。

伊凡四世仗着优势兵力，要喀山人投降，但被喀山人严词拒绝了。恼羞成怒的伊凡四世疯狂地命令炮兵们开炮。俄军的炮弹一颗接一颗落在喀山城的城墙上，城墙上顿时燃起了大火。喀山军民一面灭火一面继续向俄军射击，并派出游击队骚扰俄军。一个月过去了，喀山城依然耸立着。

伊凡四世令俄军抓了几百个喀山老百姓，押到喀山城下，声称要是不投降就将他们全部杀死，但又一次被喀山守军拒绝了。伊凡四世残忍地下令将几百个老百姓全部杀死，这不但没有吓倒喀山守军，反而激起了他们对侵略者更大的仇恨。

后来俄军挖了一条地道，一直通到喀山城墙下，然后放上炸药，将一段城墙炸塌，如狼似虎的俄军从坍塌的城墙处一拥而入，终于攻入了喀山城。喀山守军全部被杀，妇女、儿童被卖为奴隶，喀山居民的财产被洗劫一空。就这样，俄罗斯吞并了喀山汗国。

伊凡四世一生都在尔虞我诈、钩心斗角的宫廷政治生活中渡过，因而养成了多疑、残暴的性格，动不动就大发雷霆，随意杀人，一次他在盛怒之下竟然打死了自己的儿子，所以历史上称他为"伊凡雷帝"。

※ 三十年战争

16世纪后期到17世纪初，欧洲社会资产阶级势力抬头，资产阶级新贵族和封建专制相对立，各国都有政治经济矛盾冲突，封建王朝及诸侯的领土之争以及宗教派别的矛盾也日益尖锐。欧洲各国逐渐形成两大对立集团：哈布斯堡集团和反哈布斯堡集团。以宗教改革而形成的新教派联合在反哈布斯堡集团旗下，力图建立中央集权的天主教派联合在以德国皇室哈布斯堡家族为首的哈布斯堡集团旗下，两大集团矛盾日益激化。

1526年，捷克重新并入"神圣罗马帝国"，德皇（属哈布斯堡王朝）兼为捷克国王，但捷克有宗教自决、政治自治的自由。当马提亚继位以后，他指任斐迪南为捷克国王，并企图恢复天主教在捷克的统治地位，德皇的这一决定遭到了捷克人民的强烈反对。1618年，愤怒的捷克人冲进王宫，把国王的两个钦差从窗口扔了出去，这一"掷出窗外事件"引发了1618～1648年，哈布斯堡王朝同盟（天主教同盟）和反哈布斯堡王朝同盟（新教同盟）两个庞大的强国集团为争夺欧洲霸权而进行的第一次全欧性战争——三十年战争。

为了使战争有个领导核心，捷克议会选举新教同盟首领巴拉丁选帝侯腓特烈为国王。在腓特烈的带领下，捷克军队开始的进军比较顺利，到6月时已经打到了维也纳城下。惊慌失措的斐迪南不得不求救于天主教同盟。在蒂利伯爵的率领下，天主教同盟的2.5万人马于1620年11月8日开进捷克，并在布拉格附近的白山与捷克和巴拉丁联军交战。捷克和巴拉丁联军战败，腓特烈逃往荷兰，西班牙占领巴拉丁，捷克被并入了奥地利，德国则取得了

3/4 的封建主土地。

为了抑制天主教同盟的继续胜利，法国首相黎塞留于 1625 年倡议英国、荷兰、丹麦结成反哈布斯堡联盟。随后，丹麦国王利斯丁四世联合德国北部新教诸侯向德皇宣战，英国也出兵捷克。德皇任命捷克贵族华伦斯坦为总司令率军抵抗反哈布斯堡联盟。1626 年 4 月，华伦斯坦率军与英军在德绍交战，英军战败，丹麦军队被孤立。8 月，蒂利伯爵率军击败丹麦军，收复了被丹麦军占领的卢特城。华伦斯坦军和蒂利伯爵的军队会合，两军挺进丹麦日德兰半岛。丹麦国王于 1629 年在律贝克与德国签订和约，在和约中保证以后不再干涉德国内务。

德皇一直打算在波罗的海建立一支强大的舰队，而一旦这支舰队成立，直接受到威胁的就是瑞典。在法国的援助下，1630 年 7 月，瑞典国王古斯塔夫率军在奥得河口登陆，天主教联军受挫。1631 年 9 月 17 日，蒂利伯爵在布赖滕费尔德会战中被瑞典－萨克逊联军击败，联军直抵莱茵河畔，并于 1632 年初占领美因茨。在 1633 年春的莱希河会战中，蒂利伯爵被击毙。4 月，联军又攻陷了奥根斯堡和慕尼黑。11 月，在吕岑会战中，瑞典国王古斯塔夫阵亡，这使得一路胜利的瑞典军丧失了前进的势头。在 1634 年 9 月的诺德林根会战中，德军联合西班牙大败瑞典军，并一直乘胜追击到波罗的海沿岸。

1635 年 5 月，法国对西班牙宣战。法国的参战，给天主教同盟以重创。1643 年 5 月 19 日，法国的孔代亲王率法军和西班牙军在法国北部边境要地罗克鲁瓦遭遇，法军取得了决定性胜利，此时的瑞典军队也是捷报频传。1648 年 5 月，在楚斯马斯豪森会战中，法瑞联军大败天主教军队，早已疲于应付的哈布斯堡王朝无力再战。1643 年，丹麦由于嫉妒瑞典取得的胜利而袭击瑞典后方，经过 3 年战争，丹麦被迫求和。1648 年，交战双方签订了《威斯特伐利亚条约》，三十年战争至此结束。

战后的德国满目疮痍，分裂为 300 个大大小小的诸侯国，神圣罗马帝国事实上不再存在了；西班牙也失去一等强国的地位；法国从德国得到大片土地，成为欧洲霸主；瑞典也得到波罗的海沿岸地区，成为北欧强国；荷兰正式独立。新教得到承认，路德宗和卡尔文宗地位平等。

资产阶级革命

　　15～19世纪，资本主义来临，人类历史发生了重大转折。西欧社会经济、政治和文化各方面发生了质的变化。资本主义在欧美诸国的胜利和统治地位的确立，是通过一系列资产阶级革命和改革完成的。这场席卷欧美大陆的革命风暴，以排山倒海之势给封建专制统治以致命打击，欧美主要国家建立起了资本主义经济政治制度。资产阶级革命的胜利，为资本主义的发展扫清了道路，为工业革命的发生准备了条件。

※ 查理一世被押上断头台

新航路开辟以后，大西洋上的岛国英国因为地处美洲和欧洲大陆之间，所以发展得很快，出现了很多资产阶级新贵族（靠经营工商业致富的贵族）。但以国王查理一世为代表的封建势力还想维持落后的封建统治，疯狂搜刮资产阶级的钱财，激起了资产阶级的强烈不满。由资产阶级组成的议会为了自己的利益千方百计限制国王的权力，但国王对议会根本不屑一顾，议会和国王之间的冲突不可避免。

1640年10月，议会突然逮捕了国王查理一世的两个亲信斯特拉夫伯爵和罗德大主教，并判处他们死刑。查理一世得知后，大发雷霆。第二天，查理一世带着卫队冲进议会，对议会首领说："我以国王的身份命令你们立即释放斯特拉夫伯爵和罗德大主教！""这根本不可能！"议会首领的态度也很强硬，很多议员围了上来，向国王提出抗议。查理一世见势不妙，赶紧逃出了议会。

1640年11月，为了筹措军费镇压苏格兰人的起义，查理一世被迫召开议会，企图通过新的征税法案。议员们不但没有通过法案，反而趁机提出要求限制国王的权力。这一要求得到了广大工商业者、市民和农民的支持。查理一世恼羞成怒，亲自率领卫队闯进议会准备逮捕反对最激烈的5名议员。但这5名议员早已听到了风声，躲了起来，查理一世扑了个空。第二天，查理一世下令全城搜捕，但国王的卫队遭到了人民的阻拦，伦敦周围农村的农民也纷纷进城，表示拥护议会，连伦敦市长也反对逮捕这5名议员，查理一世在伦敦陷入了孤立。

几天以后，查理一世逃出了伦敦，来到了英格兰北部的约克郡，准备纠集忠于自己的军队，讨伐议会。1942年8月22日，查理一世率领军队在诺丁汉升起了军旗，正式宣布讨伐议会。

消息传到伦敦后，议会慌忙组织军队抵抗。当时英格兰北部和西部的封建贵族拥护国王，参加了国王军。而在工商业比较发达的包括伦敦在内的英格兰东南部，很多资产阶级新贵族、市民和农民都表示拥护议会。内战开始后，由于国王军训练有素，临时拼凑起来的议会军接连战败，国王军一直打到离伦敦很近的牛津。伦敦城内的议员们乱成一团，有的主张坚决抵抗，有的主张逃跑，有的主张和国王议和。这时议会军统帅克伦威尔挺身而出，强烈谴责逃跑和议和的人，主张同国王军决战，早已没有主意的议员们只好表示同意。

克伦威尔是一个新贵族的儿子。内战爆发后，他招募了 60 名农民组成了骑兵，加入了议会军同国王军作战。由于他的军队纪律严明，作战勇敢，屡建战功，人数也不断增加，所以很快就得到了议会军广大官兵的拥护，克伦威尔也成了议会军的统帅。

1644 年 7 月的一个傍晚，在约克城西郊的马斯顿草原，国王军和议会军展开了决战。国王军有 1.1 万名步兵和 7000 名骑兵，议会军有 2 万名步兵和 7000 名骑兵。国王军的统帅鲁波特望着黑压压的议会军，问侍从："克伦威尔也来了吗？"侍从说："是的，他来了。"鲁波特听了长长地叹了一口气，因为他知道克伦威尔能征善战，再加上议会军人数比国王军多，这场仗很难取胜。正当他准备去吃晚饭的时候，议会军分三路，呐喊着向国王军发起了冲锋，这是鲁波特始料不及的，他慌忙部署军队迎战。在他的指挥下，国王军打退了议会军的左翼。就在这时，克伦威尔率领着精锐骑兵向鲁波特杀来。鲁波特吓得掉转马头，狼狈逃走了。国王军顿时大乱，议会军趁机发起总攻，国王军大败。第二年夏天，议会军抓住了查理一世。但他很快逃了出来，又发动第二次内战，结果又被打败，再次成为俘虏。

1649 年 1 月 30 日，伦敦法庭宣布查理一世是"暴君、叛徒、杀人犯和人民公敌"，宣布对他处以死刑。一身黑衣的查理一世早已没有的昔日趾高气扬的模样，他脸色苍白，目光呆滞，浑身颤抖。刽子手手中锋利的斧头向查理一世的脖子用力砍去，查理一世的头颅滚落到地上，沾满了泥水，人民发出一阵欢呼。此后，英国成立了共和国，资产阶级革命取得了成功。

※ "太阳王" 路易十四

为什么路易十四被称为太阳王呢？那是因为成年后的路易十四，无论言行起居还是穿着服饰，都极其优雅而庄严。他好大喜功，喜欢人们叫他"大皇帝"（Grand Monarch）。他选择太阳为他本人特殊的标识，是因为太阳是天体中最明亮的。人们目睹路易十四高高坐在镀金的宝座上，光辉四射，又怎能不俯首帖耳，顶礼膜拜？

说到路易十四，还不由让人想起法国的香水，法国香水工业之所以那么发达，路易十四功不可没。

法国人原先不洗澡，就是国王也不例外。他们宁愿一天换几套衣服，也不愿意用香皂洗澡，因为他们认为多洗澡不好，认为香皂有毒。由此可想而知他们身上的味儿该有多难闻，路易十三就曾被称为"臭王"。到了路易十四时，他为了不让别人闻到自己身上的臭味，就大量地使用香水，还用混合了葡萄酒的水洗手和漱口，再用洒了香水的干布擦。在香水这方面，他很讲究，让人每天都配制出一种他喜欢的香水来。不仅自己用，他还命令他的臣民不擦香水就不许出入公共场合，还要不时地更换香水。就这样，法国的香水工业迅速地发展起来。

这个故事只不过是路易十四的一个逸闻趣事，和他的一生相比，实在是微不足道。由于父亲早逝，路易十四在5岁时就继承了王位。当时表面上由太后安娜执政，但实权却掌握在首相马扎然手中。年幼的路易十四曾经历了由法院贵族和资产阶级领导的反抗政府的"投石党运动"，跟随朝廷逃离巴黎，并遭到追捕。这个事件对他亲政后加强王权、削弱高等法院的权力和实行钳制贵族的政策有深刻的影响。

1661年，强权首相马扎然死后，路易十四开始亲政。他事事躬亲，称自己为从事"国王的职业"。刚一上台，他就判处不可一世的财政总监福凯终身监禁，然后打击高等法院的权威，又把一切介于君主和庶民之间的承上启下的权力机构撇在一边，通过种种措施，空前加强了中央专制王权。在他亲政的 55 年（1661～1715 年）中，法国一度称霸欧洲，这一时期后来被伏尔泰称为"路易十四的世纪"。

在国内经济领域，路易十四推行科尔伯的重商主义政策，大力修建基础设施，降低税率，奖励工业生产，积极从事对外贸易，造就了法国经济的繁荣。路易十四拥有一支自罗马帝国以来欧洲人数最多、最强大的常备军，1672 年，陆军人数达到 12 万，1690 年超过 30 万，几乎相当于欧洲其他国家军队人数的总和。依靠这支军队，他打败了法国的传统敌人德意志和西班牙，与诸多的欧洲国家结成同盟关系，使法国处于优势地位，以至于没有任何障碍能够限制这个年轻国王的行动。当时似乎只有荷兰这个贸易强国可与法国匹敌，但它却由法国王室的支系支配着。在思想文化领域，他大力推行"君权神授"思想，宣称"朕即国家"，树立起无上的权威，在宫廷里被称为"太阳王"。同时，他对文学艺术和科学给予资助，先后成立了法兰西科学院、法兰西建筑科学院和法兰西喜剧院，兴建了华丽堂皇的凡尔赛宫。在他统治时期，古典主义的戏剧、美学、建筑、雕塑和绘画艺术都大放异彩，出现了像法国喜剧创始人莫里哀、古典主义美学家布瓦洛、寓言作家拉·封丹、建筑艺术家克洛德·贝洛等一大批艺术大师。

但是，路易十四的强权统治也造成了深刻的社会危机。他在 55 年中打了 32 年仗，连绵不断的对外战争和豪华无度的宫廷开支，使法国的人力和财力日趋枯竭，在他统治的后期，法国相继爆发了规模巨大的起义。1715 年，曾称雄一时的路易十四在人民群众的一片怨声中死去。

※ 彼得大帝改革

彼得大帝是俄国历史上最杰出的沙皇之一，他为俄国夺得几代人梦寐以求的出海口，他的改革使贫穷落后的俄国走上近代化强国之路。

俄罗斯人普遍把胡须这种"上帝赐予的饰物"当作自豪的标志，有一把宽阔密实而且完整的大胡子被认为是威严和端庄的表征。可是，为了改变社会风气，彼得决定先从俄罗斯人的胡须开刀。他宣布剪胡子是全体居民的义务，并亲自动手剪掉了一些高级军官的胡须。但改革在民间却遇到很大阻力，于是，彼得设立了"胡须税"：留须权可以花钱购买，富商留胡须要付很大一笔钱，即每年 100 卢布；领主和官员每年要付 60 卢布；其他居民要付 30 卢布；农民每次进出城要付 1 戈比。有一种专门制造的金属小牌，作为缴纳胡须税的收条。留胡子的人把小牌挂在脖子上，它的正面画着短髭和胡须的标记，同时写着"须税付讫"的字样。

这是彼得大帝改革中的一个插曲。

彼得出生于 1672 年，10 岁时，彼得被拥立为"第二沙皇"，与同父异母的哥哥伊凡共享皇位。彼得年幼，伊凡愚钝，异母姐姐索菲娅公主掌管朝政。彼得只得随母亲隐居到莫斯科的郊区，在那里和小伙伴们玩军事游戏，建立起两个童子军团，这两个军团后来成为他执政后近卫军的中坚力量。小彼得经常和外国侨民来往，向他们学习数学、航海等知识，受到了西欧文化的影响。1689 年，彼得同贵族之女叶多夫金·洛普辛娜结婚，1696 年又提出离婚，并把妻子送进了修道院。1712 年，彼得同女奴叶卡捷琳娜结婚，后者在彼得死后，成为俄国的第一个女皇。

1689 年，彼得夺取政权，他把国事交给母亲和舅舅等亲信管理，自己仍然操练童子军团，一直到 1694 年母亲去世后，他才开始亲政。彼得是一位野心勃勃的皇帝，1695 年，他亲政不久就率 3 万大军进攻顿河河口的亚速，但由于没有海军而失败。第二年春天，不甘失败的彼得指挥一支仓促建立的舰队再围亚速，土耳其被迫投降。虽然占领了亚速，却暴露了俄国在军事上的落后。于是他在 1697 年派遣一个使团前往欧洲考察，学习航海、造船和外语。彼得自己也化名加入使团，他沿途参观工场、码头、大学，拜访过大科学家牛顿，还曾在荷兰的造船厂当学徒。第二年夏天，彼得担心国内发生叛乱而回国。1700 年，彼得发动对瑞典的突然袭击，但由于俄国的落后，在纳尔瓦大战中被瑞典打得大败。

为了实现富国强兵，彼得在经济、政治、军事、文化等方面推行了一系列欧化政策，使俄国迅速成为欧洲强国。

在经济方面，彼得大力发展工业，为俄国的强盛奠定了工业基础。他积极建造基础设施，建设通商口岸，发展国内贸易，并实行保护关税政策，奖励输出，限制输入。军事方面，他建立了一支由步、骑、炮、工组成的20万人的正规陆军和一支由48艘战舰、大批快艇和近3万名水兵组成的海军舰队。文化教育方面，他建立了众多培养专门人才的学校，并派遣留学生到西欧学习，规定贵族子弟必须接受教育，必须学会算术和一门外语。此外，他还建立了俄国的第一个印刷所、博物馆、图书馆以及剧院，创建了第一份全俄报纸《新闻报》，并亲任主编，又于1724年开始筹建俄罗斯科学院。政治上，他把宗教权控制在国家和自己手中，改革了行政管理制度，加强了中央集权。这些改革改变了俄国生产力水平低，工商业和文化不发达的局面，为俄国跻身于欧洲强国之列奠定了基础。

在国内改革的同时，彼得发动了连绵不断的战争，从东南西北各个方向拓展了俄国的领土，他在具有战略意义的涅瓦河口修建了彼得堡要塞，建造起木屋城堡，并在1713年把首都由莫斯科迁往彼得堡。1714年，俄军占领瑞典首都斯德哥尔摩。1721年，瑞典被迫与俄国签订和约，把波罗的海的里加湾、芬兰湾及沿岸的爱沙尼亚、拉脱维亚等地割让给俄国。在不到20年的时间里，彼得把彼得堡由几个小村庄变成了拥有7万人的大城市。1721年10月，为了表彰他的功绩，参政院授予他"大帝"和"祖国之父"的称号，俄国国号也改为俄罗斯帝国。

1725年1月28日，彼得大帝在彼得堡去世，享年53岁。

※ 普鲁士精神

普鲁士是神圣罗马帝国的一个小诸侯国，本来并不强大，但国王威廉一世励精图治，扩充军备，逐渐成为欧洲的一个军事强国。威廉一世自称"士兵国王"，认为一个国王必须是一个优秀的军事家。他加重赋税，扩充军队，强迫农民当兵，把普鲁士军队从4万人增加到9万人，还参加了反对瑞典霸权的北方战争。

但令威廉一世头疼的是他的儿子腓特烈，他不喜欢军事而喜欢音乐。腓特烈从小就受到法国文化的熏陶，一心想当个音乐家和哲学家。他不仅能熟练地吹奏横笛，自己作曲，还写了很多优美的诗。威廉一世非常生气，认为他学的都是些没用的东西，因此腓特烈和父亲发生了激烈的冲突，并和好朋友准备逃到英国去，结果半路被拦截了。威廉一世把他关了起来，后来腓特烈终于屈服，表示愿意学习军事，这才获得了自由。

1740 年，威廉一世去世，腓特烈即位，被称为腓特烈二世。腓特烈二世即位后，不再沉溺于文学艺术，而是勤于政事，励精图治，他每天早晨四五点就起床，一直工作到深夜。平时穿的衣服也是普通的士兵服，仅仅在参加庆典时才穿上一件外袍。腓特烈生活简朴，他的官员的薪俸也很少，他要求官员必须严格遵守法律，严惩贪污。在当时，欧洲各国贪污腐败成风，只有普鲁士官员清廉。

为了增强国力，腓特烈二世颁布了一系列的法律，大力发展经济，他组织人员改造河流，排干沼泽，给农民提供牲畜和种子，发放贷款。在矿产丰富的西里西亚地区建立矿场，在柏林建了很多工厂。

普鲁士的崛起是和拥有一支强大的军队分不开的。腓特烈二世把军队建设看得高于一切，他将原来 9 万人的军队扩充到 20 多万，把国家 4/5 的收入都用于军费开支。普鲁士军队装备精良，训练有素，纪律严明。腓特烈二世率领他的军队四处征战，夺取了大片土地。1740 年，他刚即位就加入了法国组织的反奥同盟，发动了对奥地利的战争。经过两次战争，普鲁士占领了奥地利最富庶、工业最发达的西里西亚，摘取了"奥地利王冠上的明珠"，获得了 3.5 万平方千米的土地，国土面积增加了 1/3，实力大增。在 1756～1763 年的英法七年战争期间，普鲁士联合英国，同法国、奥地利、俄国作战，虽然首都柏林一度被俄国占领，但后来却反败为胜，巩固了自己的领土，一跃成为欧洲的强国之一。1772 年，腓特烈二世又勾结奥地利和俄国瓜分波兰，夺取了 3.6 万平方千米的土地。法国一位高级官员惊叹说："别的国家都是拥有一支军队，而普鲁士则是军队拥有一个国家！"

腓特烈二世是欧洲历史上的名将，他毕生从事战略战术方面的研究，创造了多种战术。其中最有名的就是"线形战术",当时欧洲军队使用的火枪一次只能发射一发子弹,发射第一颗子弹后,要退出弹壳装第二颗子弹,中间间隔了一段时间。腓特烈二世将士兵排列成三排,第一排士兵卧倒,第二排士兵单腿跪下,第三排士兵站立。当第一排的士兵射击时,第二、第三排的士兵装子弹。第二、第三排的士兵发射时第一排的士兵装子弹,如此反复循环,可以不停射击,杀伤力很大。靠着这种战术,腓特烈二世打了很多胜仗。

但在与俄国作战时,他的这种战术却遭到了失败。原来俄国骑兵的速度很快,像一阵风似的就冲到了普鲁士军队的阵地,普鲁士士兵根本就来不及装子弹,因此遭到了惨败。

腓特烈二世从失败中吸取教训,得出了战争的关键在于速度。他又设计了一种新的战术,首先用大炮猛轰敌人的阵地,然后再派骑兵冲锋,最后步兵上前巩固成果。这种炮兵、骑兵和步兵相结合的战术成为近代战争史上最有效的进攻手段。

1786 年 8 月 17 日,腓特烈二世去世,他被尊为"大帝"。在他临死前,神父布道说:"人赤条条地来,又赤条条地去。"腓特烈二世挣扎着坐起来,大喊:"我不要赤条条地去,我要穿上我的军装!"后来拿破仑来到他的墓前,对手下的将军说:"如果他还活着,我们根本就来不了柏林。"

※ 英法七年战争

18 世纪前期,英、法为争夺殖民地和制海权而矛盾重重;奥地利和普鲁士为争夺萨克森、波兰等地区和德意志诸侯国的霸主地位,斗争日益激烈;俄罗斯先后战败瑞典和土耳其,成为欧洲强国,但普鲁士的强大成为俄进一步南下扩张的严重障碍;瑞典想从普鲁士手中夺取波美拉尼亚。在这种情况下,各国积极展开外交,寻求同盟,欧洲逐渐形成以英、普为首和以法、奥、俄为首的两大同盟集团,战争不可避免。

1756 年 7 月,法奥俄同盟反普呼声高涨。普鲁士国王腓特烈为防止反普势力联合,决定采取主动进攻,争取战争的主动权。他把军队分成 4 路,用 3 路大军防守和牵制俄国，他亲率第 4 路大军于 1756 年 8 月 28 日对萨克森发动突然攻击，一举攻占了德累斯顿，封锁了皮尔那，迫使萨克森投降。前来支援的奥军被普军在罗布西兹击溃，普军乘胜进攻布拉格。

普军入侵萨克森，法、俄等国极为震怒。于是，法奥俄联盟决定出动 50 万大军围攻普军。面对联军的大举围攻，腓特烈并不害怕，他频频调动军队，抗击各路敌军。

11 月 5 日，普军和联军在罗斯巴赫附近相遇。联军统帅索拜斯凭借兵力优势，想迂回侧翼突击，力求速战。腓特烈识破敌方意图后，立即命令部队移师贾纳斯山上。索拜斯误以为普军在全面撤退，下令全面追击。联军的整个队形杂乱无序，盲目进攻，预备队也冲到前面，侧翼完全暴露出来，给普军的进攻提供了明确的目标。

负责监视的 4000 名普军骑兵在联军攻近时，如尖楔一般插入敌人的正面和右翼。贾纳斯山上的普军炮兵同时向联军发出猛烈的火力，撕开了联军的整个队形。在普军的攻击下，联军溃败，损失 8000 余人，普军仅伤亡 500 余人。

贾纳斯山大战结束后，腓特烈并没有宿营过冬，而是采取突袭策略，连连打击联军。12 月 4 日，联军在鲁腾占领了一个较好的防御性阵地，沿着阵地，联军排列阵形长达 8 千米，兵力是普军的 3 倍。5 日凌晨，对地形极为熟悉的腓特烈发现敌人阵地过长的弱点，于是派小股骑兵佯攻联军的右翼，把优势兵力隐蔽起来，以防止暴露作战意图。受到攻击的右翼联军误认为是普主力军，遂从预备队和左翼调兵支援，左翼兵力薄弱。腓特烈立即命主力军由 4 支纵队变为 2 支纵队，采用斜切战斗队形向敌人左翼发起突然袭击。局部人数占优的普军使联军阵形大乱，不久便溃不成军，普军骑兵趁势猛冲敌人阵地。双方激战至夜幕降临，联军全部崩溃，其中奥军遭到毁灭性的打击。随后的时间里，普军和联军互有胜负。

1759 年 8 月 12 日，俄奥两军联合在普鲁士腹地库勒尔斯多夫与普军展开会战。仅有 2.6 万人的普军仍采用主动出击策略，向拥有 7 万余人的俄奥联军阵地发起长达 3 个小时的猛烈炮轰，随后以斜切队形发起进攻，顺利夺取了米尔山阵地，向联军中央阵地发起冲击。联军被迫顽强防守，猛烈的炮火阻击住普军精锐骑兵的进攻。接着，联军展开猛烈的反攻。已精疲力竭的普军抵挡不住敌人的冲击，纷纷逃离战场。

这次战役成为七年战争的转折点，从此，普军元气大伤，被迫转入战略防御。战争随后又拖了 4 年之久，双方各有胜负。同时，英、法的海上战争也十分激烈，各国之间争战不休，欧洲陷入一片混战之中。1762 年，英国人背弃了普鲁士，率先与法国单独缔结停战协议，使普鲁士陷入孤立。交战各国这时都已筋疲力尽，无心再战，遂相继签订停战协议，一场规模浩大、席卷欧洲的战争宣告结束。

七年战争使英国真正成为海上霸主；法国受到削弱；俄国加强了在欧洲强国地位；普鲁士的特殊地位在德意志得以巩固，欧洲格局发生了较大变化。

※ 叶卡捷琳娜二世

叶卡捷琳娜二世本名叫索菲娅·奥古斯塔，是德意志一个小公爵的女儿。幼年时，索菲娅受到法国启蒙思想家的影响，经常给孟德斯鸠写信。这种书信往来持续了很长时间，后来她当女皇后仍是这样。1744 年，15 岁的索菲娅随母亲来到俄国，改名为叶卡捷琳娜·阿里克塞耶芙娜，并在第二年同后来的沙皇彼得三世结婚。

叶卡捷琳娜来到一个完全陌生的环境中，与丈夫彼得的关系又不好，因此常感到孤独寂寞。她把时间用在读书和了解俄国上，为自己积累了丰富的知识。同时她也处心积虑地积蓄力量，取得了俄国贵族和军队的支持。1762 年，叶卡捷琳娜在近卫军军官的支持下发动政变，囚禁了继位仅半年时间的丈夫彼得三世，三天后又将其杀害，自己登上了俄国沙皇的宝座。

叶卡捷琳娜即位后的国内形势很不稳定，反对她篡位的贵族大有人在，但她采取了一系列维护贵族特权、加强贵族专政、巩固农奴制度的措施，稳定了自己的政权基础。她把俄罗斯的农奴制度推广到乌克兰、白俄罗斯和波罗的海沿岸广大被征服的地区，并规定农奴是地主的私有财产，可以随意买卖。她还把大量国有农民连同土地赠送给贵族，这样到 18 世纪初，全国人口的 49% 已变成农奴，叶卡捷琳娜在位期间也是俄国农奴制高速发展时期。

同时，她改革了中央和地方的政权机关，建立起高度集中的专制制度，采取一系列措施鼓励工商业的发展，使俄罗斯帝国的国力在彼得一世后再次获得了迅速发展，进入了鼎盛时期。她还接受了法国启蒙思想家的"开明专制"的政治主张，和伏尔泰、狄德罗等法国思想家交往密切，在 1767 年夏天召集"新法典起草委员会"会议，宣扬了自己的君主专制、严厉的法治主义以及法律面前人人平等的思想。由于她的卓越才能和成就，她成为继彼得一世后第二个被俄国贵族授予"大帝"称号的沙皇。

巩固政权之后，叶卡捷琳娜二世继承彼得大帝的衣钵，开始大举对外扩张。她在 1768～1774 年和 1781～1791 年两次发动对土耳其的战争，夺取了亚速海及黑海沿岸地区，兼并克里米亚汗国，并取得黑海至地中海的航行权。她还 3 次参加瓜分波兰，为俄国取得第聂伯河以西的乌克兰、白俄罗斯、立陶宛等地。到 18 世纪末，俄国虽然在政治、经济、文化上仍大大落后于西方国家，可是由于广大的幅员与强大的军力，它却已跻身于欧洲列强之列了。

连续多年的对外战争，消耗了俄罗斯帝国大量的财力物力，而这些负担都转嫁到农民身上。在叶卡捷琳娜二世的纵容下，贵族们穷凶极恶地压榨农民，终于在 1773 年酿成俄国历史上最大规模的普加乔夫农民起义。叶卡捷琳娜二世利用起义军缺乏统一指挥、各自为战的弱点，用了两年多时间就镇压了这次起义。

叶卡捷琳娜二世无疑是俄国历史上最野心勃勃的皇帝之一。她在 48 岁时有了第一个孙子，取名为亚历山大，意思是希望孙子学习古代的亚历山大大帝，使俄国成为横跨亚、非、欧三大洲的大帝国；50 岁时有了第二个孙子，取名康斯坦丁，希望他成为君士坦丁堡的征服者。她甚至说："要是我能活到两百岁，整个欧洲都是俄国的。"叶卡捷琳娜二世晚年还念念不忘建立俄国的世界霸权，企图建立一个包括 6 个都城（彼得堡、莫斯科、柏林、维也纳、君士坦丁堡、阿斯特拉罕）的俄罗斯帝国，而且要侵入波斯、中国和印度。可是她的野心未能实现，1796 年 11 月 6 日，她因为中风去世，享年 67 岁。

※ 莱克星顿枪声

从 16 世纪开始，北美洲逐渐成为欧洲列强的殖民地，各国都有移民移居北美。经过一百余年的发展，美利坚民族渐渐形成。18 世纪中叶，英国在北美大西洋沿岸建立了 13 个殖民地，并阻止当地资本主义经济的发展，企图把这些殖民地变成英国工业品的销售市场和廉价原料的供应地，加大对殖民地的掠夺与压榨。英法七年战争结束后，英国在殖民地增加税收，控制出海权，把战争损失转嫁到北美人民的身上，双方矛盾日益激化。英国为独占西部，禁止向西移民，切断了北美人民的谋生之路，同时也限制了资产阶级对西部的开发，北美人民不断掀起反抗，从经济、政治斗争渐渐演变成武装冲突。

1774 年 9 月 5 日，英属殖民地代表在费城成立"大陆会议"，并秘密组织民兵武装，在康科德备有军需物资库。这一消息被英殖民者麻省总督盖奇知道后，于 1775 年 4 月 18 日派史密斯上校带兵收缴，毁掉军需物资的英军在撤退时受到全莱克星顿人民武装的包围，英军且战且退，伤亡 259 人。民兵在莱克星顿一役中牺牲了 18 人。

莱克星顿枪声是美国独立战争中的第一次战役，它震动了整个北美殖民地。民兵迅速集合起来，包围了波士顿。5 月 10 日，大陆会议在费城召开第二次会议，决定成立一支真正的革命军队——大陆军，由华盛顿任总司令。

缺枪少弹的大陆军凭借满腔热情，攻占了加拿大的蒙特利尔，打退了波士顿的英军，击败了南部查尔斯顿的殖民者。1776 年 7 月 2 日，大陆会议通过了《独立宣言》，大陆军成为合众国武装，整个北美殖民地人民情绪激昂。华盛顿率领军队接连取得胜利，迫使英军退出新泽西州中西部。

英军欲以加拿大为基地，先平定北部新英格兰和纽约的美军，再向中南部推进。伯戈因遂带领加拿大英军南下，计划与纽约豪的驻军会合。但豪改变计划南下，伯戈因失去接应，新英格兰境内的民兵不断阻击和骚扰，伯戈因无法获得充足的补给，行动迟缓。

9月19日，处于困境的伯戈因决定放弃交通线，破釜沉舟向南进发，在弗里曼农庄向美军发起进攻。美军的顽抗使英军损失惨重，伤亡600余人。10月7日，英军再次进攻，又遭到美军痛击，伯戈因被迫撤退。10月12日，退到萨拉托加附近的伯戈因发现被追击的美军包围，只好投降。16日，与美签订《萨拉托加条约》。

萨拉托加的胜利，是美国独立战争的转折点。国际反英势力纷纷支援美国，法、西、荷等国相继对英宣战，英国在国际上处于孤立状态。

英军将战略重心转移到南方，先征服佐治亚州，又逼降查尔斯顿的美军，随后攻占了南卡罗莱纳。1780年12月，华盛顿任命洛林为南部美军总司令。洛林将部队分散开来，展开游击战。1781年1月17日，在考彭斯歼灭英军1100人。3月15日，在吉尔福德重创英军。同时，法国舰队在海上与英军周旋，也大大牵制了英军的陆上攻势。

4月，美军在法、西、荷等国海上舰队的配合下，开始大规模反攻，迫使英军退守海岸线。8月，英统帅康沃利斯将南部主力集中在弗吉尼亚半岛上的约克敦，以便与纽约驻军相互策应。华盛顿率领美法联军1.6万余人，从水陆各方包围了约克敦，切断了英军与纽约驻军的联系。10月9日，联军发起总攻，分别从左右两方同时向约克敦发炮。火炮的巨大吼声持续了十八九个小时，英军逐渐支持不住。16日，试图从海上逃跑的英军又因暴风吹散了准备好的船只而无法撤离。17日，失去反攻能力的英军只好投降。

1783年11月3日，美英签订和约，英国承认美国独立。美国独立战争宣告结束。

美国独立战争打碎了英国的殖民统治，实现了美国独立，掀起了美洲殖民地人民谋求独立的革命浪潮，开创了资产阶级革命的新纪元。

※ 美国《独立宣言》

  1743 年 4 月 13 日，杰弗逊出生于弗吉尼亚。杰弗逊的父母对子女的教育非常重视，让他接受了良好的教育。杰弗逊少年时就通晓拉丁文和希腊文，阅读了很多古典名作。1760 年，杰弗逊考上了威廉·玛丽学院。在求学期间，他每天学习达 15 小时，浏览了很多启蒙运动时期英法大思想家、大哲学家的作品，视野日益开阔，思想日渐深刻，为他成为美国历史上出类拔萃的人物奠定了基础。1767 年，杰弗逊取得了律师资格，后来又当选为弗吉尼亚议员，开始从政。

  随着北美殖民地经济的快速发展和英国对殖民地剥削日益加重，北美人民和英国宗主国的矛盾日益尖锐。起初杰弗逊并没有产生独立的念头，后来他看了一本宣扬独立的小册子《常识》。《常识》的作者大声疾呼，北美殖民地的前途和命运在于摆脱英国的殖民统治宣告独立。当时殖民地人民反英斗争日益高涨，杰弗逊也投身于北美独立运动的洪流之中。

  1776 年 6 月 7 日，在费城举行的第二届大陆会议上，弗吉尼亚代表理查德·亨利·李提出了一个议案，要求解除对英国国王的一切效忠，争取外国政府的援助，殖民地成立一个独立自主的国家。经过简短的讨论，大会决定任命托马斯·杰弗逊、约翰·阿丹姆斯、本杰明·富兰克林、罗杰·谢尔曼和罗伯特·李文斯顿 5 人组成一个委员会，负责起草一份宣言，宣布与英国决裂。虽然其他几人都比杰弗逊年长，但大家一致推举他为执笔人。

  从 6 月 11 日到 28 日，在两个多星期的时间里，33 岁的杰弗逊把自己关在屋子里，奋笔疾书。他绞尽脑汁，反复修改，仔细推敲，以求尽善尽美。在杰弗逊写《独立宣言》期间，他的母亲和一个孩子刚刚去世，妻子又卧病在床。杰弗逊强忍着内心的巨大痛苦，以坚强的毅力，完成了这一庄严、艰巨而又伟大的任务。7 月 4 日，经过大陆会议短暂讨论和修改后，13 块殖民地的 56 名代表在《独立宣言》上郑重签字，正式批准通过。

7月8日，在宾夕法尼亚州大会堂的院子里，大陆会议向群众宣读了《独立宣言》。群众纷纷将帽子、鲜花抛到空中，大声欢呼。广场上礼炮齐鸣，军队列队游行。教堂的钟声响了一整天，一直持续到深夜。

《独立宣言》第一部分深受启蒙运动中法国哲学家卢梭的"社会契约论"和英国哲学家洛克的"天赋人权说"的影响，阐述了人生而平等，造物主赋予人们固有的、不可转让的权力，包括生存权、自由权和追求幸福的权力。主权在民，人民根据契约组成国家。第二部分谴责了英国在殖民地的残暴统治和肆意掠夺，已经成为迫害人民的政府，阐述了殖民地人民要求独立的原因。它痛斥英王乔治三世的种种罪行："他拒绝批准对公共福利有用和必要的法律，屡次解散州议会；派遣大批官员和军队控制殖民地的人民，搜刮民脂民膏；任意向殖民地人民征税；掠夺殖民地的船舶，骚扰沿海地区，焚毁城镇和乡村，杀害人民。"第三部分，《独立宣言》向全世界庄严宣布："我们以善良的殖民地人民的名义，向全世界郑重宣布，我们这些联合起来的殖民地从此成为，而且名正言顺地成为独立自主的美利坚合众国。从今以后，取消一切向英国王室效忠的义务，断绝一切和大不列颠的政治关系。我们是自由独立的国家，拥有宣战、结盟、缔约、通商以及一切独立国家所拥有的权力。"

《独立宣言》的发表，对号召北美人民同英国殖民者进行斗争以获取独立起到了巨大作用，为独立战争提供了理论基础，充分表明了殖民地人民建立自己的独立国家的决心，是殖民地人民走向成熟的里程碑。《独立宣言》是资产阶级思想史上的重要文献，被马克思称为"世界上第一个人权宣言"。

※ 攻占巴士底狱

在巴黎东南的圣安东街，有一座高大的城堡，它就是巴士底狱。巴士底狱建于1382年，起初是为了抵抗英国人而建的堡垒，后来由于巴黎的扩大逐渐成为巴黎市区的建筑，改为王家监狱。这座阴森恐怖的城堡有高高的石墙，城墙上有8座塔楼，每个塔楼的顶端都安放着一尊大炮，虎视眈眈地对着整个巴黎。巴士底狱四周有一条宽 25 米的壕沟环绕，只有通过吊桥才能进入。几百年来，法国的官吏和密探可以不经任何法律就逮捕反对国王、反对贵族、反对专制主义的人，把他们投入巴士底狱。在法国人民眼里，巴士底狱就是封建专制的象征。

18 世纪的法国，国民分为三个等级，第一等级是教士，第二等级是贵族，第三等级是资产阶级、城市平民、工人和农民。第一、第二等级的人数只占全国人口的 1%，但他们有权有势，占有全国 1/3 的土地，却不用缴税。他们还利用他们手中的权力，提高税收，设置关卡，千方百计地剥削人民，引起了广大人民的不满。

1789 年 5 月，法国国王路易十六为了榨取更多的钱供他挥霍，召开了三级会议。第三等级的代表识破了他的诡计，趁机提出要求限制国王的权力，把三级会议变成国家的最高权力机关，这理所当然遭到了路易十六的拒绝。于是第三等级的代表宣布退出三级会议，成立国民大会，后来又改为制宪会议。听到这个消息后，路易十六暴跳如雷，秘密调集军队进入巴黎，准备逮捕第三等级的代表。

巴黎人民得知这一消息后，群情激愤，怒不可遏。1789 年 7 月 13 日，巴黎人民手拿大刀、长矛、火枪，举行了声势浩大的起义。起义军迅速占领了巴黎的军火库，夺取了好几万只火枪和几门大炮。惊惶失措的路易十六急忙派军队前去镇压，但被起义军打得大败。仅一天的时间，起义军就控制了全城，只剩下市东南的巴士底狱了。

7 月 14 日，巴黎群众高呼："到巴士底狱去！"起义军从四面八方赶来，包围了巴黎最后一座封建堡垒。巴士底狱守备司令德·洛纳被潮水一样涌来的起义军吓破了胆，急忙命令士兵绞起铁索，升起吊桥。为了减少伤亡，起义军派了几个代表，举着白旗，去同巴士底狱守备司令德·洛纳谈判，希望他投降。但丧心病狂的德·洛纳竟然命令巴士底狱的士兵向代表们开枪。巴黎人民被彻底激怒了，立即向巴士底狱发起了猛攻。巴士底狱的士兵从城墙上向起义军开火，并用塔楼上的大炮轰击。起义军冒着敌人的炮火前进，他们抬着云梯，越过壕沟，奋不顾身地攻城。但由于敌人的火力太猛，起义军损失惨重，被迫撤退。起义军从四周的街垒向巴士底狱射击，但由于距离太远，对守军构不成威胁。

"我们也要有大炮！"大家齐声说。很快，起义军找到了几门旧大炮，上面生满了铁锈。一个叫肖莱的酒商自告奋勇来当炮手。"轰轰轰"，一排排的炮弹带着起义军的怒火打在城墙上，人民发出阵阵欢呼。但旧大炮的威力太小了，只打掉了一些石屑，在厚厚的城墙面前，实在是微不足道。巴士底狱的守军大声嘲笑起义军。

有几个勇敢的人拿着铁锹、铁镐、火把和炸药，冒死冲到巴士底狱的城墙下，想在墙上挖个洞，然后用炸药炸塌城墙。但他们还没来得及行动，就被城墙上的士兵打死了。

"我们需要真正的大炮和炮手！"大家又分头去找，过了一会儿，找来了一门威力巨大的大炮。炮手们调整好角度，把炮弹放到大炮里，点燃火绳，"轰"的一声，大炮发出一声怒吼，威力巨大的炮弹重重地撞在城墙上，发出震耳欲聋的爆炸，城墙一下子就掉了一大块。人们发出阵阵欢呼。"轰轰轰！"炮手们一刻也不停，继续发炮。"咣当"一声，一颗炮弹把铁索打断了，吊桥掉了下来。"冲啊！"起义军的发起冲锋，踏着吊桥冲进了巴士底狱，城内的士兵见大势已去，纷纷投降，而德·洛纳被愤怒的起义军活活打死。

占领巴士底狱的消息传到全国后，各地的法国人民纷纷起义，夺取政权。后来7月14日被定为法国国庆日。

※ 路易十六被推上断头台

1791年6月20日夜，一辆马车悄悄地从巴黎出发，乘着夜色向北疾驶，第二天早晨，马车来到了北方边境小镇发棱。

"请出示你的护照！"边境驿长德鲁埃拦住了马车。

"我们是俄国人！这是我和我妻子的护照。"车上一个带眼镜的胖子一边说一边把护照递了出去。发棱镇的居民从来没有见过这么豪华的马车，纷纷上前围观。德鲁埃仔细地看了看护照，没错，是俄国大使馆签发的。但这个戴眼镜的胖子和车上的贵妇人有些眼熟、他们是谁呢？突然，德鲁埃想起来了，他们是国王路易十六和王后！

"你们是国王路易十六和王后！"德鲁埃对那个胖子大声喊道。

戴眼镜的胖子正是法国国王路易十六。见有人认出了自己，他慌忙驾着马车，夺路而逃。"站住！快拦住他们！"德鲁埃大声喊。他急忙跳上一匹马，追了上去。小镇的人们也发出阵阵怒吼，纷纷追赶马车。

"停车！停车！否则我就开枪了！"赶上马车后，德鲁埃拔出手枪，指着驾车的路易十六说。

实在没办法，路易十六只好停了下来。过了不一会儿，赶上来的群众将马车围得水泄不通，路易十六和王后吓得躲在马车里不敢出来。最后，在当地国民卫队的押送下，路易十六和王后只好灰溜溜地返回了巴黎。一路上，群众的骂声不绝于耳。

路易十六为什么要出逃呢？路易十六是个昏庸无能的国王，他不理朝政，只喜欢打猎和修锁。每次在国务会议上，他都打瞌睡。在巴黎，供他打猎用的马就有 1800 匹，各地的备用马有 1200 匹。他还经常把一些锁匠召进宫，交流修锁的经验，法国人民戏称他为："我们的锁匠国王。"他的王后玛丽是奥地利皇帝的妹妹，是个挥霍无度、奢侈成性的人，弄得国库一贫如洗，法国人称她为"亏空夫人""赤字王后"。有一年，法国闹饥荒，很多老百姓都没有面包吃。大臣向她报告情况，她竟然吃惊地说："没有面包吃？那为什么不吃点心？"令大臣哭笑不得。

法国大革命爆发后，面对汹涌澎湃的革命形式，路易十六吓破了胆子。他出于无奈，只好发表声明，表示拥护革命，并给欧洲各国发了通告。奥地利和普鲁士害怕本国人民也像法国人一样，推翻自己的统治，决定联合起来，镇压法国大革命。奥地利和普鲁士号召欧洲的君主联合出兵，进攻巴黎。

路易十六当然不是真心拥护革命，他做梦都想恢复自己的统治。私下里他给欧洲各国的君主写信，秘密派人出国，告诉欧洲各国的君主，不要相信他的公开声明，因为那是在革命人民的压力下说的。他请求欧洲各国出兵干涉，甚至不惜割让领土作为代价。法国王后玛丽给她的哥哥奥地利皇帝写信说："武力已经摧毁了一切，现在只有武力才能恢复一切。"

当欧洲各国的君主正在商量出兵干涉的时候，路易十六和王后实在等不及了，就决定出逃到外国，然后再率领保王军和外国干涉军打回巴黎。不料事情败露，于是出现了本文开头的那一幕。

普奥干涉军很快就来到法国边境，法国人民立即组织军队抵抗。路易十六和玛丽得知后欣喜若狂，他们秘密派人将法军的作战计划和军事机密送给了敌人，并设法拖延军需品和军火的生产，策动法军的高级军官投敌。法军节节败退，外国干涉军一直打到巴黎附近。

渐渐地，巴黎人民发现，失败都是路易十六和王后搞的鬼！愤怒的巴黎人民发动起义，将国王和王后关押起来，紧接着又处决了大批的反革命分子。没有了这两个叛徒的捣乱，巩固了国内局势。法国人民纷纷组织义勇军，奔赴前线，同外国干涉军浴血奋战，终于在瓦尔密大获全胜，挽救了法国，挽救了革命。

1792 年 9 月 22 日，法国成立了共和国，废除了君主制。在如何处置路易十六上，最高权力机关国民大会发生了严重分歧。激进的雅各宾派说路易十六是叛徒、暴君和卖国贼，坚决要求处死国王，保守的吉伦特派则坚决反对。就在两派争执不下的时候，人们在王宫发现了一个秘密保险柜，里面全是国王通敌叛国和镇压革命的计划。这一下，吉伦特派哑口无言了。

1793 月 1 月 21 日，在滂沱大雨中，路易十六被押上了断头台。当刽子手砍掉暴君的头时，围观的群众发出阵阵欢呼。不久，王后玛丽也被处死。

※ 拿破仑

拿破仑在一次与敌军作战时，遭遇顽强的抵抗，队伍损失惨重，形势十分危险。拿破仑也因一时不慎掉入泥潭，被弄得满身泥巴，狼狈不堪。

可此时的拿破仑却很乐观，内心只有一个信念，那就是无论如何也要打赢这场战斗。只听他大吼一声："冲啊！"他手下的士兵看到他那副滑稽模样，忍不住都哈哈大笑起来，但同时也被拿破仑的乐观自信所鼓舞。一时间，战士们群情激昂，奋勇争先，终于取得了战斗的最后胜利。

这是广泛流传的拿破仑的故事。在这个故事中我们不难看到拿破仑永不言败的精神，或许正是这种精神鼓舞着拿破仑创造了一个非比寻常的精彩人生。

在卡罗的 8 个子女中，老二拿破仑总是显得与众不同。他并不是一个讨人喜欢的孩子，身材矮小、体格瘦弱、外表非常笨拙，一开口就显得有些蠢。但他的权威令孩子们折服，连哥哥也对他俯首帖耳。1779 年，拿破仑进入布伦纳军校学习，这是一所贵族学校，由于拿破仑来自乡下，所以他经常受到同学们的鄙视和嘲笑。但是拿破仑学习成绩很好，尤其是历史课，他对法国的历史事件、历史人物、历史发展了如指掌，这也成了他以后引以为自豪的资本。

在布伦纳军校的一年冬天，雪下得很大。百无聊赖之际，拿破仑想出了一个新花样。他带领大家在大院子的雪地里扫出通道，建立碉堡，挖掘壕沟，垒起胸墙。当工程完成后，他指挥大家进行模拟攻防军事游戏。战斗持续了15 天之久，而拿破仑就此成了学校里的英雄人物。

15 岁那年，拿破仑进入巴黎陆军学校学习，学习时间虽然只有两年，但他却深深受到了法国启蒙思想的影响。从巴黎陆军学校毕业后，拿破仑当上了一名炮兵少尉，1791 年晋升为中尉，次年又被提升为上尉。当时正值法国大革命期间，所谓时势造英雄，拿破仑抓住了机遇，迅速脱颖而出。1793年，法国保王党人在英国和西班牙的大力支持下，占领了法国南部重镇土伦，共和军久攻不克。拿破仑奉命参加土伦战役，任炮兵指挥，并晋级为上校。依靠拿破仑指挥的炮兵部队，共和军终于攻占了土伦。此役使拿破仑声名大振，不久他被破格提升为准将。1795 年，他的炮兵部队在巴黎再建奇功，以5000 人之力击溃了两万多名叛乱分子，这之后，拿破仑被任命为法国"内防军"副司令。后来，他又被派往意大利和埃及战场作战。此时的拿破仑已非昔日可比，他以不断的军事胜利证明了自己的实力。1799 年，拿破仑从战场上悄然返回法国，发动了"雾月政变"，从此处在法国权力的顶峰，终于在 1804

年加冕称帝，即拿破仑一世，法国进入了法兰西第一帝国时期。

拿破仑执政时期，通过内政外交方面的努力，使法国迅速走向强盛。他着力打击教会势力，镇压反叛势力，采取各种积极政策推动经济发展，并主持制定了《民法典》，又称《拿破仑法典》。《拿破仑法典》将法国大革命的成果以宪法形式确定下来，对法国及其他资本主义国家的立法产生了深远影响。在对外战争上，拿破仑领导的军队几乎击败了所有的欧洲大国，推动了法国大革命的思想在欧洲的传播。

但是侵略俄国的惨败使法国元气大伤，并给其他敌对国家造成了可乘之机。1814年的莱比锡战役是拿破仑军事史的一个转折点——他第一次败给了反法联盟。之后，反法联军占领巴黎，拿破仑被流放到意大利海边的厄尔巴岛。1815年，拿破仑成功逃出流放地，返回法国，受到了热烈欢迎并迅速恢复了权力。但此时的法国已经雄风不再，经历了滑铁卢战役的惨败后，拿破仑永远退出了历史舞台。他被流放到大西洋中的圣赫勒拿岛，于1821年去世，终年51岁。

※ 兵败莫斯科

19世纪初，拿破仑几乎征服欧洲各国，但英国始终不与法国议和。拿破仑为毁掉英国人的贸易体系，实行高压政策，使欧洲各国断绝与英国的经济交往，对英实行经济封锁。面临经济破产的英国认识到只有引诱俄国脱离欧洲大陆组织，英国才会有生机，否则英国只有屈服。在英国的说服下，沙皇接受了英国的货物。拿破仑对俄国的行为极为不满，为报复沙俄，拿破仑兼并了由沙俄支持的赛尔登公国，开始对俄加强封锁。这使沙皇大怒，俄法关系迅速恶化。俄方要求法军撤到赛得河以西，遭到拿破仑的拒绝。拿破仑意识到战争不可避免，遂组织兵力东征俄罗斯。

1812年6月24日，拿破仑调集大军68万人，火炮1400门，渡过尼门河，开始了对俄国的入侵。拿破仑计划在维尔纽斯及其以东地区歼灭敌人主力。面对咄咄逼人的庞大法军，俄军采取主动撤退策略，法军紧紧追赶，但每次都落空。

俄军后退的同时，沿途实行坚壁清野，以阻滞法军前进。随着法军的快速深入，前后方出现脱节，补给发生困难。拿破仑命令部队停止前进，进行休整。这时，俄两路大军在斯摩棱斯克会合，组织防御工事。获得供给的拿破仑迅速向该地进军。8 月 16 日，双方在斯摩棱斯克展开激战。俄军在法军猛烈的攻势下，顽强地抵挡三天后，终于招架不住，弃城继续后退。

俄军只退不打，俄国内部舆论哗然，怨声载道。8 月 29 日，沙皇任命库图佐夫为总司令对抗法军。深知撤退是正确决策的库图佐夫迫于舆论和沙皇的压力，决定与敌人展开一场会战。他把阵地选择在莫斯科以西 124 千米的博罗迪诺村附近。库尔干纳亚高地高踞周围地形之上，视野开阔，前方宽 8 千米，右翼为莫斯科河，左翼为难以通行的森林，后方是森林和灌木林，可隐藏预备军。在阵地上，俄军构筑了多面堡和钝角堡等完备的防御工事。库图佐夫企图以积极的防御手段达到最大程度地杀伤敌人之目的。

9 月 7 日，拿破仑率领 13 万大军开始进攻，在这种对己不利的地形上交战，拿破仑失去了军队的机动性，从两翼迂回包围阵地也是不可能的。如果从南纵深迂回，只能分散削弱兵力，可能导致被各个击破。拿破仑只好采取正面突击，他选择比较狭窄的地段，采取突破敌人防线直插敌后方的策略，实施强攻。

会战开始，双方都以炮兵对射发起进攻。在炮兵的掩护下，凶猛的法军使俄军退过科洛恰河，法军遂紧追过去，遭到猛烈火力的反攻，又被迫退回。凌晨 6 时，法军向钝角堡猛攻，虽说人数及火力都占优势，但法军仍被击退。7 时许，法军又开始新一轮进攻，攻占了左边的一个钝角堡，俄军又以勇猛的反击夺回，双方这时都加强了兵力。法军对左右两个钝角堡发动第 3 次攻击，俄军也不甘示弱，抵抗极为顽强，堡垒几易其手。这也显示出库图佐夫排兵布阵的艺术：他把俄军战斗队形纵深配置，纵深达 3～4 千米，使步兵、骑兵和炮兵之间配合默契，保障了积极防御的坚固性，使法军几次易得手后又被迫放弃。双方进退反复，短兵相接，展开肉搏战。

为彻底突破俄军防线，拿破仑调集兵力实行猛攻。库图佐夫在此危急时刻，果断决定调强大的预备军袭击敌人左翼。战斗持续到 18 时，俄军仍坚守阵地，法军也没取得决定性胜利，但双方都付出惨重代价。法军伤亡 2.8 万人，俄军则为 4.5 万人。拿破仑遂退回出发阵地。

战后，库图佐夫将俄军撤回内地，坚壁清野积聚力量。9 月 14 日，拿破仑进占已成废墟的莫斯科。10 月 18 日，俄军大举反攻，法军节节败退。到 12 月，法军损失 50 多万人，拿破仑的侵俄战争以惨败而告结束。

拿破仑在俄国的失败使法国损失惨重，成为欧洲再次爆发反拿破仑战争的导火索，也成了拿破仑军队覆灭的标志。

※ 滑铁卢之役

1812 年 9 月 7 日，拿破仑东征俄国，在博罗迪诺会战中损失惨重，元气大伤。兵败莫斯科成为欧洲重掀反对拿破仑的战争导火线。1813 年前，法国达到鼎盛时期，在欧洲居于征服者的地位，但反叛的种子也洒遍了整个欧洲。

与此同时，俄国沙皇也想彻底歼灭拿破仑，于是 1813 年 2 月，俄国与普鲁士结盟，英国、西班牙、葡萄牙、瑞典和奥地利也相继加入，范围更广的第六次反法联盟结成。面对这样巨大的变局，拿破仑迅速组建新军，做好对反法同盟的作战准备。

1813 年 5 月中旬，拿破仑准备妥当，仍采取主动出击，先发制人的策略，开始向德累斯顿和莱比锡进军。途中，在加卡和包岑分别与俄普联军相遇，经过激战，联军败退。虽然法军取胜，但损失很大，惨重的伤亡使善于进攻的拿破仑被迫改变策略。此后，他分兵坚守德累斯顿到易北河一线的各要塞。8 月 26 日，联军开始进攻德累斯顿，人数多于法军一倍的联军从两面围攻。拿破仑亲自指挥，坚固的防御工事和积极的反攻，使联军遭到惨败，联军围攻两天未果后撤退。联军的波希米亚军团绕过德累斯顿，西里西亚军团西渡易北河分别从南北两面夹击莱比锡。

10 月 16 日，联军兵分几路发起进攻，莱比锡战役开始。双方炮火相互对射达 5 小时之久，联军的各个军团开始步步为营，向莱比锡压缩。第 1 军团的右翼纵队攻占了制高点科尔姆山，左翼纵队经过激战拿下了马克莱只格城，而孔讷维茨和莱斯尼希两渡口的争夺也异常激烈。法骑兵在炮兵的配合下，一度将联军队形打乱，步兵随即反攻。联军也不示弱，调集部队迎击，配置于步兵之间的炮兵奋勇击敌，下午 5 时法军被打退。双方损失惨重，伤亡均在 2 万人左右。18 日，联军从东南北三面向法军猛攻，法军被迫放弃阵地，从联军较薄弱的地方逃出战场。

1814 年，联军攻进法国本土，并约定不单独与法议和。3 月 20 日，联军对巴黎形成包围之势，4 月 11 日，拿破仑被迫与联军签订《枫丹白露条约》，并宣告退位，被软禁到厄尔巴岛，波旁王朝重新统治法国。

联军在利益分配上矛盾重重。1815 年 1 月，英、奥、法等国密约向实力大增的俄国宣战。这消息很快传到拿破仑耳中，他秘密回国。法国人民不满意波旁王朝的统治，在旧部的支持下，拿破仑又顺利地登上帝位。

这使整个欧洲震惊，3 月 25 日，因利益分配不均而争吵的联军又站在了一起，宣布成立第七次反法同盟，由英国的威灵顿公爵任统帅，迅速集大军 64.5 万人，分头向法国进攻。拿破仑到 5 月底也召集了 28.4 万的正规陆军和 22.2 万人的补助兵力。

拿破仑意识到如果联军几大军团会合一处，后果就不堪设想。他根据比利时的联军战线分布过长的情况，决定采取主动进攻、集中优势兵力各个击破。6 月 12 日，拿破仑进至比利时，对驻守在利尼附近的英普联军实施突然袭击，普军大败。17 日，拿破仑错误地让军队休息了一天，并决定 18 日同英军元帅威灵顿指挥的英荷联军在滑铁卢（今布鲁塞尔以南 20 千米）展开大决战。而威灵顿指挥的英军早已修了坚固的工事，等待拿破仑。

6 月 18 日，拿破仑指挥军队进攻，滑铁卢战役打响。拿破仑拥有 270 门大炮，但前一天晚上的大雨，使地面泥泞不堪，笨重的大炮只有一小部分进入阵地。11 时，法炮兵首先发炮，接着双方对射，对峙到下午 1 时，拿破仑派兵佯攻英军右翼，以牵制敌人的主要兵力，使中央薄弱后加以主攻。但佯攻效果并不明显，拿破仑只好从中央发起总攻。双方僵持不下时，被击散的普军重新集结，出现在法军身后，拿破仑急命两军团堵截。威灵顿精神大振，英军的士气猛涨。战至下午6时许，法军已疲惫不堪。8时许，威灵顿下令反攻，在联军的夹击下，法军支持不住，全面溃败，拿破仑趁乱逃出战场。此战法军伤亡严重，损失3万余人。6月21日，拿破仑败退巴黎。7月7日，联军攻进巴黎，拿破仑被迫再次宣布退位，并被流放到南大西洋的圣赫勒拿岛，5年后病逝。

这场战争标志着拿破仑时代的结束，它动摇了欧洲封建制度政体，为欧洲各国的资本主义发展奠定了基础。

※ "神圣同盟"

1815年7月，拿破仑在滑铁卢战役失败后宣布退位，被囚禁到大西洋的圣赫勒拿岛，"百日王朝"灭亡。路易十六的弟弟路易十八在外国军队的保护下，返回巴黎，登上国王的宝座，波旁王朝复辟。

为了清除法国大革命对欧洲各国的影响，在奥地利首相兼外交大臣梅特涅的建议下，欧洲各国在奥地利首都召开了一次会议，史称"维也纳会议"。

当时欧洲所有参加对法国作战的国家都派代表参加了会议，除了奥地利、普鲁士、俄罗斯和英国外，西班牙、葡萄牙、瑞典等国也派代表参加，共有200多人。维也纳会议的东道主是奥地利皇帝弗兰西斯一世，会议由梅特涅主持。这200多人当然地位是不平等的，会议主要由梅特涅、俄国沙皇亚历山大一世、英国外交大臣卡斯尔瑞和普鲁士首相哈登堡操纵。另外法国外交大臣塔列朗也发挥了重要作用，他公开声称："我什么也不要，可我给你们带来了最重要的原则——正统原则！"正统原则被各大国接受，成了维也纳会议的指导原则。后来他也挤进了核心会议，维也纳会议由四国操纵变成了五国操纵。

维也纳会议其实就是一个分赃会议。四大国在打败拿破仑后，开始瓜分拿破仑帝国的领土，并着手恢复被法国大革命破坏的旧的欧洲封建秩序，使很多被拿破仑推翻的封建王朝复辟。此外，防止法国东山再起也是这次会议的目的之一。

在维也纳会议上，梅特涅纵横捭阖，多方周旋，出尽了风头，扩大了奥地利的影响，被人们称为"蝴蝶大使"。会议厅原来有3个门，为了笼络其他大国，梅特涅又叫人开了两个门，让五国首脑每人都能风风光光地进入会场。在大会上，五国代表为了自己的利益互不相让，争得面红耳赤。每当这时，梅特涅就站起来打圆场，让各国代表们去参加豪华的舞会、宴会和去郊外打猎，梅特涅趁机派特工去他们的住处翻阅他们的信件和文件。各国代表也不是傻瓜，他们玩归玩，但在谈判桌上一点也不退让。结果维也纳会议竟然开了8个月，被当时的欧洲人戏称为"老太婆会议"。

维也纳会议后，为了贯彻落实会议达成的各项协议，维护欧洲各封建王朝的反动秩序，早就想当欧洲宪兵的俄国沙皇亚历山大一世又提议建立"神圣同盟"。所谓"神圣同盟"，就是在所谓神圣的宗教的崇高真理和正义的、基督教博爱与和平的箴言指导下，欧洲各国建立的一个同盟，在国内发生什么革命、暴动时，各国互相支援。亚历山大一世亲自起草了神圣同盟的有关文件和草案，并派人到欧洲各国广泛宣传。其实早在1804年和1812年，亚历山大一世就提出要在基督教的名义下把欧洲各国联合起来。打败拿破仑的百日王朝后，在巴黎又一次提了出来。一开始，各国的国王和大臣都不拿神圣同盟当回事，认为这只是一些空洞的漂亮话而已。英国外交大臣卡斯尔瑞对此不屑一顾，讽刺亚历山大一世是在妄想和胡言乱语。奥地利首相梅特涅也认为亚历山大一世不过是在唱高调，根本不具有可操作性。

但是后来,欧洲各国的君主和政治要人意识到亚历山大一世是多么的"伟大","神圣同盟"的建议是多么的"伟大"！神圣同盟可以维护他们的统治秩序，保障他们的利益,如果几个强大的国家联合起来，什么革命，什么暴动,都不用怕了,就算出10个拿破仑都不在话下。于是1815年9月，俄罗斯、奥地利和普鲁士三国在巴黎成立了"神圣同盟"，后来欧洲各国也相继加入，"神圣同盟"其实成了"所有的欧洲君主在沙皇的领导下压迫本国人民的一个大阴谋"。1815年，英国、俄罗斯、奥地利和普鲁士又签订了四国同盟条约，这其实是神圣同盟的一个补充。不久，法国又申请加入，四国同盟变成了五国同盟。梅特涅成了这两个组织的核心人物，他自任"扑灭革命之火的消防队长"，咒骂革命人民是"一条吞噬社会秩序的九头蛇"。他在德意志境内巡视时，像个高傲的皇帝。梅特涅狂妄地叫嚣："一切革命的乌合之众都将匍匐在我的脚下。"但30多年后，一场遍及欧洲的大革命就彻底摧毁了欧洲的封建旧秩序。

工业革命带来的变革

　　工业革命首先开始于英国，之后又发展到欧亚其他地区，从而引起广泛而深刻的社会变革，对人类社会产生了极其深远的影响。工业革命首先是一场空前规模的技术革命，使社会生产力取得了惊人的发展。其次，工业革命促成了无产阶级的形成，使社会日益分裂成资产阶级和无产阶级两个对立的阶级。同时，工业革命也将原有的亚欧大陆农耕世界发展水平大体平衡的局面打破了，在工业革命的冲击下，世界各国各地区都卷入资本主义世界的经济体系中。

※ 瓦特发明蒸汽机

提起蒸汽机，人人都知道那是瓦特发明的，但这并不等于在瓦特之前就没有使用蒸汽的机械。其实，蒸汽机的发明也经历了一个产生、发展和逐步完善的过程。

传说，古埃及早在公元前 2 世纪便出现了利用蒸汽驱动球体的机械装置，只是年代太过久远，具体情况已无从考证。又有记载说公元 1 世纪，古希腊发明家希罗曾用蒸汽做动力开动玩具，大画家达·芬奇也用画笔描绘过用蒸汽开动大炮的情景。

较为确切地使用蒸汽作动力还应是从近代开始。1698 年，英国工程师萨弗里发明了使用蒸汽驱动的抽水机。1712 年，英国的纽科门发明了效率更高的蒸汽机，可以用活塞把水和冷凝蒸汽隔开。事实上，瓦特发明蒸汽机就是从改进纽科门蒸汽机开始的。

纽科门蒸汽机在生产领域的广泛使用，激起了人们的关注，这其中当然也包括詹姆士·瓦特。机会只赋予有准备的人，而瓦特就是这样一个有准备的人。

詹姆士·瓦特，1736 年 1 月 19 日出生于苏格兰的格拉斯哥市附近的机械师家庭。他从小就迷恋机械制造。由于家道中落，瓦特中学刚毕业便去伦敦学习制造机械的手艺。他天资聪颖又勤奋刻苦，用 1 年时间学会了别人用 4 年才能学会的技艺。然后瓦特在家乡的格拉斯哥大学谋了一份仪器修理师的差事。

瓦特借修理教学仪器的机会结识了许多科学家，如布莱克教授和罗比逊等人，经常与他们一起探讨仪器、机械方面的问题。1764 年的一天，格拉斯哥大学的一台纽科门蒸汽机模型送到瓦特这里要求修理。瓦特不但修好机器，还对机械的构造和工作原理产生极大的兴趣。他找到了布莱克教授，与之共同研究减少纽科门蒸汽机耗煤量，提高其效率的方案。后来瓦特发现纽科门蒸汽机的汽缸和冷凝器没有分开，造成了热能的极大浪费，找到了症结之后，瓦特便开始改造纽科门蒸汽机的试验。

他筹措了一些资金，租了一间实验室，开始试制具有冷热两个容器的蒸汽机。他想，这样一来负责做功的汽缸始终是热的，而蒸汽冷凝的过程在另一个容器中完成，如此便可避免同一汽缸反复冷热交替，节约了热能。经过多次实验，多次失败，瓦特最终完成了一台具有实用价值的单作用式蒸汽机，并申请了专利保护。

为了在更大范围内推广自己的新发明，瓦特用自己设计的蒸汽机与纽科门蒸汽机当众比赛抽水。结果用同样多的煤，瓦特蒸汽机抽水量是纽科门蒸汽机的 5 倍。人们看到了瓦特蒸汽机的优势，纷纷以它替代了纽科门蒸汽机。

瓦特没有就此罢手，而是吸收了德国科学家利用进排气阀使汽缸往复运动的原理，用飞轮和曲拐把活塞的往复运动变成圆周运动，可惜该技术已被皮卡德抢先申请了专利权。但他另谋出路，用行星齿轮结构把往复运动变成了圆周运动，终于 1781 年 10 月获得了双作用式蒸汽机的专利权。

瓦特再接再厉，1784 年用飞轮解决了转动的稳定性问题，获得了蒸汽机方面的第三个专利，两年以后他又着手进行了蒸汽机配气结构，从而获得第四个专利。瓦特不间断地努力，还发明了压力表保证了机器运行的安全。最终于 1794 年彻底完成了双作用式蒸汽机的发明改造，因为这一年皮卡德专利期满，瓦特将行星齿轮结构改装为曲柄连杆结构，使蒸汽机达到比较完善的地步。

瓦特为了保护自己专利的收益权，多次与人对簿公堂。1781 年，洪布劳尔发明了"双筒蒸汽机"，瓦特认为其中引用了自己的专利，就向法院提出控告，结果阻止了这一发明的推广。特列维迪克发明了"高压蒸汽机"，瓦特也坚决反对，要求国会宣布其危险和非法。他的助手试验用蒸汽机来驱动客车，也得不到他的支持，直到晚年，瓦特都对蒸汽机车抱着敌视态度。

尽管如此，蒸汽机的发明，使工业革命迅速展开，并波及美、德、法等国。瓦特为人类进步事业做出了不可磨灭的贡献，国际单位制中以"瓦特"作为功率单位就是为了纪念这位发明家。

※ 工业革命

工业革命是指欧洲资本主义的机器大工业代替个体手工业工场的革命，也称产业革命或第一次科技革命。它既是生产技术的革命，又是社会生产关系的重大变革，开始于 18 世纪 60 ～ 80 年代，结束于 19 世纪末。

工业革命首先发生在英国。当时的英国推翻了封建专制，建立了资产阶级政权，英国政府制定了一系列的法律来促进资本主义的发展。在国内，英国进行了圈地运动，大量的生产资料聚集在少数资本家手里，消灭了自给自足的小农经济，大批失去土地的农民被迫走进城市和工厂，成为工人，为资本家提供了充足的劳动力。

18 世纪中叶，英国战胜了西班牙、荷兰和法国，成为海上霸主，取得了大量的殖民地，为本国的资本主义发展提供了用之不竭的工业原料和广阔的工业品销售市场。英国人还通过贩卖黑人奴隶牟取了暴利，积攒了大量的资金。这一切，为工业革命的发展提供了充足的条件。

由于国内外市场的迅速扩大，对工业品的需求量大大超过了手工工场所能生产的数量，因此资本家们迫切需要生产技术变革。

首先进行技术变革的是棉纺织业。英国占领印度以后，大量的印度廉价棉布被贩卖到英国。为了生存，英国纺织工场的工场主们就开始想办法，改进生产技术，降低成本。当时英国的织布技术很落后，纺织工人一会儿拿着梭子从左手抛到右手，一会儿又拿着梭子从右手抛到左手，一天也织不了几尺布。1733 年，一个叫凯伊的工程师发明了飞梭，用绳子一拉，梭子很快就飞了过去，织布的速度一下子提高了好几倍。

织布的技术提高了，但纺纱还是原来的速度，棉纱一下子供不应求，英国的织布场都出现了"棉纱荒"。英国的"艺术与工业奖励协会"用高额奖金来奖励发明新型纺纱机的人。有个叫哈格里夫的织工，偶然发现他的妻子珍妮失手将手摇纺车打翻在地，可纺车仍然转个不停。哈格里夫大受启发，他想，纺车有这么大的力，为什么不让它带更多的纱锭？于是他设计了一个可以同时带动 8 个纱锭的纺车，纺纱的效率一下子提高了 8 倍。他把这项发明归功于自己的妻子珍妮，所以就给这个纺车起名为"珍妮纺纱机"。后来经过改进，珍妮纺纱机能纺出 80 ～ 130 根纱锭。但珍妮纺纱机是人工操作，很费力气，1769 年，凯伊发明了水力纺纱机。

棉纺织业的技术革命推动了其他行业的发展，其中最重要的是交通运输、钢铁、采矿和机器制造等部门的技术变革。

由于水力纺纱机要建在有水的地方，受到地域和气候的限制，这为瓦特发明蒸汽机创造了条件。瓦特在总结了前人科研成功的基础上改良了蒸汽机，并很快投入使用。1784 年，英国建成了第一个蒸汽机纺纱厂。蒸汽机的发明是科学史上划时代的成就，从此资本主义工业生产开始迅速发展起来。

18 世纪中叶以前，英国炼铁的燃料主要是木炭，这耗费了大量的木材，炼铁业受到很大的限制。1784 年，工程师科特发明了一种以煤为燃料的煤铁炉，使炼铁业的功率提高了 15 倍。1785 年，英国建立了第一座近代化炼铁厂，英国近代钢铁工业建立起来了。炼铁业的发展，促使了采矿业的发展，蒸汽机也广泛用于采矿业。1815 年，维纳发明了安全灯，使地下瓦斯爆炸的危险大大减小，煤的产量大大增加。

工业的发展开始促使运输业发展。1807 年，富尔顿发明了轮船。1840 年，英国第一个轮船航运公司成立。1814 年，斯蒂芬森发明了火车，英国随即出现了修建铁路的狂潮，到了 1850 年，英国已经建成了数千千米的铁路。

工业革命使英国获得了"世界工厂"的称号，成为世界头号强国，加强了它的海上霸主地位。英国凭借强大的实力，加紧殖民扩张，攫取了大量的利益。

后来，工业革命从英国传到了欧洲大陆，19 世纪的时候又传到北美地区，促进了这些地区的生产力的发展，帮助这里的新兴资产阶级打击封建势力，夺取了政权。但同时，西方资本主义国家凭借强大的势力，四处侵略扩张，给亚、非、拉人民带来了深重的灾难。

※ 英国宪章运动

19世纪30年代，英国完成了工业革命，社会日益分裂成资产阶级和无产阶级两大阶级。富有的资产阶级掌握了国家政权，为了维护自己的利益，他们制定了一系列的法律。而广大的无产阶级深受资产阶级的剥削，在政治上毫无权力，在经济上处于贫困状态。工人们每天要工作16～18个小时，资本家还大量雇佣低工资的女工和童工。工人们居住的条件也非常恶劣，他们的房屋狭小、肮脏，居住区里卫生条件很差，伤寒、疟疾、肺病等疾病流行。一个英国政府官员在视察了格拉斯哥城的工人居住区后说："15～20个工人们挤在一间小屋子里，躺在地板上，他们的被子竟然是半腐烂的麦秸秆混着破布条"，"房屋肮脏、潮湿，马都不能栓到里面。"

为了摆脱悲惨的生活，从19世纪20年代开始，工人们就不断举行大规模的游行示威。1836年，英国伦敦一个叫洛维特的木匠，发起成立了"伦敦工人协会"，号召工人们争取选举权，选出能代表自己利益的人去做议员，为工人说话。"伦敦工人协会"提出了6点主张：第一，凡是年满21岁，身体健康、没有刑事犯罪记录的男子都应该拥有选举权；第二，选举时必须秘密投票；第三，全国各选区应该按照当地的居民人数排定，选区选出的议员名额也应当与人数相适应；第四，国会每年改选一次；第五，取消对候选人的财产资格限制；第六，如果议员当选，应该发薪金。宪章运动从此开始。

1838年，这6项主张以法案的形式公布，被命名为《人民宪章》。《人民宪章》一经公布，就受到了广大工人的热烈欢迎，宪章运动很快从伦敦扩展到全国各地。工人们在各地举行大规模的集会，经常有四五万人参加，有的集会甚至多达10万人。他们高举着火把，发表战斗性的演说，甚至高呼斗争口号："武装起来！"一个工人领袖在演说中说："普选权问题，归根到底是刀子和叉子的问题，是面包和乳酪的问题！"

1839 年 2 月 4 日，第一届宪章运动代表大会在伦敦召开，定名为宪章派工会会议。会议一致决定在 5 月 5 日采取和平请愿的方法，向议会递交请愿书。有的代表提出，如果议会拒绝请愿书，和平请愿失败，那就举行武装暴动。当时在请愿书上签字的人超过了 125 万，请愿书重达 300 公斤，工人们把它放在装饰着彩旗的担架上，抬到了议会。7 月 12 日，议会拒绝了请愿书提出的要求。政府随即派出了大量的军警对工人们进行镇压。

和平请愿活动失败后，愤怒的工人们举行了武装暴动。1839 年 11 月，英国南威尔士 1000 多名矿工，手拿木棍、长矛和短枪等简陋武器，向南约克郡进军。政府立即派出大量军警前去镇压。在达纽波特，军警向工人们疯狂射击，很多工人倒在了血泊中。工人们没有被敌人的残暴吓倒，他们沉着迎战，顽强抵抗。20 多分钟后，由于寡不敌众而遭到失败。政府以此为借口逮捕了宪章派领导人欧康纳，宪章派工会被迫解散。

3 年后，欧康纳出狱。在他的领导下，拥护《人民宪章》的工人们组成了一个全国宪章派协会，入会者达 5 万多人。1842 年，他们再次向议会递交请愿书。请愿书的内容除了以前的 6 条内容外，又增加了要求废除教会的"什一税"和"新贫民法"的内容。请愿书有 300 万人签字（约占当时英国成年男子的一半），再次要求把议会将《人民宪章》定为法律。请愿书指出："议会既不是由人民选出来的，也不是由人民做主的。它只为少数人的利益服务，而对多数人的贫困、苦难和愿望置之不理"，"英国的统治者穷奢极欲，被统治者饥寒交迫"。（当时英国女王每天的收入是 164 镑 17 先令 60 便士，她的丈夫阿尔伯特亲王每天的收入是 104 镑 20 先令，而广大普通工人每天每人的收入只有两便士。）但这次请愿再次被议会否决。此后，英国各地罢工活动此起彼伏。

最终，宪章运动还是被镇压，但英国政府不得不颁布了一些改善工人劳动状况的法令，在一定程度上缓解了英国社会的阶级矛盾。

※ 席卷欧洲的革命

19 世纪 40 年代中期，随着工业革命的扩展，欧洲大陆的资本主义得到迅速发展，新兴的工业资产阶级力量日益壮大，但在政治上他们仍然处于无权或少权状态，政权被封建落后势力所把持，深受他们的压迫，这些封建势力成了资本主义发展的绊脚石。另一方面，深受外族压迫的东南欧各国都希望推翻外国统治，取得民族独立。

1845 年，欧洲大陆普遍发生了马铃薯病虫害（当时马铃薯是欧洲人的主要口粮），各国相继出现了农业歉收，许多地方出现饥荒。1847 年，欧洲又发生了经济危机，很多工厂倒闭，大量的工人失业。广大人民群众的生活状况日趋恶化，社会动荡不安，欧洲大陆的阶级矛盾和民族矛盾迅速激化。

当时的意大利半岛分裂为许多封建小国，他们都直接或间接地受制于奥地利，这种分裂状态和外族统治严重阻碍了意大利资本主义的发展。1848 年 1 月，西西里岛首府巴勒莫的人民首先发动了起义，揭开了 1848 年欧洲革命的序幕。经过激战，起义者击败了国王的军队，建立了资产阶级临时政府。在巴勒莫起义的影响下，意大利的米兰、威尼斯等地也相继爆发了反对奥地利统治的起义。撒丁、那不勒斯、托斯卡纳的封建小国的统治者也向奥地利宣战，意大利半岛革命形势高涨。1849 年 2 月 9 日，以马志尼为首的罗马共和国宣告成立。7 月 3 日，法国、奥地利和两西西里王国出动军队，颠覆了罗马共和国。后来由于各小国封建统治者的背叛，革命形势急转直下。8 月 22 日，奥地利军队攻陷威尼斯，意大利革命失败。

在意大利的影响下，1848 年，欧洲各国相继爆发了大规模的革命。当时的法国处于代表金融资产阶级利益的七月王朝的统治之下，这引起了工业资产阶级的不满。于是工业资产阶级和广大人民联合起来，于 2 月 22 日在巴黎群众发动了起义。经过两昼夜的激烈战斗，起义军攻占王宫，法国国王路易·菲利浦出逃，起义军成立了临时政府，宣布废除君主制，建立共和国，史称法兰西第二共和国。但胜利果实被资产阶级篡取，他们下令解散国家工厂，并把工厂中的工人编入军队或驱赶到外省去做苦工。工人们忍无可忍，被迫举行了六月起义，但遭到了政府军的残酷镇压，起义失败。

德意志在1848年以前是一个由35个邦和4个自由市组成四分五裂的联邦国家，这种分裂的状况和意大利一样，严重地阻碍着资本主义的发展。德意志的巴登公国首先爆发革命，并迅速波及到了很多地区，纷纷成立了资产阶级政府。3月13日，普鲁士王国首都柏林的工人、市民和大学生举行示威游行，并同普鲁士军队展开激烈战斗。普鲁士国王威廉四世调动大批军队，向起义军发起猛攻。经过激烈战斗，普鲁士军队被迫撤出柏林，威廉四世同意召开有资产阶级参加的议会。3月29日，资产阶级首领康普豪森组阁，柏林三月革命的胜利果实落入资产阶级手中。

东南欧也爆发了反对外国统治的民族解放运动，其中以匈牙利的革命最为声势浩大。当时匈牙利处于奥地利的统治之下。1848年3月15日，佩斯人民在革命家裴多菲的领导下，强迫市长在实行资产阶级改革的政治纲领《十二条》上签字，不久革命群众控制了首都。革命者向奥地利皇帝提出建立匈牙利独立政府和废除封建制度的要求。奥皇非常敌视匈牙利革命，他调集了大批反革命军队进攻匈牙利，并于1849年1月5日攻陷匈牙利首都。匈牙利政府迁到德布勒森。不久，匈牙利起义军展开反攻，取得节节胜利。4月14日，匈牙利议会发表《独立宣言》，宣布匈牙利独立。5月21日，匈牙利起义军收复了布达佩斯。为了镇压匈牙利革命，奥地利勾结沙俄，共同出兵。沙俄出动了14万大军入侵匈牙利，20万奥地利军队也对匈牙利发起了猖獗的进攻，匈牙利处于腹背受敌的境地。由于双方军事力量相差悬殊，再加上匈牙利内部右翼分子叛变，匈牙利军队遭到惨败，匈牙利革命失败。

匈牙利革命的失败标志着欧洲1848年革命的结束。镇压了匈牙利革命后，沙俄又相继镇压了罗马尼亚、捷克等国的革命运动，成为欧洲宪兵和镇压东欧民族解放运动的刽子手。

※ 美国南北战争

美国独立后，南北两方沿着不同的体制发展。美国北部工业发展迅速，资本主义生产力得到极大提高。而南部仍是以种植庄园主剥削压榨奴隶为基础的奴隶制。北部工业的发展，需要大量的廉价劳动力、生产原料和商品市场，而大量的奴隶却被南部奴隶主束缚在庄园里，南部的生产原料也多出口到欧洲，并从欧洲进口工业品，这无疑使北方工业得不到足够的原料和劳动力，进口的工业品也冲击着北方的生产。南部的奴隶制严重阻碍了美国资本主义的发展，两种制度之间的矛盾日趋尖锐。

1860 年 11 月，痛恨奴隶制的共和党人林肯当选总统，南部扩展奴隶制度的梦想破灭。为维护自身利益，南部奴隶主发动叛乱。12 月 20 日，南卡罗莱纳州宣布独立，佐治亚、阿拉巴马、密西西比、佛罗里达、路易斯安那和得克萨斯等州也纷纷跟随。1861 年 1 月，南部各州组织"南方同盟"，2 月在蒙奇马利成立临时政府，戴维斯当选总统。4 月 12 日，南军不宣而战，攻占了联邦政府军驻地萨姆特要塞，南北战争爆发。

预先对战争做好充分准备的南部诸州开始时进展顺利，采取以攻为守的战略，集中兵力寻歼北军主力。南军迅速占领哈珀斯费里和诺福克海军基地，进驻铁路枢纽马纳萨斯，直接威胁联邦首都华盛顿。北方采取了所谓的"大蛇计划"，把部队分散在较长的战线上，且消极防御，给南军可乘之机，使南军在战场上节节胜利。1862 年初，北军沿东西两线发动进攻，除西线格兰特率领的部队解放了肯塔基州和田纳西州大部，取得一定的战果外，在其他战场，南部军队均抢占上风。

面对不断的失利，人民群众强烈要求政府以革命的方式进行战争。林肯当局顺应民意，颁布《宅地法》，规定公民有权获得一份土地。1863 年 1 月 1 日，正式颁布《解放黑人奴隶宣言》，宣布南部各州的奴隶永远获得自由，并允许黑人参加北方军队，宣言沉重地打击了南部的奴隶制度，奴隶们看到了曙光，纷纷起义，参加北方军队，也极大地调动了北方人民的激情。此举使整个战局发生了变化。

北军采取主动进攻、全面摧毁南军的军队战斗意志和经济基础的战略决策。1863 年 5 月，北方波托马克军团 13 万人向里士满进军。轻敌的南军多次被击败，北军扭转了战争的被动局面。与此同时，西线的格兰特军团切断南军水上运输线，从水陆同时实施进攻，打通了密西西比河，向南军修筑在密西西比河上的重要堡垒维克斯堡发起总攻，意图把南军分割成东西两部分。防御坚固的维克斯堡控制着整个河面。北军猛烈的炮轰持续了 47 天，几乎摧毁了要塞的所有防御工事。弹尽粮绝的守兵失去防御能力，于 7 月 4 日投降，2.9 万人的俘虏创造了南北战争期间俘虏人数最多的纪录。7 月 8 日，北军攻占了哈得逊港，实现了分割南军的目标。9 月 9 日，格兰特命坎伯兰军团向交通枢纽和工业中心查塔努加发起围攻，取得向南部进军的基地。

维克斯堡和查塔努加的大捷，注定了南军败亡的最后命运。

1864 年，格兰特被任命为总司令，统一指挥北军的战斗。北军发起战略进攻，双方损失惨重。北方人力、财力充沛，能及时补给，南军则兵源枯竭。7 月上旬，南军的罗伯特·李派 2 万余人奔袭华盛顿，因消耗殆尽而全军覆灭。9 月，北军西线的谢尔曼攻占了亚特兰大，插入敌人后方。12 月 21 日，占领了萨凡纳，奠定了战胜南部的基础。

1865 年，谢尔曼北上，与格兰特形成夹击南军之势，一路势如破竹。4 月 1 日，北军在彼得斯堡附近与南军展开决战，南军遭到惨败。罗伯特·李被迫于 9 日率领残军 2.9 万人向格兰特投降，历时 4 年的内战到此结束。

北军的胜利，恢复和巩固了联邦的统一，摧毁了奴隶制，扫清了美国资本主义发展的障碍。由于新科技的应用为战争史开辟了全新篇章，战争面貌大为改观，后勤供应也更为复杂，这次战争被人们称为"第一次现代化战争"。

※ 日本倒幕运动

19 世纪中期以前，日本处于德川幕府的统治之下，实行锁国政策，只和中国、朝鲜和荷兰有贸易往来，对世界的变化一无所知。

1853 年 7 月 8 日，4 艘奇形怪状、黑黝黝的战船出现在日本的江户湾（今东京湾）。它们的烟囱冒着黑烟，发出震耳欲聋的汽笛声，黑洞洞的炮口似乎随时都要发射炮弹。在岸上巡逻的士兵从来没有见过这样的庞然大物，他们吓得禀报上司。经过双方的接触，日本人才知道这是由美国人培里率领的一支舰队，他们来是要向日本递交国书，并要求日本开放通商口岸。日本幕府的官员知道这一消息后迫于美国舰队的军事压力，被迫同意。

在浦贺附近的久里滨，日本幕府的官员接受了培里递交的国书。在国书中美国人提出了很多要求，如美日缔结通商条约，日本向过往的美国船只提供淡水和煤炭，救助落水的船员等等。在美国强大武力的威胁下，日本不敢不同意。为了进一步炫耀美国国威，美国舰队来到江户湾进行了大规模的示威，弄得江户城内人心惶惶。随后，美国舰队扬长而去。

1854 年 3 月，培里率领舰队再次来到日本。双方签订了不平等条约《日美修好条约》，又称《神奈川条约》，日本被迫向美国开放通商口岸和提供最惠国待遇。自从美国与日本签订了不平等条约后，西方国家纷纷前来，强迫日本签订不平等条约。

随着西方势力的侵入，西方的大量廉价的纺织品也大量涌入，日本的传统手工工场纷纷倒闭，大量的农副产品和黄金外流。

面对这种严峻的局势，日本统治阶级出现了两个对立的集团：以幕府将军为首的保守派为了维护自己的利益，主张维持现状，反对改革；以萨摩和长州两藩为首的一些大名主张改革，推翻幕府统治，富国强兵，废除不平等条约。双方发生了激烈的冲突，倒幕派毒死了畏惧幕府的孝明天皇，扶植年幼的明治天皇上台。

1867年10月上旬的一天，在京都（当时天皇所在地）天皇宫中的一间书房里，倒幕派首领大久保利通、西乡隆盛等几个重要人物聚集在一起，商量如何对付幕府。其中一个人说："倒幕要名正言顺，必须取得天皇的支持。"其他人都点头表示同意。几个人商量好了，就派了一个人去向天皇报告。明治天皇虽然只有15岁，但他很有见识，早就对幕府把持朝政表示不满了。于是，他就和倒幕派联合起来共同反对幕府将军德川庆喜。他下了份密诏，密令讨伐德川幕府。大久保利通等人接到密诏，非常高兴。

不料，听到风声的德川庆喜假装辞去幕府将军的职位，主动要求把政权还给天皇。倒幕派看穿了德川庆喜的缓兵之计。他们准备先下手为强，打德川庆喜一个措手不及。

倒幕派连夜调兵遣将，把自己的部队调集到京都，发动了宫廷政变。1868年1月3日，倒幕派率兵包围皇宫，解除德川幕府警卫队的武装。明治天皇和他们召开了御前会议，宣布"王政复古"，收回大权。明治天皇宣布建立由他领导的新政府，委派大久保利通等人主管政事。

气急败坏的德川庆喜连夜逃出京都，退到大阪。他不甘失败，调集忠于他的军队，打着"解救天皇，清除奸臣"的旗号，杀向京都。

大久保利通率领倒幕派的军队，毫不畏惧，沉着应战，在京都附近的鸟羽、伏见两地严阵以待。为了鼓舞士气，明治天皇还亲自到阵前督战。

到了半夜，毫无防备的幕府军刚到这里就遭到了倒幕军大炮的轰击，双方随即展开了厮杀。幕府军虽然人数多，但士气低落，而政府军却斗志旺盛，以一当十。不久，幕府军就败下阵来，纷纷逃跑。

倒幕军乘胜追击，包围德川庆喜的老巢江户。德川庆喜见大势已去，只好向倒幕军投降。至此，统治日本200多年的德川幕府倒台。

幕府彻底倒台以后，明治天皇进行了一系列有利于资本主义的改革，使日本很快走上了资本主义道路，史称"明治维新"。

※ "铁血宰相"俾斯麦

一次，俾斯麦乘火车出差，下车后坐在椅子上休息。这时，另外一位旅客坐在了他旁边，并和他攀谈起来。那个旅客问俾斯麦是做什么生意的，当俾斯麦知道对方是皮革商后，也谎称自己是皮革商。临别时，俾斯麦微笑着对那人说："阁下如果以后来柏林，不妨来我的工厂参观，我的工厂在威廉街76号。"（威廉街76号是首相办公室）

那个皮革商打死也不会相信，面前这个和善的人就是有"铁血宰相"之称的俾斯麦。的确，在政治上俾斯麦可没这么温顺，他称得上是一个铁腕人物。

1815年，俾斯麦出生于德国普鲁士勃兰登堡的一个贵族家庭，父亲是政府官员，母亲出身于资产阶级家庭，受过良好的教育，是俾斯麦家族中第一个来自非贵族家庭的妇女。

俾斯麦天资聪颖，学习成绩不错，但常常喜欢和别人打架，蛮横的天性从小就暴露了出来。他在1832年进入哥廷根大学，一年半后转入柏林大学，主攻法律，对历史和外语尤其感兴趣。大学期间，与同学发生过28次决斗。1835年大学毕业后，他在柏林的法院当过见习书记官，但那种琐碎的工作根本不适合他野心的性格，他经常在工作时间骑马出去散心。1838年春天，俾斯麦爱上了一个牧师的女儿，爱得可谓如痴如狂，最后竟然追人家追到了瑞士，但是终究没有成功。后来，在母亲的劝说下，他转到波昂的法院工作，又投效了王家卫队，但是不到一年时间，他就因为冒犯长官而辞职。他在1839年返回故乡，和家人一起经营庄园。1847年，俾斯麦结婚了，夫人是一位虔诚的教徒，在夫人的影响下，俾斯麦逐渐改掉了过去的一些陋习，也成为了一名忠实的信徒。

婚后不久，俾斯麦步入政坛，当选普鲁士联邦议会议员。之后，他逐渐形成了自己的政治信念：第一，最好的政府形式莫过于君主专制；第二，德意志必须在普鲁士的领导下完成统一。1859年，俾斯麦任驻俄公使，1861

年改任驻法公使。1862 年，他出任普鲁士宰相兼外交大臣，几天后，他发表了著名的"铁血演说"，宣称："当代的重大问题不是用说空话和多数派所能解决的，而必须用铁和血来解决。"俾斯麦"铁血宰相"的称号就是来源于这里。一言以蔽之，他决心用武力作为解决政治问题的最主要手段，在当时，这主要就是指排除奥地利，由普鲁士领导完成德意志的统一。

俾斯麦通过三次王朝战争实现了统一的目标。第一步，在 1864 年初挑起对丹麦的战争，把属于丹麦的石勒苏益格和荷尔施泰因两公国（居民多数为德意志人）并入德意志。第二步，在 1866 年挑起对奥地利的普奥战争。迫使奥地利退出德意志联邦，并建立起在普鲁士领导下的北德意志联邦，统一了德意志北部和中部。第三步，在 1870 年挑起普法战争，清除统一南德的障碍。这次战争是德国在欧洲崛起的重大转折，强大的法国在色当战役中被彻底击败，法皇拿破仑三世被俘，巴黎被普军占领。1871 年 1 月 18 日，俾斯麦在法国的凡尔赛宫宣布统一的德意志帝国成立，普鲁士国王威廉一世成了德意志帝国的皇帝，俾斯麦出任帝国宰相，并被授予公爵封号，成为 19 世纪下半叶欧洲政治舞台上的风云人物。

德国统一后，俾斯麦就显得不那么顺利了，他在国内推行的强硬政策遭到人民的普遍反对，对外与英、法争夺海外殖民地也处处碰壁，又引起容克资产阶级的不满。1888 年，威廉二世即位为德国皇帝。威廉二世不同于他的父亲，野心勃勃、刚愎自用，与俾斯麦在"政策谁做主"的问题上产生了摩擦。1890 年 3 月，威廉二世命令俾斯麦递交辞呈书，俾斯麦在当政 28 年后下台。1898 年 3 月 18 日，俾斯麦溘然长逝，享年 83 岁。

※ 普法战争

19 世纪上半期，德意志是一个由 34 个独立的国家和 4 个自由市组成的松散的联邦。这个联邦没有中央政府，没有统一的军队，各国都各自为政，严重阻碍了资本主义的发展。普鲁士和奥地利是德意志各国中最强大的两个国家。普鲁士击败了不愿意统一、只想维持自己在德意志内霸权的奥地利，统一了北德意志，举起了德意志统一的大旗。但当时南德意志的 4 个邦还处于法国的控制之下，为了德意志的统一，普鲁士首相俾斯麦决定和法国开战。

当时的法国在历史上叫法兰西第二帝国，他的皇帝拿破仑三世叫路易·拿破仑·波拿巴，是拿破仑的侄子。他是个狂妄自大的人，连拿破仑 1% 的军事才能都没有，但却经常对外发动战争。他公开说："德意志决不能统一，它应该被分成三部分！"当时法国国内阶级矛盾激化，社会问题多如牛毛，法国的资产阶级为了转移国内人民的注意力，夺取德意志的莱茵河西岸地区；而普鲁士方面视法国为德意志统一的绊脚石，它也企图夺取法国矿产丰富的洛林和阿尔萨斯地区。于是，一场大战不可避免了。

1870 年 7 月 19 日，法国正式对普鲁士宣战。当时法国有 40 万军队，拿破仑三世以为凭借自己的强大的军事势力可以很快击败普鲁士。他狂妄地说："这场战争不过是到柏林的一次军事散步！"可实际情况并非如此。40 万法军调到前线的只有 20 万，而且军队编制混乱，军官找不到士兵，士兵找不到军官，有的将军还远在非洲。狂妄自大的法国将军以为法军必将是在普鲁士境内作战，所以他们只带了普鲁士地图，而没有带本国的边境地图。本来按照原计划，法军在拿破仑三世抵达前线后的第二天就应该向普鲁士进军，但拿破仑三世看到法军装备、粮草严重缺乏，犹豫起来。普鲁士军队趁机结集了 40 万军队，完成了军事部署。到了宣战的第 8 天，法军的 25 万人才来到法普边境。

8 月 2 日，法军攻入普鲁士境内，但立即遭到了普鲁士军队的迎头痛击。8 月 4 日，普鲁士军开始全面反攻，法军全线崩溃，普鲁士攻入法国境内。拿破仑三世见大事不好，急忙把指挥权交给巴赞元帅，自己乘着一辆马车向西狂逃。巴赞在抵抗了一阵后，败退到麦茨要塞，随即被普军包围。法军的麦克马洪率领 12 万法军退到色当要塞，和早先到这里的拿破仑三世会合。不久，色当也被普军包围。

9 月 1 日早晨，色当大战开始。法军龟缩在坚固的要塞中同普军对抗。普军占领了色当四周的高地，用 700 门大炮猛轰色当。一时间，色当上空炮声隆隆，炮弹像雨点一样落入色当城内，全城一片火光，到处都是残垣断壁，滚滚浓烟，法军死伤惨重，连麦克马洪元帅也被打伤。

拿破仑三世从来没有见过这种阵势，被普军的强大火力吓得魂飞魄散。他急忙换上一套士兵的服装，跑到麦克马洪的指挥所，战战兢兢地说："元帅，我们还能承受下去吗？"见到拿破仑三世身穿士兵的服装，麦克马洪心里就明白了一大半：皇帝要投降了。他叹了一口气说："陛下，我们孤军奋战。外面没有援军，我们的弹药又不多了，我已身负重伤，无法再继续指挥作战。您来决定吧。"

拿破仑三世说："在现在的情况下，我们已经没有取胜的希望。为了士兵们的生命，我决定同普军谈判。"

下午三点，拿破仑三世在城中的中央塔楼升起了一面白旗，同时派人向普鲁士国王送去了一封投降书。投降书是这样写的："我亲爱的兄弟，我没有死在我的军中，所以我把我的佩剑送给陛下，希望以后能继续做彼此的好兄弟。拿破仑。"

第二天，拿破仑三世正式签署了投降书，和麦克马洪元帅以及39名将军，10万名士兵做了俘虏，650门大炮和大批的武器辎重落入普军手中。这次战役在法国历史上被称为"色当惨败"。

色当兵败的消息传到巴黎后，愤怒的人民推翻了第二帝国，建立了法兰西第三共和国，结束了法国历史上的王朝统治时代。

※ 诺贝尔与诺贝尔奖

诺贝尔，全名阿尔弗雷德·伯纳德·诺贝尔，1833年10月21日出生在瑞典首都斯德哥尔摩。幼年的诺贝尔家境贫苦，但受作为发明家的父亲的影响，热衷于发明创造。

在诺贝尔9岁的那一年，父亲带他去了俄国，并为其聘请了家庭教师，教授小诺贝尔数、理、化方面的基础知识，为他打下了基础。同时，诺贝尔在学习之余在父亲开的工厂里帮忙，这使他的动手能力进一步增强，并具备了生产和管理方面的知识和经验。

当时由于工业革命的开展和深入，刺激了能源、铁路等基础工业部门发展。为了提高挖掘铁、煤、土石的速度，工人频繁地使用炸药，但当时的炸药无论是威力，还是安全性能都不尽人意。意大利人索布雷罗于1846年合成了威力较大的硝化甘油，可惜安全性太差。那时又盛传法国人也在研制性能优良的炸药，这一切促使诺贝尔的注意力转移到炸药上来。

1859年，在家庭教师西宁那里，诺贝尔第一次见识了硝化甘油，西宁把少许硝化甘油倒在铁砧上，再用铁锤一敲便诱发强烈的爆炸。诺贝尔对硝化甘油做了进一步分析，发现无论是高温加热还是重力冲击均可以导致其爆炸，他开始为寻求一种安全的引爆装置而努力。经过无数次实验，最后他发现若是把水银溶于浓硝酸中，再加入一定量的酒精，便可生成雷酸汞，这种物质的爆炸力和敏感度都很大，可以作为引爆硝化甘油的物质。

用雷酸汞制成的引爆装置装到硝化甘油的炸药实体上，诺贝尔亲自点燃导火索，只听"轰！"的一声巨响，实验室的各种器物到处乱飞，他本人已被炸得血肉模糊。从废墟中爬出来他用尽最后一点气力说："我成功了。"然后就昏死过去。科学的进程是如此悲壮！不管怎样，雷酸汞雷管发明成功，他在1864年申请了这项专利。很快，诺贝尔的发明传播开来，用于开矿、筑路等工程项目中，大大减轻了工人们的挖掘强度，工程进度也快了许多。但世界各地的爆炸事故层出不穷，有些国家的政府为此甚至禁止制造、运输和贮藏硝化甘油，这给诺贝尔的事业带来极大的困难。经过慎重考虑，诺贝尔决定赴美国加利福尼亚就地生产硝化甘油，并研制安全炸药。在试验中，他分析了一些物质的性质，认为用多孔蓬松的物质吸收硝化甘油，可以降低危险性，最后设定25%的硅藻土吸收75%的硝化甘油就可形成安全性很高的猛炸药。

威力强劲、使用安全的炸药的出现，使黑色火药逐步退出了历史舞台，堪称炸药史上的里程碑。诺贝尔在随后的几年里，又发明了威力更大、更安全的新型炸药——炸胶。1887年，燃烧充分、极少烟雾线碴的无烟炸药在诺贝尔实验室诞生了。

循着威力更大、更安全和更符合人的需要的原则，诺贝尔为人类的进步做出了杰出的贡献，受到后人的尊敬。

1896 年 12 月 10 日，伟大的科学家诺贝尔去世。遵照其遗嘱，他的大部分遗产（约 900 万美元）作为设立诺贝尔奖金的基金，每年提取基金的利息，重奖为人类进步事业做出重大贡献的后人。诺贝尔在他的遗嘱中明确，获奖的唯一标准是其实际成就，而不得有任何国籍、民族、肤色、信仰等方面的歧视；奖金每年颁发一次，授予前一年中在物理学、化学、医学等 3 个领域里"对人类做出最大贡献的人"。该奖于 1901 年 12 月 10 日，即诺贝尔逝世 5 周年纪念日首次颁发，至今已有超过 500 人获此殊荣。后来还增加了文学、和平等奖项。诺贝尔临终设立此奖，是其对人类科学文化事业的进步的又一重大贡献，永远值得后人景仰。

※ 三国同盟

进入 19 世纪后期，第二次工业革命开始兴起，科学技术突飞猛进，社会生产力得到了极大的提高，人类进入了电气时代。欧洲各国的工业和经济再次跨上了一个台阶，逐渐形成了垄断资本主义，各国开始向帝国主义过渡。但它们之间的发展是不平衡的，英、法等老牌资本主义国家发展速度较慢，而新兴的美国、德国发展速度很快，成为世界排名第一、第二的资本主义工业大国。由于帝国主义国家之间的发展不平衡，它们之间的矛盾也在加剧。各国为了自己的利益，纷纷寻找对策。

普法战争后，为了防止法国东山再起，德国首相俾斯麦勒索了法国 50 亿法郎的巨额赔款，并且强行割走了矿藏丰富的阿尔萨斯和洛林地区，企图让法国"流尽血"。德国凭借着这些资源和资金，迅速跃升为世界第二工业大国。但出乎俾斯麦意料的是，法国人卧薪尝胆，奋发图强，不仅没有一蹶不振，反而恢复了元气。法国人为了报仇雪耻，在不断扩充军备的同时，还四处寻找盟友，共同对付德国。

面对法国咄咄逼人的复仇计划，惊恐万分的德国人没有坐以待毙，俾斯麦也开始四处拉拢盟友，对抗法国。

恰好这时，奥匈帝国和俄国在巴尔干问题上发生了争吵。原来两国都对巴尔干半岛上的波斯尼亚和黑塞哥维纳地区垂涎三尺，俄国凭借着强大的实力，四处宣扬"大斯拉夫主义"（波斯尼亚和黑塞哥维纳的居民和俄罗斯人同属斯拉夫人），企图把奥匈帝国的势力排挤出去，独占巴尔干半岛。德国不愿意看到俄国过于强大，害怕它威胁德国，再加上德国和奥匈帝国同属日耳曼民族，所以德国在巴尔干问题上支持奥匈帝国。两国联手，开始排挤俄国的势力，使俄国吞并波斯尼亚和黑塞哥维纳的计划落空。为此，俄国对德国怀恨在心。

1879 年 8～10 月，德国首相俾斯麦与奥匈帝国的外交大臣安德拉西在维也纳秘密会谈，缔结秘密军事反俄条约——《德奥同盟条约》。这个条约的主要内容是如果德、奥两国中一国遭到俄国的进攻，那么另一国应以全部的军事力量进行帮助；如果其中一国遭到另一个国家（暗指法国）的进攻，那么另一缔约国应对其盟国采取中立。但如果进攻的国家得到俄国的支持，那么两国应动用全部的军事力量联合作战。如果遭到法国和俄国的联合攻击，那么双方则要共同作战。由此，德国和奥匈帝国正式结盟。

和奥匈帝国结盟后，俾斯麦还不放心，他总觉得力量还有些单薄，于是又把目光投向了意大利。意大利自从 1870 年统一后，资本主义得到了迅速发展，国家的实力迅速增强。为了扩大自己国家的产品销售市场，意大利急于开拓海外殖民地，首先看上了和自己一海之隔的北非明珠突尼斯。但法国人也想占领突尼斯，两国争执不下。狡猾的俾斯麦看准了这一点，找上了意大利，表示在突尼斯问题上德国支持意大利。但紧接着他又找到法国，暗示德国不反对法国人占领突尼斯。法国人喜出望外，于 1881 年出兵占领了突尼斯。当时在突尼斯有很多家意大利企业和两万意大利侨民，意大利政府早已经把突尼斯当成了嘴中的肥肉，不料却被法国人占领了。可是法国的实力比意大利强大，单凭自己的力量，意大利讨不到什么便宜。这时俾斯麦伸出了橄榄枝，极力拉拢意大利。为了报复法国，丧失了地中海优势的意大利同德国的关系开始密切起来。

但意大利和奥匈帝国有领土争端，两国素来不和。在德国的调解下，两国终于坐到了一张谈判桌上。1882 年 5 月，德国、奥匈帝国和意大利三国在维也纳签订了同盟条约。条约规定，如果意大利遭到了法国的攻击，那么德国和奥匈帝国应以全部的军事力量援助；如果德国遭到了法国的进攻，那么意大利也应以全部的军事力量进行援助。如果缔约国中的一国或两国遭到了两个或两个以上的国家（暗指法国和俄国）的进攻，那么三国要动用全部的军事力量协同作战。但意大利还有一个附加条件：如果英国进攻德国或意大利，意大利则不予援助。就这样，三国同盟正式形成。

※ 美西战争

19 世纪末，美国完成对西部的开发，走向了帝国主义时期。垄断财团对原材料的需求和寻找新的市场投资场所等，迫切要求美国向海外扩张。为建立向拉丁美洲和远东及亚洲扩张的基地，美国将矛头指向西班牙。当时的西班牙是一个已衰落的殖民帝国，在国际中处于孤立的境地。古巴、波多黎各和亚洲的菲律宾均为西班牙殖民地。美国选择西班牙，欲夺取其殖民地，用来满足其对拉丁美洲和亚洲进一步扩张的战略部署。1895 年 2 月，古巴发生反对西班牙统治的武装起义，美国借机意欲干涉，遭到西班牙的拒绝，双方矛盾激化。

美国当局加紧做好战前准备，一方面广泛地进行外交活动，一方面加强军事装备，扩建军队。为加强海军力量，美国建造了许多大型巡洋舰和战列舰。1898 年 2 月，西班牙驻美公使攻击美国总统的信件被公开，激起了美国内部反西班牙的情绪。2 月 15 日，以友好访问为名的美舰"缅因号"突然在古巴哈瓦那港爆炸沉没，造成美官兵 260 余人死亡，美国怀疑西班牙是事件的制造者。美国当局下令封锁古巴港口，并在周围海域布设水雷。4 月 24 日，被逼无奈的西班牙只好对美宣战。次日，美国对西班牙宣战，美西战争全面爆发。

美军的作战目标极为明确：依靠强大的海军力量，先突袭菲律宾的马尼拉海湾，再打击古巴的西军，从而占领拉丁美洲及亚洲的西属殖民地。

5月1日凌晨，美海军上将乔治·杜威率领舰队，凭借良好的航海技术，乘着黎明前黑暗的掩护，率领舰队突然驶进马尼拉湾。西班牙要塞哨兵发现后开炮轰击，但均未命中。美军随即进行还击，停泊在港湾的西班牙舰队在慌乱中组织反击，但有的舰船还未起锚就被击沉。要塞上的炮火虽然猛烈，命中率却低得可怜。杜威命令美舰队火力集中向西班牙的旗舰猛攻，7时许，旗舰被击沉。失去指挥的西班牙舰队更是乱作一团，只有被动挨打。中午，西班牙舰队遭到全歼，马尼拉湾被美军封锁，西班牙在太平洋的制海权落入美军手中。

马尼拉突袭成功，极大地鼓舞了美军。6月，美国打着"帮助古巴独立"的旗号，计划从圣地亚哥港登陆。此时的古巴，反西民族革命全面爆发。

为迫使西军接受海战，美军决定海军陆战队从港口东面不远的关塔那摩湾强行登陆，从陆上对圣地亚哥港形成包围之势。6月10日，600名海军陆战队队员出发。虽然关塔那摩湾防守相对较弱，但仍遭到西军的顽强阻击，美军伤亡重大。但防线最终被突破，美军成功登陆。7月1日，美陆战队先后攻占了圣地亚哥港东北部和东部的据点埃尔卡纳和圣胡安，形成了对圣地亚哥港的包围之势。7月17日，圣地亚哥守兵投降。8月12日，美军趁势攻占了波多黎各岛。8月13日，在菲律宾人民起义军的配合下，美陆军攻占了马尼拉市，西班牙在殖民地的力量被美军彻底歼灭。

1898年12月10日，双方签订《巴黎和约》，美国如愿得到了古巴、波多黎各和菲律宾，西班牙仅得到美国给付的作为割让菲律宾补偿的2000万美元。

这场战争使美国走向对外扩张，标志着美国进入帝国主义时代；开始了帝国主义重新瓜分世界领土的新时期；而西班牙对拉美及太平洋殖民地的丧失，使其从帝国主义争霸的政治舞台中退却。

※ 日俄战争

1895年中日甲午战争后，日本侵占了中国的辽东半岛、台湾和澎湖列岛，这与旨在控制中国东北的俄国产生了矛盾。俄国联合德、法出面干涉，迫使日本退出辽东半岛。日本加紧军备，制订十年扩军计划，决心以武力同沙皇再度争战。俄国在中国东北的势力也迅速扩大，到 1898 年，整个东北三省沦为俄国的势力范围。1900 年，中国爆发义和团运动，俄国借口"保护"侨民和中东铁路为名一举占领东北三省。这引起日本和英国的强烈不满，在英国的支持下，日本开始了对俄的复仇。

1903 年 8 月，日俄双方就重新瓜分中国东北和朝鲜问题进行谈判。已完成扩军备战的日本态度强硬，致使谈判破裂。1904 年 2 月 6 日，日本断绝与俄国的外交关系。8 月，日本不宣而战，海军舰队用鱼雷偷袭旅顺俄国舰队。几艘舰船被击沉后，俄舰队被迫退到港内，日军遂将旅顺港口封锁。

俄陆军司令克鲁泡特金建议主力撤出辽东半岛，在哈尔滨集结，等候俄从莫斯科来的援兵，再进行反攻，击退日本军队，解救孤军死守的旅顺俄军。但由于俄军指挥层意见分歧，于是将主力军集结点改为辽阳，然后向旅顺推进。

对于日本来说，朝鲜半岛是一条比较安全的补给线，是日本进退自如的便利基地。来自俄军的海上威胁就是驻旅顺港的俄舰队，他们足可以切断日本的海上交通，制海权对日本是极为重要的。针对这些情况，日本一面引诱俄舰队接受会战，另一方面日陆军在舰队的保护下，从仁川登陆，控制朝鲜半岛，建立稳固基地后，用 3 个军团的兵力从朝鲜湾的北岸登陆，向辽阳进军，以阻止俄南下支援旅顺。第 4 军团则围攻旅顺港，攻克后北上与前 3 个军团会合，在俄陆军增援未到前击败俄军。

5 月初，日本在朝鲜站稳脚跟，便从朝鲜湾登陆满洲。25 日，日本军攻入金州，次日，攻下南山高地，占领了大连。旅顺港完全处于日军的包围中。

旅顺港有三道防御工事，依托地势，人工构建了堡垒和碉堡，并有高压铁丝网包围，防御强度极高。日本连续发动两次总攻，均被顽强的俄军抑制住，日军损失惨重，虽也攻占了周边一些关键性的阵地，但俄军全部防御体系的总枢纽 203 高地仍控制在俄军手中。11 月 26 日，日军向 203 高地发起第三次总攻。火力轰炸连续数天，日军付出 1.1 万人的代价，终于在 12 月 5 日登上 203 高地，旅顺港内的船只从这里尽收眼底。7 日，俄舰船被全部击毁。

1905年1月4日,日军占领旅顺,俄军投降。日军按计划北上与其他军团会合,投入对俄主力的进攻。

3月10日,日军攻克奉天,俄军向哈尔滨撤退。

5月9日,俄军波罗的海舰队缓缓进入中国海域赶来支援,27日在对马海峡被日舰队全歼。对马之战的失败,使俄国国内的人民忍无可忍,大多数城市爆发革命,沙皇专制制度接近崩溃边缘。9月,俄日双方都已力竭,在美国的说合下,双方签订和约。

日俄战争使沙皇专制走向坟墓,加速了俄国革命的到来;日本从此跻身于世界强国之列。

❁ 战争阴云 ❁

　　20世纪初，欧洲各主要资本主义国家相继进入了帝国主义阶段。由于资本主义的政治、经济发展不平衡，欧洲出现了两大军事集团，双方于1914～1918年进行了一场世界大战，以协约国的胜利而告终。1919年，巴黎和会召开，建立了"凡尔赛体系"，但各国依然是矛盾重重。帝国主义战争引发了革命。1917年11月，俄国爆发十月革命，无产阶级夺取了政权。随后，在欧洲和亚洲发生了一系列革命运动。20世纪30年代后期，法西斯势力猖獗一时。1939年9月1日，德国进攻波兰，引发了第二次世界大战，英、法、苏、美、中、日等世界许多国家相继参战。1945年8月，战争结束。

※ "大棒政策"与"金元外交"

西奥多·罗斯福为人熟悉的不仅仅是因为他曾是美国总统（1901～1909年），更因为他推行的"大棒政策"。

"大棒政策"源于罗斯福在下野后的一段公开演讲，在那次演讲中，他说："我在任美国总统期间，对付他国的办法是'说话要好听点，但手里要拿着大棒'。""大棒政策"由此得名。

其实，"大棒政策"最早提出时，西奥多·罗斯福还没有当选为美国总统。1900年，罗斯福任纽约州州长，他在给朋友的一封中，有一段关于美国外交政策的话："我非常喜欢西非的一句格言：说话温和，手握大棒，将所向无阻。"从这句话就不难理解"大棒政策"的深义。

罗斯福是一位热衷政治、崇尚权力的总统，他曾说过这么一句话："和平的胜利，不如战争的胜利伟大。"不需多言，从这句话中就能看出罗斯福的秉性。

美西战争爆发前夕，当时的罗斯福任美国助理海军部长。战争爆发后，罗斯福辞去职务，与伍德组成志愿军骑兵团，在古巴圣胡安山之役中击败西班牙军，为美国的胜利奠定了基础。此后，罗斯福声名大噪，他率领过的骑兵也因此被称为"铁骑"。

就任总统后，罗斯福主张以武力为后盾，迫使拉丁美洲国家"循规蹈矩"，听命于美国，主张凭借强大的经济军事力量，积极推行向外扩张计划，特别是对加勒比海地区的侵略，这些都是罗斯福推行"大棒政策"的表现。

罗斯福曾毫不掩饰地说："任何一个美洲国家行为不端时，美国不能保证其不受惩罚。""在西半球，美国对于门罗主义的信念可能迫使美国履行国际警察力量的义务。"占领巴拿马运河区，是西奥多·罗斯福"大棒政策"的典型事例。

巴拿马原是哥伦比亚的一部分，美国曾向哥伦比亚提出要开凿巴拿马运河的要求，但遭到了哥伦比亚方面的拒绝。看到自己的开凿巴拿马运河的计划没有成功，美国遂于1903年11月支持巴拿马脱离哥伦比亚而独立，成立了巴拿马共和国。巴拿马共和国成立后不久，便与美国签订了完全按照美国的意图拟订的条约。条约规定，巴拿马将运河区16千米宽的地带交给美国永久使用、占领和控制，美国甚至有权在运河区使用警察、陆军和海军等。1914年，巴拿马运河通航后，这片运河区长期由美国控制，成为了"国中之国"，直到20世纪末巴拿马才收回了运河区的权利。罗斯福把开凿巴拿马运河看作是他任美国总统时期的最大成就，他在自传中说道："没同内阁商量，我就拿下了巴拿马。"

当然，美国推行大棒政策的地区并不限于拉丁美洲，在解决阿拉斯加与加拿大的边界纠纷中，美国同样对英国和加拿大施加了压力。1906年，罗斯福因调停日俄战争获得了诺贝尔和平奖，其实，罗斯福调停日俄战争完全是出于美国自身的利益：如果俄国战胜，将会打乱亚洲的实力平衡；日本战胜，对维持亚洲地区的正常秩序也非常不利，只有维持两国在东亚地区的均衡，美国的利益才不至于受到威胁。

1909年，塔夫脱继西奥多·罗斯福就任美国第27任总统。塔夫脱上台后，美国的对外政策开始变为"用美元代替枪弹"，即以资本输出作为对外侵略、扩张的重要手段，利用经济渗透，控制拉美各国的经济和政治，以此适应美国垄断资本主义对外扩张的需要，这种外交政策称作"金元外交"。到20世纪30年代左右，20个拉美国家中已有14个被美国资本所控制，由此可见"金元外交"的厉害。金元外交的推行，表明美国在掌握世界经济霸权的同时，力图在国际政治中占据首席地位。

无论是"金元外交"还是"大棒政策"，在美国建立霸权的道路上都起到了举足轻重的作用。

※ 萨拉热窝事件

1914年6月下旬，奥匈帝国的军队在波斯尼亚首府萨拉热窝附近举行军事演习，以支持当地的亲帝国分子，压制斯拉夫人的民族解放运动，并想以此威吓邻近波斯尼亚的塞尔维亚，企图把它也纳入奥匈帝国的版图。

6月28日，这天是个晴朗的星期天，萨拉热窝热闹非凡。原来，奥匈帝国的皇储弗朗茨·斐迪南大公夫妇要来这里访问。斐迪南是个极端军国主义分子，军事演习就是他亲自指挥的，这次访问萨拉热窝也是他计划中的一部分。

28日上午10时左右，一列豪华专车驶入萨拉热窝车站。由奥匈帝国的近百名士兵组成的仪仗队分成两队，分列在车站两侧。当斐迪南及妻子索菲女公爵坐上一辆敞篷汽车后，队伍开始缓缓向萨拉热窝市政府行进。

斐迪南心里非常清楚塞尔维亚民族对奥匈帝国的仇恨，所以这次访问他只带了这部分仪仗兵，并没有带过多的军事部队，想以此博得一些被统治民族的好感。

波斯尼亚在几年前被奥匈帝国吞并，萨拉热窝市政府为了讨好奥匈帝国的皇位继承人，把这次欢迎仪式搞得相当隆重。

此时的斐迪南夫妇正坐在敞篷汽车里，看着眼前繁华热闹的街市，不由得沾沾自喜。斐迪南从敞篷汽车里频频向路边的波斯尼亚人举手示意，时不时地露出趾高气扬的神情。路旁的人们带着愤怒，但碍于政府警察挡在前方维护，只能眼巴巴地看着斐迪南对塞尔维亚人进行挑衅。

正当斐迪南大公等人游行的时候，一批埋伏在人群里的暗杀者正欲行动。这批人属于一个军人团体，当他们听说奥匈帝国的大公要访问波斯尼亚时，便制定了一个周密的暗杀计划。当斐迪南的豪华汽车从车站出来时，7个暗杀者便混入了人群之中，并随着人流一步步地向斐迪南的汽车靠近。

虽然波斯尼亚当局在街道上派置了很多警察，但由于街上的人太多，根本无从维护，有的警察甚至躲到了角落里去闲聊，这无疑是个实行暗杀计划的好机会。

斐迪南车队缓缓地向市政厅的方向行驶着，离隐没在人群中的第一个暗杀者越来越近。这个塞尔维亚青年心跳加快，双手甚至颤抖起来。

"镇静，镇静，一定拿稳枪，整个民族的希望可就掌握在我手里了啊。"尽管他一再地安慰自己，但心跳的加快还是使他的眼神忽闪不定。正当这个暗杀者将要采取行动时，一个警察不偏不倚地走到了他的面前。

"你在这里鬼鬼祟祟地干什么？没看过奥匈帝国的大人物吗？"警察并不知道他是一个暗杀者。

"长官，我只是想临近看看，眼神不是太好，我这就回家。"第一个暗杀者不得不远离了斐迪南的车队。

车队又向前行驶，不一会儿便到了市中心，这里埋伏着第二个暗杀者。这个塞尔维亚人一刻也没有考虑，在手脚发抖之前便向行驶在车队中间的斐迪南大公的汽车扔出了一颗炸弹。炸弹偏移了方向，在斐迪南随从的车前爆炸了，碎片击伤了几个随从。车队很快逃到了市政厅门口的广场上，这里有一大批波斯尼亚警察在等候，应该不会再有危险了。

斐迪南非常愤怒，但也为自己躲过这场劫难而庆幸。

"总督先生，难道你们就是用这种方式来欢迎我的吗？"他从车上站了起来，怒视着邻座的波斯尼亚总督。

"不是的，殿下，你没发现刚才那个人是个精神病人吗？你大可以按着原计划进行访问，我保证不会再发生这样的事了。"总督唯唯诺诺地弓着腰。

"好吧，不过在这之前，我得先去医院看看我的随从。"斐迪南想以此来表现一下他的仁慈。

于是，司机调转车头，向医院方向开去。萨拉热窝市长和波斯尼亚总督又派了一大批宪兵和警察保护在斐迪南大公的汽车旁。

前面是一个十字路口，过了这个路口就是萨拉热窝市医院了。正在这时，斐迪南只听得身后的士兵惊叫起来，回过头一看，一个年轻人举枪直奔而来。

"有刺客！"斐迪南满以为逃过了一劫不会再出现危险了，哪里会料到这里还有仇恨他的人在等着他，不由得魂飞魄散，待在那里一动不动。

这个暗杀者叫加夫里洛·普林齐普，只有19岁，是这次暗杀行动中最坚决最勇敢的一个。看到在场的所有人都惊慌失措，普林齐普乘机跃到斐迪南大公车的正前方，扣动了扳机，"砰砰"两声之后，斐迪南大公夫妇都被击中要害，双双死于血泊之中。

斐迪南夫妇的被刺，给奥匈帝国制造了一个吞并塞尔维亚的借口。随即，奥匈帝国向塞尔维亚政府发出通牒，以反恐怖组织的名义，要对塞尔维亚采取军事行动。德国皇帝威廉也竭力唆使奥国向塞尔维亚全面开战。

此后，奥匈帝国正式向塞尔维亚宣战，第一次世界大战由此爆发。

※ "凡尔登绞肉机"

1916 年初，随着"施蒂芬计划"的破产，德国不敢贸然深入俄国，就将战略重点转移到法国。此时，法国军队已苦战一年半，军事力量已到极限。位于马斯交通要道上的凡尔登是法国前线中最大的交通枢纽，也是法军重要的军事要塞，德军决定在这里给法军以突然打击。这是德军新任参谋总长法金汉提出来的战略方针，他说："在这场战役中我们要让法国人把血流尽！"他认为凡尔登是法国绝不敢也不愿放弃的一个重要军事基地，对它施以攻击，法国就会向那里投入全部兵力，这样，德国才有机会使法国在军事上崩溃，从而迫使其投降。

此时的法国总司令霞飞因备战索姆河战役而无暇顾及凡尔登要塞，驻守要塞的兵力只有 4 个师 10 万人，270 门大炮。凡尔登要塞的防御工事异常坚固，由 4 道防御阵地组成，其中前 3 道是战壕、掩体、土木障碍和铁丝网等野战防御工事，第 4 道防御阵地则由永久工事和两个堡垒地带构成。

德国总参谋长法金汉意识到负责进攻凡尔登的德国皇太子不可能仅通过一次奇袭就能攻取要塞。于是法金汉准备在凡尔登与法军进行一场消耗战，用一场规模空前的炮轰，以最小的代价取得实质性的初步胜利，以挫败法军士气，进而剿杀法军的一切反攻。

1916 年 2 月 21 日早晨，法金汉调集 10 个师 27 万兵力，近千门大炮和5000 多个掷雷器，以数量和力量均压倒法军的优势分布在 12 千米长的前沿阵地上。7 时许，德国炮兵开始实施强大的炮火攻击。铺天盖地的炮弹倾泻在法军的野战防御阵地上。德国的新式武器——大口径的攻城榴弹炮将一颗颗重磅炮弹射向坚固的工事；掷雷器发射的装有 100 多磅炸药和金属碎片的榴霰弹，使法军堑壕成为平地；小口径高射炮使法军惊慌失措；喷火器把法军前沿阵地变成火海。持续了 8 个半小时，200 万发炮弹的轰炸，把要塞附近三角地带的战壕完全摧毁、森林烧光、山头削平，法军前沿完全暴露出来。炮火刚息，德军步兵便以纵深战斗队形以散兵线分梯队向法军防线冲击。虽然士气高昂的法军凭借剩余工事奋勇抵抗，击退了德军的一次次进攻，第一道阵地还是被德军占领。德军随后又进行了 4 天的轰炸，攻占了法军外围据点之一的杜奥蒙特堡，但德军的伤亡也远超过他们的预料。

杜奥蒙特的失守，使法军统帅霞飞如梦初醒，他一面命令守军不惜一切代价死守阵地，一面命令最优秀的将领贝当增援凡尔登。

贝当在马斯河左岸加强法军的炮火力量，用法国的新式武器轻机枪和 400 毫米超级重炮装备部队，重振士气。并在前沿阵地划定一条督战线，后退者格杀不论。

整个凡尔登会战成了屠杀场，枪炮、喷火器、毒气弹成了残酷的屠夫。德军的伤亡也达到了极限，前沿阵地堆满尸体。7 月份时，双方仍相持不下，德军仅前进了七八千米，但已攻下沃克斯堡。

眼看凡尔登被攻破，此时，俄军突破奥地利防线，英法联军在索姆河战役中击败德军，这迫使法金汉分兵火速去救援。

1916 年 10 月 24 日，法军开始反攻。他们采用小纵队分散指挥的战术，迅速收回了杜奥蒙特和沃克斯堡，德军被迫撤退出凡尔登。

凡尔登战役，法军几乎投入了全部军力，德军也有 44 个师加入战斗，双方伤亡人数超过 70 万人，被称为战争史上的"绞肉机"。法金汉不仅使法国流尽了血，而且也使德国把血流尽了，回国后便辞去参谋总长的职务。

凡尔登战役是第一次世界大战中具有决定性的一次战役，虽说德军达到了消耗法军的目的，但自己也遭到无法弥补的人力、物力上的巨大损失。德军士气从此低落，各条战线的困境日益加重。这次战役中，德法双方竞相使用新武器。但德军的正面突击战术并没有攻破野外堑壕等防御工事，这也更使人们认识到炮兵越来越重要。

※ 日德兰大海战

第一次世界大战期间，英国凭借着强大的海军优势对德国进行海上封锁，保护协约国的海上交通，制止德国对英国的入侵，并企图在有利的条件下与德国海军主力决战来消灭敌人。1916 年 4 月 25 日，德国海军袭击了英国的大亚茅斯和洛斯托夫特港口，英国对德国的封锁更为严密。为摆脱英国海军封锁带的困境，德国海军决心与英舰队决战。

1914 年至 1916 年初，面对英国的海军优势，德海军采取保存舰队力量，避免重大损失，同时不断制造机会削弱英舰队力量的策略。运用诱使英军部分兵力出海，集中优势力量给予沉重打击的战术，不断袭击英军，但并没有解除英国的封锁。

1916 年 5 月 30 日，英军截获了德军无线电报，破译密码后才知道德海军对英舰队有行动。原来新上任的德国大洋舰队司令冯·舍尔仍以诱敌深入的策略，意图将英舰队引至日德兰西海域，并在此设伏袭击英舰队。

英海军上将约翰·杰利科勋爵认为这是歼灭德海军主力的好机会。于是他派贝蒂率领一支诱敌舰队驶离苏格兰罗塞斯港口，自己亲率主力埋伏在奥克尼群岛斯卡帕弗洛海军基地的东南海域。

5 月 31 日，英诱敌舰队发现德诱敌舰队，双方开始了火力轰击。英舰队利用其战舰速度快而灵活的特点，急速前进。企图插入德诱敌舰队的后方，截断其后路。殊不知德海军主力尾随在其后不远的海域，英舰队陷入了德军的南北夹击之中，英诱敌舰队急发无线电报求救。

德军舰艇采用了新式全舰统一方位射击指挥系统。所有炮火一齐发射，炮弹攻击点分布范围小，精确度高，给英舰队造成了很大麻烦，两艘英舰船相继被击沉。战势对英诱敌舰队越来越不利，加上德军主力也扑了上来，英舰队急忙后撤。

危在旦夕之际，接到求救电报的英主力舰队先后赶到。德驱逐舰分别出击迎敌，英驱逐舰为保护战列舰也冲在前面，双方轻型舰展开了搏斗，英军被动局面逐渐改变。德国凭借舰船的水密结构设计和炮塔防护的坚固防御，频频向英军发起猛攻。英军也不示弱，利用航速快的优势，从容躲过德军鱼雷的攻击，并切入德舰队和赫尔戈兰湾之间，切断德军退路，对德舰队形成包围之势。

31 日深夜，英军调集大批驱逐舰和鱼雷艇对德舰队进行夜袭。为躲避英军鱼雷的攻击，德舰队全部熄灯，并不停地移动位置。在四周小艇的保护下，战列舰和驱逐舰在黑暗中向英舰队发炮。

英舰队仍陆续向日德兰海域集结援军，德国海军上将舍尔认识到，如果夜间不能突围，天明后德军会遭到毁灭性打击。于是他利用灯光和无线电密码发出突围命令，率领舰队突破英舰队炮火和鱼雷的封锁，向赫尔戈兰湾撤退，疯狂的英舰队紧追不舍。当接近赫尔戈兰湾时，前面的战舰误入水雷区，再不敢贸然向前追击，杰利科只好下令返航。

这次海战是第一次世界大战中规模最大的海战。英军损失战舰 14 艘，德国损失 11 艘。事后双方都声称自己是胜利者，但德国舰队仍被封锁在港内，英海军继续控制着北海，掌握着制海权。

日德兰海战也是历史上最大的海战之一，是大舰巨炮主义的高潮。未打破英军封锁的德国舰队不敢出海作战，名存实亡，英国进一步巩固了其在北海海域的霸主地位。这次海战也送走了铁甲舰队海战的旧时代，同时揭开了人类海战史上的新篇章。

日德兰海战使各国认识到只有注重生存力的战舰才能在海战中存活，各国军舰开始吸取德国设计的水密结构和炮塔防护等优点，研发新型海上工具武器和探索新的战术战法。日德兰海战可以说是铁甲舰队的最后一次大决战。

※ "阿芙乐尔"号的炮声

第一次世界大战爆发后，俄国爆发了第二次资产阶级民主革命，即 1917 年的二月革命。二月革命推翻了沙皇的统治，但却出现了资产阶级临时政府和士兵代表苏维埃两个政权并立的局面。资产阶级临时政府成立后，指派了一名上尉军官任"阿芙乐尔号"巡洋舰的舰长。为了防止水兵起义，临时政府加紧了对"阿芙乐尔"的监察。但是，"阿芙乐尔"巡洋舰上的领导权还是落到了布尔什维克手里，因为军舰委员会主席别雷舍夫正是布尔什维克党人。

1917年4月，列宁回到俄国，向俄国人民发表了《四月提纲》，提出了从资产阶级民主革命过渡到社会主义革命的任务。经过布尔什维克党人的宣传，革命形势在九十月份趋于成熟，革命运动空前高涨起来。

临时政府发觉了布尔什维克人的"阴谋"，便企图先发制人。同年11月2日（俄历10月20日），临时政府派士官生占领了彼得格勒最重要的据点，到处搜捕布尔什维克党的领导人，密令彼得格勒军分区司令派兵进攻革命军事委员会所在地斯莫尔尼宫。

11月5日，别雷舍夫来到斯莫尔尼宫。

"别雷舍夫，革命军事委员会有非常艰巨的任务交给你。"布尔什维克领导人之一的斯维尔德洛夫对别雷舍夫说道。

"能为俄国的革命出一份力，我感到很高兴，我保证出色地完成党交给我的任务，哪怕是付出生命。"别雷舍夫坚决地回答。

"好样的，按照列宁的指示，'阿芙乐尔'在这次革命中的任务非同寻常……"斯维尔德洛夫向别雷舍夫仔细地讲解了"阿芙乐尔"号在这次革命中的任务。

11月6日，临时政府封闭了布尔什维克党中央的机关报，形势越来越严峻。根据列宁的指示，武装起义被提前到这一天举行。别雷舍夫赶紧把"阿芙乐尔"的全舰人员集合起来，阻止喧嚷着要进城参加起义的水兵，号召大家服从革命纪律，静候革命军事委员会的命令，做好充分的战前准备。

午夜时分，别雷舍夫收到了从布尔什维克党人从斯莫尔尼宫传来的命令，要求"阿芙乐尔"号驶往尼古拉桥方向，使那里被敌人扰乱的交通得到恢复。

但是，"阿芙乐尔"舰长却对布尔什维克党人的命令百般推托，他所听命的是临时政府，怎么能听布尔什维克的命令呢？迫不得已，别雷舍夫决定单独指挥这艘军舰。

当"阿芙乐尔"号抵达尼古拉桥时，守卫大桥的士官生早已经被倒戈的巨大巡洋舰吓得逃跑了。别雷舍夫马上命令舰上的舵手们把断开的桥梁修复好。桥刚一被修好，几千赤卫队员和士兵欢呼着跨上桥面，向冬宫冲去。

到 7 日上午 9 时许，工人赤卫队和革命士兵在布尔什维克党的领导下迅速占领了彼得格勒的主要桥梁、火车站、邮电局、国家银行和政府机关等战略要地，还占领了通往冬宫的要道。临时政府总理克伦斯基乘坐美国大使馆的汽车灰溜溜地逃跑了。

"别雷舍夫同志，列宁同志要求'阿芙乐尔'号发表这份《告俄国公民书》。"快 11 时的时候，别雷舍夫接到了通讯兵拿来的一份文件。别雷舍夫一刻不敢耽搁，立即用"阿芙乐尔"号上的无线电向全世界进行了广播。《告俄国公民书》的大致内容是这样的：临时政府已经被推翻，国家政权已转到彼得格勒苏维埃革命军事委员会手中。听到广播的俄国人民热血沸腾，纷纷奔向街头，欢呼雀跃，有些甚至加入到起义的队伍中去。

下午 5 时左右，起义的工人和士兵包围了冬宫。但资产阶级临时政府不肯善罢甘休，进行着垂死挣扎，他们发出了一个又一个的求助命令，指望着能从前线调回军队，但这个希望很快就落空了，援军没有到来，起义军却捷足先登。革命军事委员会命令"阿芙乐尔"号在 9 点 45 分时发射空弹信号，那是革命军事委员会对临时政府发出通牒的最后期限。

9 时 45 分，传来了临时政府拒绝投降的消息，别雷舍夫命令"阿芙乐尔"号巡洋舰以空炮射击，发出了开始向冬宫总攻的信号。

第二天凌晨，冬宫被赤卫队革命士兵攻占，临时政府的 16 名部长全部被抓获，十月革命获得了成功。

※ 车厢里的停战协定

当第一次世界大战进入第三个年头时，无论是同盟国方面还是协约国方面，都已经处于非常困难的境地了。在凡尔登战役之后，德、奥两国深感力量不足。1916 年底，德奥集团在各条战线上连连战败，只能采取守势。德国的"无限制潜艇战"虽然为德奥扳回了些胜利的希望，但是却招来了美国的参战，使德国速战速决的希望又泡了汤。美国参战后，派遣军队开赴欧洲战场，牵制了德国很大一部分的兵力。

1917 年，俄国成立了苏维埃共和国。不久，列宁便向参加第一次世界大战的各交战国提出了不割地、不赔款的和平建议。列宁的建议遭到了英、法等国的拒绝，而德国竟欣然同意与俄国举行和平谈判。难道德国真的想就此停战吗？不是的，德国只不过是想通过与俄国的停战来减轻压力，以集中兵力对付英、法等国，再者，德国想迫使还没有巩固的苏维埃政权接受屈辱的和约，从中捞取好处。1918 年 3 月 3 日，德国与苏维埃共和国签订了《布列斯特和约》，俄国退出了帝国主义战争。

德国虽然减轻了东线的压力，但是，德国国内人民的反战运动却给德国统治者带来了更大的压力。1918 年 3 月 7 日，德国统治者决定在西线发动最后攻势，虽然取得了一些进展，却未能取得决定性胜利。7 月，协约国联军在美国大量物资的援助下，开始向德军进行反击。9 月，英法美联军突破了兴登堡防线。10 月下旬，奥匈帝国瓦解，捷克斯洛伐克和匈牙利宣布独立。

为了在战后国际政治中处于领导地位，也为了限制英、法，美国总统威尔逊在 1918 年 1 月 8 日的国会中发表演说，提出公开外交、海上自由、贸易自由、裁减军备、民族自决、成立国际联合机构等被称为"世界和平纲领"的"十四点"要求，呼吁德国政府投降。

内外交困的德国政府不得以进行了政府改组。10 月，德国新任首相巴登亲王马克斯请求与协约国签订停战协定。11 月 4 日，德国基尔爆发了水兵起义，起义军占领了基尔、汉堡、不来梅等重要城市。在基尔水兵起义的带动下，德国各地掀起了革命风潮，资产阶级政权摇摇欲坠，这更加坚定了资产阶级想要与协约国谈判的决心。

11 月 7 日的傍晚，一辆汽车越过德法两军交战阵地向法国方向行驶，这辆汽车上插着白旗，车里坐着以德国外交大臣为首的代表团，他们正去协约国联军司令部请求和谈。

次日，汽车到达了巴黎东北贡比涅森林的雷通车站，此时，联军总司令福煦乘坐的火车也正好路过雷通车站。为了更有利于谈判，德国外交大臣登上车厢会见福煦。

"尊敬的福煦将军，很高兴在这里提前见到您。"德国外交大臣满脸堆笑地迎上前去。

福煦见到敌方的官员如此卑躬屈膝，竟然没一点反应："谈判的时间还没到，你们来见我干什么？"

面对福煦的质问，德国外交大臣脸上显出一丝惊恐："噢，是这样的，我们希望听听您对停战提出的建议。"

"建议？好啊，你们拿去看看吧，这里写得很清楚，如果你们想议和的话，3 天后在这里签字就可以了，其实，我们很愿意继续打下去的。"福煦一边说着，一边拿出一份早已写好停战条件的文件。

德国外交大臣接过一看，顿时傻了眼，那是多么苛刻的条件啊，其中包括：德军 14 天内撤出占领的法国、比利时、卢森堡的领土，甚至连德国莱茵河东西各 30 千米的领土都交由联军管理。如果在稍早一些时候，德国绝对不会答应这样的条件，但今非昔比，国内的革命形势正在进一步扩大，如果不签订这一协定，德国政府将会很快走下历史舞台。左右衡量之后，德国政府决定签订这一协定。

11 月 11 日，德国政府代表埃尔茨贝格尔走上福煦乘坐的火车，与福煦签订了《贡比涅森林停战协定》。6 小时后，双方停火，第一次世界大战结束。

※ 巴黎分赃会议

1919 年 1 月 18 日，巴黎和会——一场分赃的丑剧——在法国巴黎附近的凡尔赛宫镜厅内举行。

"法国是这次战争最大的受害者，所以我们理所当然地应该拿更多的战利品。"法国总理克列孟梭对表现出不满的其他国代表说道。

"但我们英国为这次战争出的力可不比你们法国少啊。"英国首相劳合·乔治站了起来，几乎是怒视着克列孟梭。虽然战后的法国已不如前，但大部分国家的代表还是慑于法国的力量，只有英国敢与之争锋。

克列孟梭虽然已经快 80 岁，但他"老虎总理"的作风依然不减当年，他怎么能让德国巨额的赔款外落到他国之手呢？

"你们英国一直都是在我们法国土地上作战，你们本土损失了多少呢？而你瞧瞧我们的国土，遍体鳞伤……"克列孟梭激动得似乎有些说不下去了。

劳合·乔治也不甘示弱："可我们只要赔款的 30% 啊，这不过分吧，如果没有英国，法国单枪匹马能战胜德国吗？"

正当英、法两方争得不可开交的时候，美国总统威尔逊出来打圆场："我们美国可是一分钱也不要，我们的那一份就分给其他国家吧。依我看，你们两国互相让一点儿。你们看这样行不行，法国得 56%，英国得 28%，利益均沾嘛。"

在美国的调停下，德国赔款的 7.14 亿美元被瓜分完毕。

克列孟梭见在赔款方面没有占到太多便宜，便又把目光转向割地上，他指着地图："阿尔萨斯本来就是法国的，但我们希望以莱茵河为法德边界，阿尔萨斯旁边的萨尔区归法国所有。"

"绝对不行。"威尔逊与劳合·乔治异口同声地嚷道。如果把萨尔区割让给法国，法国无疑就是欧洲的霸主了，萨尔区可是重要的军事工业区啊。

"难道你不知道德国的反战情绪正在高涨吗？难道你愿意看到德国也像俄国一样建立起苏维埃吗？"劳合·乔治警告克列孟梭。

"随便你们怎么说，如果不给法国萨尔，我们将退出和会。"克列孟梭像一只野兽一样咆哮着。

但是，威尔逊与劳合·乔治丝毫没有退让。最后，法国只好同意暂时把萨尔区交给国际联盟代管。此外，巴黎和会还要求德国在莱茵河以东 50 千米不准驻军，莱茵河以西由联军占领 15 年，同时，德国只能保留 10 万陆军，禁止生产军用飞机、重炮、坦克和潜艇等武器，等等。

在巴黎和会上，除了对德国的苛刻处置和勒索外，还包括其他几项议程，其中就有扼杀新生的苏维埃俄国和筹组国际联盟。

根据美国总统威尔逊的提议，和会决定对苏俄实行经济封锁，保留德国在东线的军队，并对反苏武装进行干涉。威尔逊还竭力主张建立一个"国际联盟"。

等惩罚德国的协议都准备好时，和会已经开到了 5 月份。5 月 7 日，德国代表终于被召进会场，这个主要围绕德国问题召开的和会，德国竟然没有一点发言的权利，不能不说是一种讽刺。

"这就是我们拟定的各份协议，你们必须在这份文件上签字。"克列孟梭指着分赃条约草案对德国代表说。

"为什么非得要我们承认德国是战争的唯一祸首呢？这是不公平的，我怎能在这种文件上签字呢？"德国代表看到条约上苛刻的条件后站起来申诉。

但是，作为战败国，在英、法、美等国的一再威胁下，德国代表最终还是在和约上签了字。

6 月 28 日，战胜国也在和约上签了字。作为战胜国的中国，因和会没能解决山东问题而拒绝签字。

巴黎和会表面上是协约国对同盟国制订和约，实际上却是英、法、美和日本等国借以从战败国中夺取领土、殖民地和榨取大量赔款的分赃会议。这次会议并没有解决帝国主义之间的矛盾，反而为第二次世界大战埋下了复仇的种子。

※ "非暴力不合作运动"

印度的"非暴力不合作运动"有 3 次，第一次发生在 1920 ～ 1922 年，第二次发生在 1930 ～ 1934 年，第三次发生在 1942 年。

第一次世界大战期间，印度人民同英殖民统治者间的民族矛盾日益激化。战后，为缓和印度人民的反抗情绪，巩固殖民统治地位，英国殖民当局采取了镇压与怀柔两手政策。1918 年 7 月，英国通过了《孟太古—蔡姆斯福改革方案》，次年 3 月又颁布了《罗拉特法案》。英国殖民当局以为印度人会屈辱接受，谁料到《罗拉特法案》刚一出台，就激起了印度人民的强烈反对，各地集会、示威和罢工活动连续不断。

这一时期，领导国大党的是莫汉达斯·卡尔姆昌德·甘地。

甘地在英国受过高等教育，曾经因为在国外领导印度侨民反对种族歧视而享有盛名。回到国内后，甘地看到印度的革命情形，认为印度必须独立。甘地虽然有进步的思想，但他却主张必须以和平方式进行反英斗争，这种斗争方式被称为"非暴力不合作运动"。"不合作"的内容包括：印度人辞去英国殖民者授予的公职，学生退出英办学校，提倡国货，抵制英货，使用土布等等。非暴力不合作运动得到了印度各阶层人民的广泛响应。1921 年，国大党领导的不合作运动同工农运动交织在一起，形成了民族斗争的高潮。

1922 年 2 月 4 日，印度联合省曹里曹拉村农民突破了非暴力的限制，烧毁警察所，破坏铁路，并杀死向群众开枪的警察。曹里曹拉事件突破了甘地非暴力不合作运动范畴，被甘地认为是"不道德行为"。2 月 11 日，国大党在巴多利召开紧急会议，通过了在全国无限期地停止不合作运动的决议，第一次非暴力不合作运动宣告失败。

从 1929 年开始，资本主义经济危机在世界范围内爆发，英国为了减少经济危机带来的损失，加紧了对殖民地的掠夺，印度人民反英斗争重新高涨起来。1929 年 12 月，国大党通过了"争取印度完全独立"的决议，当甘地向印度总督提出这一要求后，遭到了严厉拒绝。1930 年，英国殖民当局为了加紧对印度人民的剥削，制定了《食盐专营法》，严格控制食盐生产，这一法律的实施更加引起了印度人民的不满。

1930 年 3 月的一天，甘地带领 78 名印度人在印度西北部阿默达巴德城的修道院门前，对着大海的方向宣誓。

"英国人竟然以'食盐专营法'来逼迫我们，如果他们不加以修改，我们将离开这里。"甘地情绪激昂地说。

"我们宣誓，我们宣誓……"其他的人纷纷响应。

这就是历史上著名的"食盐进军"运动。甘地带领这些人从阿默达巴德出发，徒步行走，沿路号召人民参加"非暴力不合作运动"。4 月初，甘地一行人到达丹地海滨。这时候，跟随甘地的队伍已经有了上千人。当天晚上，这上千人的队伍开始绝食祈祷，第二天上午，甘地又带领这些人到海边取海水煮盐。从这天起,甘地每天都带领这些人到海边煮盐,一直坚持了3个星期。

"食盐进军"点燃了全印抗英斗争的浪潮,标志着第二次非暴力不合作运动开始。

和第一次非暴力不合作运动一样,甘地极力主张把群众运动限定在和平范围内,但是,英国殖民当局并不讲什么"非暴力",他们逮捕甘地和国大党的其他领导人,并下令取缔国大党。英国殖民当局的这些做法使印度人民再一次冲破了非暴力的限制,示威游行、罢工、抗税斗争不断发生,有的地方还爆发了武装起义。

印度人民掀起的革命风暴把英国人吓坏了,他们急忙到监狱与甘地会谈,撤销了取缔国大党的命令,想以此来平息印度人民的斗争烈火。1931年3月,受英国殖民当局蒙骗的甘地与英国驻印度总督欧文签订了《甘地—欧文协定》。此后,印度的群众斗争转向低谷。1934年5月,国大党再一次宣布无条件终止不合作运动。第二次非暴力不合作运动失败了。第三次非暴力不合作运动爆发于1942年,可惜还没有发展起来就流产了。

※ 华盛顿会议

"废除英日同盟?我看没有那个必要吧,不如美国也参加到这个同盟中来,以三边协定来代替英日同盟。"英国外交大臣贝尔福带有商量的语气对美国国务卿休斯说。

休斯的口气更是毋庸置疑:"我反对这个建议,如果法国也能加入到这个协议中来,我将对这一建议予以考虑。"

"好吧,希望这一同盟能改变各国之间的关系。"贝尔福拿起笔,在四国协定上签了字。

这一幕发生在1921年11月12日召开的华盛顿会议上,其实,英日同盟问题并没有被列入大会议程,但是,迅速崛起的美国很想通过调整列强在远东的相互关系来加强自己的地位。同时,英、日也畏惧于美国雄厚的军事实力,就这样,美、英、法日四国签订了同盟条约。

　　美国是这次华盛顿会议的发起者，第一次世界大战结束后，各帝国主义国家掀起了一场海军军备竞赛，其中以美、英、日最为突出。美国仰仗急速膨胀的工业和金融实力，向海上霸主英国发出了挑战，当时的美国海军部长丹尼尔斯曾宣称将在几年时间里建成一支世界上最强最优秀的海军。而美国如果要与老牌的英国和后起之秀日本争锋，就必须限制他国的海军军备，于是，以此为主要议题的华盛顿会议召开了。这次会议适应了各国人民要求裁军的呼声，为美国赢得了"捍卫和平"的美名，同时，还使美国在限制各方的过程中争夺自己的利益。

　　在讨论限制海军军备问题时，与会各国争执不休。

　　"我们不能再进行无止境的军备竞赛了，我提议，英、美、日主力军舰吨位比例为 10 ∶ 10 ∶ 6，你们觉得怎么样？"休斯又提出了他的建议。

　　贝尔福从座位上站起，面红耳赤："坚决反对，大英帝国一直是海上霸主，号称'日不落帝国'，怎么能随便把海上的霸权拱手相让呢？"

　　休斯干笑了两声："海上的安全是离不开强大的美国的。我们拥有足够的经济和军事实力来防御海洋，如果诸位不同意我的建议的话，就请继续军备竞赛吧，我国将奉陪到底。"

　　法国外长白里安也有点沉不住气了："你们想把法国排除在外吗？我们可也是为世界和平出了不少力啊。"

　　日本海军大臣加藤友三郎更是嚣张："我坚持美、英、日三国主力舰吨位比例为 10 ∶ 10 ∶ 7。"

　　"好啊，如果日本坚持这种比例，那么，日本每造一艘军舰，美国就造4 艘。"休斯威胁道。

　　最后，经过激烈的争吵，美、英、日、法、意签订了《限制海军军备条约》，规定 5 国海军主力舰吨位的比例为 5 ∶ 5 ∶ 3 ∶ 1.75 ∶ 1.75。美国取得了与英国相等的制海权，从此美、英两国并驾齐驱。

　　在限制潜水艇问题上 5 国更是吵得一团糟。英、美拥有大量商船，由于在一战中深受潜水战之苦，所以主张完全销毁潜水艇，在限制军备竞赛中没有占上风的法国却坚决反对。所以华盛顿会议并没有就潜水艇问题达成协议。

中国问题也是这次会议的一项重要议题。出席华盛顿会议的中国代表慑于中国人民反帝斗争的压力，在会上提出了一系列正当要求，如取消凡尔赛条约中关于山东的条款，日本放弃"二十一条"，撤销列强在中国的治外法权和"势力范围"，等等。而日本企图把中日之间的各种问题一笔勾销，提出华盛顿会议只限于一般问题的讨论，想把中日之间的这些具体问题留到会外与中国代表"直接交涉"。美、英为了打击日本在华势力，支持中国收回山东。迫于形势，日本不得不将山东的主权退还给中国。

1922年2月6日，与会代表签订了《九国公约》，这个公约表面上宣称尊重中国的主权和独立及领土与行政的完整，实际上只是打破了日本独占中国的局面，使中国又回到了列强共同宰割的局面中。

华盛顿会议是巴黎和会的继续和发展，建立了帝国主义重新瓜分世界的新秩序。

※ 罗斯福新政

1929年10月24日，美国纽约证券交易所的股票指数开盘后便一路狂跌，尽管股民们发疯似的抛售各种股票，但还是有无数的股民顷刻间倾家荡产。这一天，有1300多万股票易手，创美国历史上的最高纪录。突然发生的这一切又有谁会想到呢？在这之前的几个月里，美国通用汽车公司、钢铁公司的股票都有过大幅度的上升。就在前一个月，美国财政部长还信誓旦旦地向公众保证"这一繁荣的景象还将继续下去"。但是，一夜之间，股票从顶巅跌入深渊，而且一跌再跌。10月24日是星期四，所以这一天被称为"黑色星期四"。

纽约股票市场的崩溃宣告了一场席卷资本主义世界的经济危机的到来。第一次世界大战后，美国聚集了大量财富，但它并没有能逃离经济危机的泥沼，以前蒸蒸日上的繁荣景象逐步被存货如山、工人失业、商店关门的凄凉景象所代替，千百万美国人多年的辛苦积蓄付诸东流：8万多家企业破产，5000多家银行倒闭，失业人数由150万猛升到1700多万，大量的牛奶倒入大海，粮食、棉花当众焚毁。

富兰克林·罗斯福就是在这种情况下当选为美国第 32 届总统，取代了焦头烂额的胡佛。富兰克林·罗斯福是西奥多·罗斯福的侄子，40 岁时患脊髓灰质炎造成下肢瘫痪，成了一个残疾人。但是，罗斯福并没有被残酷的命运吓倒，正如他在总统就职演说时说的那样："我们唯一恐惧的只是恐惧本身，一种丧失理智的、毫无道理的恐惧心理……"

面对这场严重的经济危机，罗斯福决心领导美国人冲出低谷。他针对当时的实际情况，顺应广大人民群众的意志，大刀阔斧地实施了一系列旨在克服危机的政策措施。

由于经济危机是由金融危机触发的，所以罗斯福决定从整顿金融入手。1932 年 3 月 6 日，罗斯福发布总统令，要求国会于 3 月 9 日举行特别会议审议《紧急银行法》，3 月 9 日，国会通过《紧急银行法》，决定立即关闭所有的银行。罗斯福的这一行动犹如"黑沉沉的天空中出现的一道闪电"，对收拾残局、稳定人心起到了巨大作用。美国历史上的罗斯福新政轰轰烈烈地开始了。

在整顿银行的同时，罗斯福还采取了加强美国对外经济地位的行动。

1933 年 3 月 10 日，罗斯福宣布停止黄金的对外出口，禁止私人储存黄金和黄金证券，禁止使用美钞兑换黄金，废除以黄金偿付公私债务。这些措施，对稳定局势、疏导经济生活的血液循环产生了重要的作用。

在农业方面，政府与农场主签订减耕合同，限制农作物种植面积和农产品产量，维持农产品价格，避免农场主破产。

在工业方面，政府颁布《全国工业复兴法》，要求资本家们遵守"公平竞争"的规则，规定工人最高工时和最低工资，订出各企业生产的规模、价格、销售范围，以便限制垄断，减少和缓和了紧张的阶级矛盾。

新政的另一项重要内容是救济工作。1933 年 5 月，国会通过《联邦紧急救济法》，成立联邦紧急救济署，合理划分联邦政府和各州之间的救济款使用比例，制定优惠政策鼓励地方政府用来直接救济贫民和失业者，给失业者提供从事公共事业的机会。到第二次世界大战前夕，美国政府支出的种种工程费用及数目较小的直接救济费用达 180 亿美元，修建的飞机场、运动场、学校、医院等更是不计其数，是迄今为止美国政府承担执行的最宏大、最成功的救济计划。

正是在罗斯福的带领下，美国人民才度过了 20 世纪 30 年代那段最为严重的经济危机，为美国投入第二次世界大战及战后的快速崛起奠定了坚实的基础，因此罗斯福也成为继亚伯拉罕·林肯以来最受美国和世界公众欢迎的总统。1936 年，罗斯福以压倒多数的票数再度当选为美国总统，1940 年、1944 年又两次击败竞争对手，成为美国历史上唯一一位连任四届的总统。

※ 绥靖政策

绥靖政策也称姑息政策，是一种对侵略不加抵制、姑息纵容、退让屈服，以牺牲别国为代价，同侵略者勾结和妥协的政策。第一次世界大战后，各国人民革命的兴起和社会主义苏联的出现，引起了西方帝国主义国家的恐惧和仇视。他们在争夺世界霸权的斗争中，既想削弱和击败竞争对手，又想联合起来反对社会主义、镇压人民革命，这一矛盾心理处处都能得到体现。

1929～1933 年的世界经济大危机使各帝国主义实力此消彼长，英、法雄霸欧洲的局面一去不复返。随着德国法西斯的崛起，英法两国已经丧失了协调欧洲格局的外交主动权。1934 年 10 月，法国强硬外交的代表人物——法国外交部长巴尔都在马赛遇刺身亡，标志着法国绥靖政策的开始。而在英国，张伯伦则是这一政策的代表人物。

张伯伦于 1937 年 5 月 28 日出任英国首相，当时正是法西斯国家疯狂扩张的时候，国际环境恶劣。张伯伦自知英国已无力改变国际形势，便决定发展其前任麦克唐纳和鲍尔温一贯推行的绥靖政策。

20 世纪 30 年代以前，英、法、美的绥靖政策主要表现为扶植战败的德国、支持日本充当防范苏联的屏障和镇压人民革命的打手。从凡尔赛—华盛顿体系和道威斯计划、杨格计划、《洛迦诺公约》中都能找到绥靖政策的影子。1937 年的经济危机再一次给英国造成了经济困境和社会动荡，与此同时，苏联正逐渐强大起来，时刻威胁着英、法等大国的利益。英、法一直希望能找到一种能遏制苏联的势力。

面对德国希特勒的强硬，张伯伦企图以退让来稳定形势，以便重整军备来确保英国在欧洲乃至整个世界的霸权地位。以丘吉尔为代表的少数人反对张伯伦这种一面寻求妥协，一面重整军备的双重政策，但遭到了张伯伦的排斥。

在张伯伦的积极"努力"下，英国制定了"欧洲总解决的绥靖政策总计划"，并派大臣哈利法克斯伯爵于 1937 年 11 月 17 日访德，向希特勒详细介绍了英国的政策，以使希特勒进攻苏联有恃无恐，妄图早日把祸水引向苏联，坐收渔翁之利。张伯伦政府还承认了意大利对埃塞俄比亚的侵占，并与法、美一起对西班牙内战实行"不干涉政策"。1937 年，英、法、美对日本发动全面侵华战争视而不见，在此后的太平洋国际会议上，阴谋出卖中国，同日本妥协。

1938 年 3 月，德军开进奥地利，张伯伦政府给予了默许。当希特勒挑起捷克境内的苏台德危机时，英国虽象征性地对德施加了压力，但依然没有放弃既定的绥靖政策。而慕尼黑会议和《慕尼黑协定》则是绥靖政策最典型的体现。1938 年 9 月 29 日，英、法、德、意四国首脑在慕尼黑举行会议，四国正式签订了《关于捷克斯洛伐克割让苏台德领土给德国的协定》，即《慕尼黑协定》。会上，英、德还签订了《英德互不侵犯宣言》。捷克政府在德国的军事威胁和英、法、意的压力下，被迫接受了这个协定。英、法及幕后支持的美国，妄图以牺牲捷克斯洛伐克为代价，来求得"一代人的和平"，并将"祸水东引"。但事与愿违，绥靖政策不但没有给欧洲带来张伯伦所谓的"和平新时代"，反而加速了战争的到来。当希特勒以闪电战占领捷克斯洛伐克时，张伯伦开始有些坐不住了，他一边威胁德国，一边与德国进行秘密谈判，毫无意义的谈判更加坚定了希特勒发动战争的决心。

第二次世界大战爆发后，西线出现了"奇怪战争"，英、法的"不战不和"战略使希特勒在侵略欧洲小国时忘乎所以，野心越来越大，以至于最后直取法国，进逼英国。

历史证明，绥靖政策不但无法满足法西斯国家的侵略野心，反而加速了第二次世界大战的爆发。

※ 二二六兵变

当希特勒在德国建立起法西斯专政，并形成世界大战的欧洲策源地的时候，亚洲日本的法西斯势力也开始蠢蠢欲动。

在第一次世界大战中，日本和美国一样大发战争财，战后成为债权国，就经济形势这一点来说，要比德国好得多。但日本走上资本主义道路比较晚，原有的经济基础比较薄弱，在政府的大力推动下，日本才得以走向帝国主义阶段。同时，由于日本是个岛国，国土范围比较小，所以经济的发展有着先天性的缺陷：国内市场狭小，资源极度贫乏，必须依赖海外的原材料市场和商品市场才能维持生存。因此，经济危机的爆发和世界各国提高关税，对日本来说是个沉重的打击。为了转嫁经济危机，日本资本家大量裁减工人，降低工人工资，使日本国内的阶级矛盾日趋尖锐，经济危机逐渐演变成了政治危机。

1929 年底和 1930 年 4 月，东京的电车和公共汽车工人举行大罢工，与之相呼应，大阪、横滨的电车、公共汽车工人与资本家发生了劳资纠纷。据统计，1931 年日本国内的罢工次数比 1928 年增加了 1.5 倍。在这种情况下，日本统治阶级惶恐不安，亟须建立强权政治。

日本军部是日本统治集团内部庞大的军事官僚机构，它独立于政府、议会之外，包括政府中的陆军省、海军省、陆军最高指挥参谋本部、海军最高指挥军令部等部门。日本法西斯要求在日本天皇的名义下建立法西斯独裁政权，实行对外侵略扩张。1931 年，在日本军部的策划下，爆发"九一八"事变，日本霸占中国东北，随后便进一步向中国内陆渗透。

和德、意法西斯一样，日本法西斯也公开反共，并在"防止赤化"的口号下，摧残一切进步力量。此外，还制造了一连串暗杀事件，对那些政见不合的统治集团中的个别首脑进行暗杀。于是，日本一步步走上了对内独裁、对外扩张的道路。

1936 年 2 月 26 日凌晨，日本东京一片沸腾，一队士兵组成的队伍浩浩荡荡地向日本政府首脑的官邸行进。这些士兵一边走，一边挥动着手里的大字标语，高喊口号，路旁看热闹的群众不知道发生了什么事，被手中端着枪的士兵们吓坏了，忙躲进角落里，大气都不敢出。

这次兵变约有 1400 名士兵参加，由皇道派军官安藤辉三、村中孝次和栗原安秀等率领。在皇道派军官的鼓动下，士兵们冲入政府首脑官邸，杀死内阁大臣斋藤实、大藏大臣高桥是清和教育总监渡边锭太郎，占领陆军省、参谋本部、国会和总理大臣官邸、警视厅及附近地区，要求任命荒木贞夫为关东军司令官，并罢免统制派军官。

为了平息皇道派军官的叛乱，日本陆军当局颁布《戒严令》。2 月 29 日，日本陆军部下达镇压命令，大部分叛军头目被逮捕，参加叛乱的士兵被迫回到各自的营房。

"二二六"兵变虽然因为军阀集团的内讧而未能得逞，但却使得原内阁辞职，使老牌法西斯分子广田弘毅上台组阁。广田弘毅上台后，首先恢复了军部大臣的现役武官制，规定内阁中陆、海军大臣必须由现役中将级以上的军人担任，以加强军部左右日本政局的能力。广田弘毅还以镇压叛乱、稳定时局为名，对内禁止工人罢工，限制人民的各种自由，并加紧对舆论及宣传机关的控制和收集情报的活动。此外，广田弘毅还制订了《基本国策纲要》，公开表明，不仅要继续扩大侵华战争，而且还要对亚洲、太平洋地区其他国家进行侵略扩张。与这一国策相适应，日本加紧了扩军备战，陆军提出了 6 年内增建 41 个师团、142 个航空中队的计划，海军提出了 5 年内增建各种军舰 66 艘的计划。

这样，以广田弘毅上台组阁为标志，天皇和军部为核心的法西斯专政在日本建立起来了，世界大战的亚洲策源地就此形成。

※ 慕尼黑阴谋

1938 年初，希特勒吞并了奥地利以后，把侵略矛头指向了捷克斯洛伐克。希特勒的计划是，先占领德捷边境的苏台德区，然后再吞并整个捷克斯洛伐克。一旦德军占领了捷克斯洛伐克，欧洲的大门就等于敞开了：向东既可以进攻苏联，向西又可以进攻英、法。

苏台德区虽然属捷克领土，但却居住着250万日耳曼人。希特勒上台后，极力鼓吹日耳曼人是优等民族，并拉拢苏台德地区的日耳曼人，通过他的代理人、被称为"小希特勒"的汉莱因组织了一个苏台德日耳曼人党。在希特勒的授意下，汉莱因在捷克斯洛伐克不断制造事端，要求苏台德区"自治"，以摆脱捷克斯洛伐克的统治，其实，希特勒是想以这种方式把苏台德区并入德国。捷克斯洛伐克政府早已经看出了希特勒的诡计，断然拒绝了汉莱因要求"自治"的要求。希特勒大肆叫嚣要对捷克发动战争，并向边境调集军队。

英、法两国一直对社会主义国家苏联的建立耿耿于怀。当看到德国法西斯壮大起来后，他们一直希望把德国这股祸水引向苏联。当开始注意到德国明目张胆地侵略他们的盟国捷克斯洛伐克时，感到非常不安：一旦德国侵略捷克，根据英、法与捷克订定的盟约，英、法也必须对德宣战。法国首相达拉第是个害怕战争的人，当德军集结在德捷边境时，达拉第就打电话给英国首相张伯伦，让张伯伦马上去与希特勒谈判，以"尽可能取得最好的效果"。其实，张伯伦也不希望爆发战争，于是，他冒雨赶到慕尼黑。

希特勒与张伯伦谈判时，希特勒口若悬河，根本不给张伯伦插话的机会。

"依德军的能力是绝对能拿下苏台德区的，但考虑到邻国的感受，我们才迟迟没有动手，谁知捷克政府反倒认为我们不敢发动战争。本来我们只是支持苏台德区自治，现在看来已不只是自治的问题，而是把这一地区割让给德国的问题了，不知首相大人有没有决定权，捷克政府是否已答应把苏台德区割让给德国呢？"

希特勒的这个问题并没有出乎张伯伦的意料。在来慕尼黑之前，达拉第早就向他表达了法国的意思：同意牺牲捷克的利益来换取法国的安宁。

"我个人的意思是同意苏台德区脱离捷克，但这还需要回国后做进一步的商议，我相信我的同事们也会支持我的想法的。"张伯伦回答道。

9月22日，张伯伦带着装有英法两国方案的公文包再一次来到了慕尼黑，他向希特勒转交了捷克政府签订的把苏台德区割让给德国的协议。这次的谈判出乎张伯伦的意料，希特勒已不再满足获得一个苏台德区。

"由于形势的发展，苏台德区对我来说已经没有多大用处了，我希望每一个说德语的国家都能回归德国。"

张伯伦顿时慌了手脚，但看到希特勒一副高高在上的样子，知道自己再怎么哀求也无济于事，于是只好返回英国。

9月29日，张伯伦第三次来到慕尼黑，参加英、法、德、意四国会谈。当天夜里，张伯伦、达拉第、希特勒、墨索里尼在慕尼黑的"元首宫"里举行会谈。四国于第二天凌晨签订了《慕尼黑协定》，根据协定，捷克斯洛伐克必须在从10月1日开始的10天内，把苏台德区及其附属的一切设备无偿交给德国。

在签订《慕尼黑协定》之后，张伯伦又同希特勒签订了《英德声明》，宣布"彼此不进行战争"，"要共同维护世界和平"。正是英法两国这种姑息养奸的绥靖政策使得法西斯的贪欲越来越强，从侧面加速了第二次世界大战爆发的步伐。

※ 闪击波兰

作为欧洲交通枢纽的波兰，一直以来，法西斯德国对其垂涎三尺，因为占领波兰，不但能获得大量的军事经济资源，还能消除进攻英、法的后顾之忧，并建立起袭击苏联的基地。这对于法西斯德国来说，实际是在战略地位上得到了改善。于是，在吞并奥地利和捷克斯洛伐克后，德国便把波兰定为下一步的侵略目标。

1939年3月21日，德国先向波兰提出了一系列无理要求——把但泽"归还"给德国，并将在"波兰走廊"建筑公路、铁路的权利也转让给德国，这遭到了波兰政府的拒绝。与此同时，英、法两国表态支持波兰，波兰态度更加坚决。见此情形，1939年4月3日，希特勒命令德国部队于9月1日前完成对波兰作战的准备工作。希特勒在代号为"白色方案"的秘密指令中强调："一切努力和准备工作，必须集中于发动巨大的突然袭击"。

为了赢得德国民众的支持，在闪击波兰前，希特勒政府先在报纸、广播中大肆鼓噪，为德国侵略波兰制造借口：波兰扰乱了欧洲和平，以武装入侵威胁德国。《柏林日报》的大字标题警告："当心波兰！"《领袖日报》的标题："华沙扬言将轰炸但泽——极端疯狂的波兰人发动了令人难以置信的挑衅！"甚至"波兰军队推进到德国边境！""波兰全境处于战争狂热中！"等惊人的头条特大通栏标题出现在德国各大报纸上，给公众造成波兰即将进攻德国的错觉。

为了闪击成功，德国还做了另一项准备，即于 8 月 23 日与苏联签订了《苏德互不侵犯条约》，并达成了共同瓜分波兰的秘密议定书。希特勒此举目的非常明显，位于欧洲中部的德国是万不敢同时在东线和西线展开军事打击的。

一切准备停当，再无后顾之忧，希特勒下令于 26 日凌晨 4 时 30 分对波兰发起攻击。但在前一天夜里希特勒又取消了攻击令，原来英、波两国于 25 日正式签订了互助协定，而意大利拒绝站在德国一边参加战争。希特勒之所以收回进攻令，是要对局势进行重新考虑。

想不出什么好对策的希特勒决心破釜沉舟，于 8 月 31 日下达了"第一号作战指令"，命令德军于 9 月 1 日凌晨发起攻击。

1939 年 8 月 31 日晚，希特勒派遣一支身穿波兰军装的德国党卫军，冒充波军，袭击了德国边境的格莱维茨电台，在广播里用波兰语辱骂德国，并丢下几具穿波兰军服、实际上是德国囚犯的尸体。接着，全德各电台都广播了"德国遭到了波兰突然袭击"的消息。

1939 年 9 月 1 日凌晨 4 时 45 分，德军轰炸机群向波兰境内飞去，波兰的部队、军火库、机场、铁路、公路和桥梁立即遭到毁灭性的打击。几分钟后，德陆军万炮齐鸣，炮弹呼啸着穿过德波边境倾泻到波军阵地上。1 小时后，德军地面部队发起了全线进攻，从北、西、西南三面一起向波军开进。与此同时，在但泽港外的德国战舰"霍尔斯坦"号撕去友好访问的伪装也向波军基地开炮。

对于德国的闪击，波军基本上没什么准备，部队陷入一片混乱。德军趁势以装甲部队和摩托化部队为前导，很快从几个主要地段突破了波军防线。

上午 10 时，希特勒兴奋地向国会宣布，帝国军队已攻入波兰。

而此时的波军统帅部却表现出了过分的自信，他们一方面认为自己有足够的实力对抗德国，一方面认为在关键时刻肯定会得到英、法的援助，于是，便把部队全部部署在德波边境。这样的部署毫无进退伸缩的弹性，使波军在德军高速度大纵深的推进下不是被歼灭就是被分割包围，成了德军后面的孤军。波军统帅预先设计的只要坚决抵抗就能取得胜利的梦想被德军打碎了。

其实，此时德国的西线也存在着致命弱点，在那里他们只有 23 个师的兵力，而在西线马其诺防线背后的英、法联军却有 110 个师。可惜的是，英、法两国在盟国受到侵袭的时候，竟然宣而不战，致使波军完全陷入了被动挨打的境地。英国军事史家富勒曾就此著文写道："当波兰正被消灭之时，西线也正发生了一场令人惊奇的冲突。它很快就被称为'奇怪的战争'，而更好的名称是'静坐战'。"

1 个月后即 10 月 5 日，拥有 3400 万人口，30 多万平方千米的波兰便被彻底击败了。波兰上空的滚滚硝烟，揭开了第二次世界大战的序幕。

※ 法国沦陷

1939 年 9 月 1 日，在希特勒的策划下，德军以闪电般的速度占领了邻国波兰。波兰被德国占领后，英、法根据法波盟约和英法互助条约，宣布对德宣战，但英、法两国并没有采取任何实际行动，这种纵容使德国更加肆无忌惮起来。

在法德边境，有一条"马其诺防线"，这条防线长达 200 千米，可以称之为现代化防御工事，如果法军充分利用这道防线，第二次世界大战的历史说不定会改写。但是，当德军入侵波兰时，法军却躲在防线后按兵不动。

1940 年，德军向中立的比利时、荷兰、卢森堡进军，西线战争正式打响。1940 年 5 月，德国突破马其诺防线，向法国发动猛攻。一心等待希特勒向东进攻苏联的英法联军没有料到德国率先把矛头指向自己，遂在毫无准备的情况下仓促后撤。

看到溃不成军的英法联军，希特勒命令德军摧毁法国临时布置的索姆河防线，直捣巴黎，5月14日，德军未发一弹便占领了巴黎，随后向法国内陆挺进。10日的时候，意大利军队从南方也进入法国，并于15日占领凡尔登。16日，卖国贼贝当组成新内阁，新政府不但没有组织军队抵抗德、意军队，反而准备向德意军队投降。这时，法国国防部副部长戴高乐看到贝当政府已无心抵抗，遂毅然乘飞机飞往伦敦。

戴高乐到达伦敦以后，在英国首相丘吉尔的支持下，于6月18日在英国广播电台向法国人民发表了具有历史意义的广播讲话。

"勇敢的法国人民，虽然法西斯已经占领了我们的大片土地，并有可能占领法国全境，但是，他们并没有取得最后胜利。"

"我对法国的胜利充满信心，你们也应该和我一样，相信法国一定会转败为胜。而且，不列颠英国将会永远与我们并肩作战……"

戴高乐将军的讲话通过电波传遍了法兰西的每一个角落，法国人民备受鼓舞，有一群学生甚至打着两根渔竿列队在凯旋门集会，表示他们对戴高乐号召的热烈拥护和响应。

但是，虽然法国人民做着抗敌的一切准备，贝当政府还是于6月22日正式与德国签订了投降书，贝当政府同意把法国北部及沿大西洋海岸由德国占领，法国首都由巴黎迁往维希。

贝当政府的这种投降行为遭到了戴高乐的严厉斥责。为了与贝当政府划清界限，戴高乐正式宣布成立"自由法国运动"。对于戴高乐的这种"分裂祖国"的行径，贝当政府和德国希特勒政府恨之入骨。不久，贝当的军事法庭对戴高乐进行了缺席审判，在德国当局的坚持下，戴高乐被判处死刑。

戴高乐并不理会贝当政府对自己的审判，继续以顽强的毅力宣传"自由法国运动"。戴高乐并不是孤立的，自从他发表广播讲话后，已经有数百人从法国来到英国，参加到"自由法国"的旗帜之下。到7月底，已经有7000人志愿拿起武器为"自由法国"而战。

7月21日，戴高乐组织首批"自由法国"飞行员参加了对鲁尔区的轰炸，由于将士们斗志昂扬，这次轰炸取得了胜利。随后，戴高乐又在非洲建立了一个作战基地和一个精干的行政机构,并且开始出版"自由法国"的报纸。

1941 年 9 月,戴高乐正式成立"自由法国"的政府机构——法兰西民族委员会,很快,这个组织便得到了英、苏等大国的承认。不久,"法兰西民族解放委员会"成立,戴高乐任主席。1944 年 6 月,"法兰西民族解放委员会"改为法兰西共和国临时政府。之后,戴高乐带领部队随英美军队返回法国与德军作战,并迅速解放了大片国土。8 月 25 日,巴黎解放。临时政府成立后,戴高乐任总理兼国防部长。戴高乐以其顽强的毅力和极大的热情,为反法西斯侵略和法兰西民族独立做出了杰出贡献。

※ 不列颠之战

德国闪击西欧,法国投降后,整个西欧海岸线都被德国所控制,英国不列颠群岛陷入被德军三面包围的境地。但包括希特勒在内的德国人都把对法国的胜利作为战争的结束,希特勒认为,如果打败英国,其殖民地将会落入美、日和苏联手中,而对德不利,为对付苏联应避免两面作战,希特勒提出愿与英国在瓜分世界的基础上和谈,得到美国支援承诺的英国首相丘吉尔断然拒绝。于是,诱和未遂的希特勒准备武力侵入不列颠。

1940 年 7 月 16 日,希特勒发出对英登陆的"海狮作战"计划的训令。该计划以奇袭为基础,准备用 39 个师的兵力,在不列颠的拉姆斯盖特登陆,抵达怀特岛。其中 13 个师作为第一批登陆部队,并在海峡港口集结大量的各种船只,一切准备要求于 8 月中旬完成。

德空军集结 2400 架战机,欲对英伦进行大规模空袭。德军一方面想从精神和意志上摧毁英国,迫使其接受和谈,另一方面为"海狮作战"的海军渡海夺取制空权,为登陆创造有利条件。

7 月 10 日,德军开始了对英护航船队和波特兰、多佛尔等港口、军港进行空袭,以引诱英战机出战,从而查明英空军的部署、防空能力及检验自身的突防能力。德国空军在形势上处于不利地位,他们必须在海上和英国领空上作战。而英空军可以获得地面高射炮的支援,英军的喷火式飞机爬升速度要快于德战斗机，并且以防御战为主的英军还有雷达网的引导。更重要的是，英军掌握了德军无线情报的破译密码，使得德国多数战略情报被英所掌握。

8月13日，德军480余架战机升空，开始对英国雷达站等军事目标进行轰炸。15日又出动1780架飞机，使英军一些军事基地和飞机制造厂遭到摧毁。英军统帅道丁公爵也迅速命令7个"喷火式"和"旋风式"战斗机中队升空迎敌。在雷达的准确引导下，他们在德国机群中进行有效地穿插分割，将德军机群分割成若干小队，利用飞机速度快的优势实施各个击破，这是双方第一次大规模空战。德军付出了75架飞机的代价，英机只损失34架。德军"空中闪击战"一开始就未奏效。

8月24日至9月6日，德空军不分昼夜，每日出动千余架次飞机，对英西南部的机场及海峡商船进行高强度空袭，虽然德机被击落380架，但英机也损失186架。

9月7日，希特勒为了报复8月25日到26日夜袭柏林的英国，开始了对伦敦的狂轰滥炸。企图瓦解英国人民的斗志，动摇民心。但这给了英空军以喘息之机，英军以战斗机、高射炮、雷达、探照灯和拦阻气球组成完备的防空系统。虽说大规模的轰炸使伦敦多处起火、王宫中弹、居民伤亡惨重，但在9月15日，英军抢占先机，德机还没有进入伦敦上空，就遭到数百架英战斗机的截击。英战斗机猛冲德轰炸机，失去保护的德轰炸机除少数逃跑外，其余均被击落。英战机转而围攻德战机，凶狠的英机使德战机招架不住，转头而逃。英战机紧追不放，又击落了多架德军战机。这时，英国轰炸机开始行动，对德国集结在海峡对岸的舰队、地面部队、港口码头进行了猛烈轰炸。德国损失惨重，共损失185架飞机，而英军仅损失26架。

德军不但未击败英国空军，反而使英空军活动更频繁。希特勒感到无法取胜，被迫下令不定期推迟实施"海狮作战"计划，最终"海狮作战"计划不了了之。

不列颠空袭和反空袭之战中，德军共损失飞机1733架，英损失915架，双方飞行员损失约为6∶1。空战受阻后，希特勒开始对英国实施封锁。

这场空战是第二次世界大战史上历时最长、规模最大的空战,它使希特勒的侵略计划第一次未能得逞,为国际反法西斯同盟鼓舞了士气。这场空战也是人类战争史上首次空战,它揭开了人类战争史上新的一页,同时也证明了大规模空袭,夺取制空权在战争中的重要性及防空的战略意义。

※ "巴巴罗萨"计划

1940年12月,希特勒秘密地制定了一份代号为"巴巴罗萨"的进攻苏联的作战计划。"巴巴罗萨"是神圣罗马帝国皇帝腓特烈一世的绰号,意为"红胡子"。腓特烈一世曾6次侵入意大利,希特勒把进攻苏联的这一计划起名为"巴巴罗萨",就是想效仿腓特烈一世,妄图以闪电战的方式击溃苏联。

"巴巴罗萨"计划于1941年6月22日执行。当5月下旬,德军向德苏边境调集了大批兵力时,苏联方面就已经料到了德军的攻击对象可能轮到自己了。但是,为了麻痹苏联,德军散布谣言,把德军的东移说是为了进攻英国,甚至还故意制定了代号为"鲨鱼"和"渔叉"的在英国登陆的作战计划。当时苏联情报局一直认为德国和苏联一样,始终遵守着《苏德互不侵犯条约》,连当时的苏联最高领导人斯大林也对德国表现出来的假友好深信不疑,一直到苏德战争爆发的前一晚,斯大林还在命令苏联红军"在没有接到特殊命令之前不得采取任何其他措施"。

6月21日,希特勒来到东普鲁士拉斯登堡附近的指挥所里。

"报告长官,苏联阵地上没有任何异常情况,看来他们一点准备都没有。我军将士正集结待命。"一名军官向希特勒报告。

"很好,明天一开炮,苏联方面会有什么反应呢?相信不只苏联人,全世界人都会大惊失色吧。"紧接着,希特勒一阵狂笑。

苏联方面,也早有哨兵向统帅部报告了军情。

"德军方面发动机的声音突然增高了,德军还砍去了布列斯特西北边境上自己设置的铁丝网……"

但是,以斯大林为首的苏联领导人对德国法西斯的整个战略方针和部署依然估计不足，缺乏足够的认识，他们认为希特勒只不过是想以这种手段迫使苏联主动破坏《互不侵犯条约》，以寻找进攻苏联的借口，所以并没有命令前线部队进入全面战斗准备。

6月22日凌晨，炮弹声划破夜空，两千多架德军轰炸机飞向东方，苏联大地上尘土飞扬，炮声隆隆，苏联边防顿时陷入一片混乱。

"以前我们习惯用明码拍电报，现在不是早禁止了吗？为什么不用密码？"一位远在莫斯科的长官正训斥着前线拍电报的士兵。

"长官，德军已经登上我们的领土了，成千上万的士兵已经被德军的大炮炸死，这已经不是什么秘密了。前线的将士们正集结待命呢，您快下达反击的命令吧。"

"不许我方的大炮开火，这就是命令。"

虽然前线的苏军一个个摩拳擦掌，但没有莫斯科的命令，他们只能坐以待毙。就这样，苏军从一开始就陷入了被动。

到22日中午为止，德军坦克已深入苏联境内50多千米。傍晚时分，莫斯科才对苏联面临的形势做了认真分析。

"莫斯科命令，我方陆军、空军火速向德军开火。"

莫斯科下达反击命令时，苏联空军已基本上没有执行命令的能力了。面对强大的德国空军，虽然苏军在中将科佩兹将军的率领下奋起回击，但还是损失了1200余架飞机，其中的800多架飞机是尚未起飞就被击毁的。

"巴巴罗萨"计划的初步胜利使希特勒欣喜若狂，希特勒忙命令德军执行下一步计划：北路攻打苏联波罗的海沿岸和列宁格勒，中路攻打莫斯科，南路攻打乌克兰。希特勒扬言：要在一个半月或两个月的时间里攻下苏联，在冬季之前结束战争。但是，希特勒的希望很快就落空了。

1941年7月3日，斯大林向全苏联人民发表了"为了祖国自由而战"的广播演说，全苏联人民积极响应斯大林的号召，纷纷举起手中的武器，投入到了反法西斯的卫国战争中去。

※ 偷袭珍珠港

1941 年 12 月 7 日凌晨，北太平洋上波涛汹涌，一支庞大的舰队向南飞速驶去，溅起的浪花飞落到船头的甲板上。这支舰队里有 6 艘航空母舰和 14 艘战舰，当这一舰队接近美国在太平洋上的海军基地珍珠港时，航空母舰上的数艘飞机带着巨型炸弹腾空而起，先是紧贴海面飞行，然后冲入港内，炸弹和鱼雷立即倾泻下来，对排列在港内的美太平洋舰队进行轰炸。

这一幕正是日本军国主义对珍珠港发动的偷袭，这次偷袭标志着太平洋战争拉开了序幕。

对珍珠港的偷袭是日本军国主义策划已久的事。早在苏德战争爆发后，日本内阁就认为建立"大东亚共荣圈"的时机已到，于是加紧了对东亚各国的侵略。日本咄咄逼人的攻势，直接威胁到美国在太平洋的利益。从 1941 年夏天开始，美、英等国联合对日本实行了石油禁运，即不再供给日本石油及其他原料。日本是一个岛国，资源紧缺，对于美英两国的这一做法，日本暂时选择了妥协，与美国举行谈判，但是谈判并没有达成协议。

日本贮备的石油一天比一天减少，如果真的没有了石油，别说是建立"大东亚共荣圈"，恐怕连走出本土都相当困难。为此，日本"御前会议"决定暂时停止攻打苏联，改把占领印度支那和南洋诸国作为主要目标，以夺取石油资源。

为了扫清南进道路上的障碍，日本天皇授意日本联合舰队司令山本五十六，秘密制定远渡重洋偷袭珍珠港的计划，南云中将则是这一任务的指挥者。

在偷袭珍珠港之前，日本大使来栖三郎到美国继续与美方谈判，鼓吹"要以最大的努力来防止不幸的战争"，借以掩盖日本南进的意图。对于日本军国主义者的意图，美国总统罗斯福仍以为印度支那和东南亚是其主攻对象，并没有料到日本会把矛头首先指向珍珠港。美、日这种"和平"谈判一直持续到偷袭珍珠港的第一发炮弹爆炸之前。

11 月 26 日，日本舰队沿着寒冷多雾的北方航线隐蔽前进，在海上秘密航行了 12 天，居然一直没有被发现。在距珍珠港以北 230 海里处，舰队停了下来。12 月 2 日，南云中将接到了山本五十六的密电：按原定计划袭击珍珠港。于是，便出现了前面惊天动地的那一幕。

12 月 7 日是个星期天，美国人在这一天有做礼拜的习惯。美国军舰像往常一样平静，整齐地泊在港内，飞机也密密麻麻地排在瓦胡岛的飞机场上。一部分士兵正在吃早饭，一部分则上岸度假去了，珍珠港沉浸在一片平静的假日气氛之中。

"快看，那里有两架飞机。"一个哨兵发现雷达屏上出现了异常，慌忙向上级长官报告。

"别大惊小怪了，那是我们自己的飞机，你们对此还不熟悉吗？"一位军官把这个新来的哨兵嘲笑了一番，然后开始欣赏收音机里的音乐。

港内的其他美国士兵，甚至美军司令部也没有意识到这是一场真实的战争，而以为是一次"特殊的演习"。就这样，日本的轰炸机从美军眼皮底下溜进了珍珠港。

突然间，随着一阵飞机的轰鸣声，炸弹从天而降。直到发现自己的舰只起火，美国太平洋舰队司令部才发出备战的特急电报。但是，什么准备都来不及了，刹那间，珍珠港成了一片火海，港内升起一道道的冲天水柱。几分钟内，希凯姆机场、惠列尔机场、埃瓦机场和卡内欧黑机场已被炸得一片狼藉，几百架美机在没有起飞之前就被击毁。

偷袭持续了 95 分钟，美军损失了约 40 多艘舰艇、300 多架飞机，另外还有 3500 多人死亡。美国太平洋舰队除航空母舰出港外，几乎全军覆灭。

日本偷袭珍珠港的第二天，美国宣布对日本处于战争状态，太平洋战争全面爆发。

※ 斯大林格勒保卫战

第二次世界大战中，德军在莫斯科战役中遭到惨败，被迫放弃了全面攻势。德军在各地战场面积的扩大和大规模的战役，使石油的补给量成为制约其战争进程的严重问题。若没有新的石油补给，战争将难免崩溃，希特勒遂决定获取苏联高加索油田。德军统帅部趁欧洲尚未开辟第二战场的有利时机，继续增强东线苏联境内的军事力量。1942 年夏季，改为在南线实施重点进攻，企图迅速占领石油资源丰富的高加索和粮食充足的斯大林格勒。

1942 年 7 月 17 日，德军精锐部队第 6 集团军 27 万人在鲍罗斯将军的指挥下，向斯大林格勒逼进。

斯大林格勒位于伏尔加河下游西岸，是连接苏联欧洲部分南北水陆的交通枢纽，也是重要的军事工业基地。该城一旦失守，将会切断莫斯科和高加索地区的联系，进而威胁到巴库的石油和库班的粮食产地。还可北上迂回莫斯科，南下切断英、美支援苏军的供给线，并染指中东和印度洋，打通日、德联系通道，它的得失将会影响到整个战局。因此，苏联决定死守该城，并在奇尔河、齐姆拉河一线布置了顽强的防御部队，迟滞德军的推进速度。

7 月 24 日，德军接近斯大林格勒西面的顿河河岸大弯曲部，并企图对苏军进行两翼突击合围，进而从近道直逼该城。但是由于燃料和弹药的缺乏，以及第 4 装甲军团调往高加索战场，进攻斯大林格勒的德军只能停在卡拉赤正面的顿河岸上。30 日，希特勒开始调集部队增援鲍罗斯，第 4 装甲军团又被调回，从西南向斯大林格勒进攻。8 月 3 日攻占了科特尼可夫，9 日，德军遭到苏军的激烈抵抗而被迫转入防御。这时鲍罗斯在苏军的顽强阻击中攻占了顿河上的一个据点，并占领卡拉赤。23 日占领了斯大林格勒城北面近郊，计划从北面沿伏尔加河实施突击作战，夺取该城。他派出 2000 架次飞机昼夜对城区进行狂轰滥炸，使整个城市变成一片火海。苏空军及防御兵也对德军进行激烈反击，击落敌机 120 架。苏统帅部急调预备部队对德军实施侧翼反击。德军继续增加兵力，9月底，德军已达80多个师，进攻苏联的主力都转移到斯大林格勒会战之中。

9月15日，德军全面进攻斯大林格勒。在飞机、大炮及装甲坦克的配合下，德军于23日突入城市中心，勇敢的苏军与敌人展开了巷战。一座房子，一条街道，常常是几经易手。日以继夜的激战使斯大林格勒变成了第二个凡尔登。希特勒命令变换战术，用炮火和飞机把该城变为废墟。直到11月12日，德军从该城的南部冲过伏尔加河，却付出了70万人的惨重代价。迅速攻占该城的企图及整个战局计划被打破，苏军的疲惫消耗战为统帅部组织反击争取了时间。

9月份，两军鏖战正激之时，苏军朱可夫元帅开始组织策划反击，并隐蔽调集110万兵力集中在顿河以北的森林中，准备伺机大反攻。朱可夫兵分两路，一路以德中央集团军群为目标，以阻止其向顿河战线增援；一路则与斯大林格勒以南的攻击配合，从北面攻击德军。

11月19日，苏军反攻开始，南北两侧强大的钳形进攻包围了德军第6军团等30万人，并一举攻占了德军交通瓶颈罗斯托夫。鲍罗斯的处境艰难，储备物资早已枯竭，补给也基本中断。为解救被围德军，希特勒将全部预备部队投向斯大林格勒，但苏军的顽强阻击使解围计划破产。12月21日，欲突围的鲍罗斯却因燃料不足而无法实施行动，希特勒仍下令死守斯大林格勒。

1943年1月底，德军在顿河上的全部正面军被苏军击溃。包围圈越缩越小，苏军南北对进，将德军分割成多个孤立的集团。31日，德军开始整团整师地陆续投降。2月2日，包括鲍罗斯在内的24位将官、2000名校级以下军官和9万残存士兵全部投降，斯大林格勒保卫战结束。

这次会战为苏德战争乃至整个第二次世界大战的根本转折，苏军从德军手中夺取了战略主动权，转入战略进攻，极大地鼓舞了世界反法西斯同盟。

※ 中途岛海战

"报告长官，我们截获了一份日军密码电报，据破解，日本的水上飞机可能要到中途岛上加油。"译电员向美国海军司令部报告着。

美国太平洋舰队司令尼米兹是在日本偷袭珍珠港之后临危受命的，他托着腮思索片刻："我们最好能将计就计，设下陷阱，让日本海军自投罗网。"

中途岛位于太平洋中部，是北美和亚洲之间的海上和空中交通要道。在日本偷袭珍珠港后不久，日本就利用海、空军优势，向美、英、荷在东南亚和西南太平洋的属地发动猛烈攻势，控制了东起中途岛，西至太平洋，南起澳大利亚，北至阿留申岛的广大地区。

但是，在珍珠港一战中幸免被歼的美国航空母舰的存在却成了日本法西斯的一大隐患。因此，日本决定集中优势兵力，彻底歼灭美国航空母舰。日本联合舰队总司令山本五十六制定了一个夺取中途岛的计划，山本认为，只要拿下中途岛，对美国的航空母舰围而歼之就有希望，而且也可以把中途岛作为向中太平洋和西南太平洋扩张的基地。为了这场战争，山本五十六调集了 8 艘航空母舰、22 艘巡洋舰、11 艘战列舰、66 艘驱逐舰，组成了一支空前庞大的舰队。

1942 年 6 月 2 日凌晨，太平洋上升起的大雾使海面上的能见度很差，但由南云中将率领的日本突击舰队还是在浓雾中起航了。这支舰队没有安装雷达系统，只能以缓慢的速度在太平洋上摸索前进。上午 10 点左右，大雾散去，南云中将急令日本军舰全速前行。两天后，这支突击舰队和其余 8 支协同作战的舰队都已驶入了预定位置。

"全体注意，开始起飞。"南云中将直盯着前方的中途岛，用扩音广播向航空母舰上的所有飞行员命令。转瞬间，排列在"赤城""加贺""飞龙""苍龙"4 艘航空母舰甲板上的 108 架飞机腾空而起，拉出一条白烟后向中途岛方向飞去。

"第二批做好准备。"南云中将继续命令着，然后等待着第一批飞机的归来。

此时，中途岛的美军在总指挥官尼米兹上将的率领下早已经做好了应战的准备。当日本轰炸机距离中途岛还有 30 英里的时候，遭到了美军 25 架"野猫式"战斗机的拦截。在激烈的空战中，"野猫式"有 17 架被击落，7 架被击伤。

南云中将正在指挥室里准备发出第二道命令，但是他却有些犹豫，第一批轰炸机并没有达到轰炸的预期目的，也就是说，中途岛的美军并不是像山本五十六预料的那样没有任何准备，而第二批轰炸机能否顺利完成任务呢？

正当南云中将举棋不定的时候，6架美国鱼雷轰炸机和4架B－26轰炸机出现在"赤城"号航空母舰的右舷，南云中将忙命令高射炮迎战。在猛烈的炮火下，美机呼啸着朝"赤城"号扑来，但却闯入了高射炮的射程，然后落入到太平洋里。

当美军的最后3架轰炸机遍体鳞伤地朝中途岛方向飞去以后，南云中将终于下令第二批飞机在5分钟内起飞。然而就是这短短的5分钟，战局发生了根本性的变化。

3架美国"无畏式"轰炸机正从空中向"赤城"号俯冲下来。而日舰上的所有反击都不再起作用，一颗颗黑色的炸弹从空中降落，"赤城"号则只有"拥抱"炮弹的能力。很快，巨大的航空母舰成了一片火海，"赤城"号已经完全失去了作战能力。

在"赤城"号被袭击的同时，"加贺"号和"苍龙"号也遭到了袭击，最后，连同"飞龙"号在内的这4艘一直让山本五十六引以为荣的航空母舰都沉入了海底。

在几百海里外指挥作战的山本五十六得知4艘航空母舰被击沉的消息后，悲痛不已：这次战争已经以日本的失败而结束了，如果硬着头皮与美军抗争到底，只会徒劳地增加失败的成分。最后，山本五十六只得下达了撤销中途岛作战的命令。

中途岛战役是第二次世界大战太平洋战争的分水岭，之后，日本海军一蹶不振，被迫从战略进攻转入战略防御。

※ 击溃"沙漠之狐"

第二次世界大战的北非战场，处于沙漠地带，连水都要靠后方供应，后勤保障成为胜败的关键因素。制空权又是控制地中海等海陆交通的决定因素，这就使交战双方不能离开港口和交通线，同时需要掌握制空权。1942年6月，德、意非洲军在昔兰尼加战争中取胜后，乘势追击，直抵埃及境内，到达距英地中海舰队基地亚历山大港仅 110 千米的阿拉曼。阿拉曼是保护埃及腹地的屏障，非洲军的攻击，无疑似一把尖刀顶住英国人的胸膛。

1942 年 8 月初，丘吉尔亲自前往开罗，调兵遣将，加强北非英军第 8 集团军的力量，美国支援的 300 辆新式薛曼式战车和 100 门机械炮将陆续运到，同时任命个性活跃、自信心强的蒙哥马利为第 8 集团军司令。

蒙哥马利上任后，开始组建一支精兵，把陆军和空军联合在一起。为了加强阿拉曼的防御能力，他在险要的地形前面布满浓密的雷阵。以厚密的雷阵配合，对阿兰哈法岭以重兵据守，敌人从任何地方进入，都可以从侧面加以反击。

8 月 30 日，德、意非洲军在有"沙漠之狐"之称的隆美尔的指挥下对防线发起攻击。他从北中南三面同时展开攻势，北部只作佯攻，中部也只是牵制性的进攻，他把主力放在南面，试图攻下阿兰哈法岭。对隆美尔的进攻，蒙哥马利采用坚强的守势，派飞机、大炮对非洲军阵地不间断地轰炸，消耗对方实力。对于缺乏补给且武器落后的隆美尔来说，阿兰哈法岭之战是孤注一掷。英军的坚固防御和空中攻击的猛烈，打破了隆美尔的企图。9 月 1 日，非洲军被迫放弃大规模进攻。两天内 3 艘补给油船被英军击沉，严重缺乏燃料的隆美尔不得不加强防御。他在前方阵地埋下 50 万颗地雷、炸弹和炮弹，只用前哨据点扼守，在雷区后做防御战准备。

随后隆美尔因病情严重，将指挥交给斯徒美将军后，于 9 月 22 日返回德国就医。蒙哥马利这时正积极准备着反击工作，他把主力的打击摆在北面，派一个装甲师盯死阵地南端，分散敌人的注意力，用 13 军牵制敌人右翼的辅助性进攻。从 10 月 6 日到 23 日的夜间，英空军加紧对敌人的交通线及运输工具的轰炸，阻断其供给。为掩盖其作战意图，隐蔽各部分兵力，诱骗敌人对于攻击日期和方向作错误的预测，蒙哥马利实施了一个用假帐幕、仓库、战车、车辆、炮位、水塔和油管做伪装的大规模掩蔽计划。

10 月 23 日，在满月的光辉下，英军发起反攻，1000 门火炮同时向德、意军阵地进行 20 分钟的狂轰滥炸后，英军分别从北南两个方向发起进攻。

北部第 30 军攻占了敌人前进防御阵地后遇到了顽强抵抗，进展缓慢，南线的 13 军受到德军火力拦阻而受挫。但德、意军内部也乱作一团，交通网被摧毁，斯徒美将军因心脏病突发死于沙漠，燃料的缺乏使机械化部队基本丧失了运动攻击能力。

紧急返回的隆美尔命令部队进行坚决的防御。他准确地判断出英军的主攻方向，着手向北调集军队，南部只留意大利军防守。激烈的战斗持续到 29 日晨，隆美尔指挥部队有效地遏止了英军的进攻。

鉴于德军主力向北集中，蒙哥马利改变进攻计划，决定在德意两军的接合处，发起"增压作战"的进攻。11 月 2 日，在猛烈炮击和轰炸机支援下，英军开始进攻，飞机和炮兵转向轰击德军防御阵地，美式薛曼式战车可远距离发炮，德军火炮却不能击毁它。隆美尔调集全部的坦克，拼命抵抗。虽然阻止住英军的长驱直入，但战车仅剩下 35 辆。11 月 4 日，英军突破德意防线，意军全军覆没，知道失去交通线和制空权而无法补给，最终会输掉这场战争的隆美尔下令撤退。

然而，蒙哥马利用兵过于谨慎，没能及时察觉隆美尔的撤退行动，失去了全歼敌人的良机。9 日，隆美尔退回利比亚。

阿拉曼的胜利，是反法西斯同盟在北非战场上的转折点，盟军从此掌握战略主动权，为英美联军登陆非洲奠定了基础。

※ 诺曼底登陆

苏德战争爆发后，斯大林便向丘吉尔提出在欧洲开辟第二战场的要求。丘吉尔担心斯大林会代替希特勒而未置可否。美国参战后，苏、英、美三国政府多次协商攻击法西斯的战略问题。但各方就时间和地点发生分歧，各国间不同的利益与苏和英、美两种不同的社会制度交织在一起，错综复杂，争论不休。但是法西斯的扩张，又使他们不得不相互妥协。几经周折，各方求同存异，在 1943 年 11 月的德黑兰会议上，三方最终达成开辟第二战场的协议。

1943 年 12 月 6 日，美国的艾森豪威尔将军被选定为联军总统帅，近

300万盟军陆海空将士在英伦三岛集结,准备横跨英吉利海峡,登上欧洲大陆,和东线苏联红军配合,夹击德军。这个大规模的作战计划代号为"霸王"行动。

1944年1月21日,艾森豪威尔及其参谋部结合各种条件,决定在法国西北部的诺曼底登陆。计划从卡昂到奥尔尼河之间占领一个立足点,并攻占不列塔尼的各港口,英第2军团在卡昂地区进行突破,吸引敌人预备队。美第一军团趁势登陆,从西面侧翼实施突破,一直向南前进到卢瓦尔河上。联军正面以卡昂为轴旋转,使右翼向东前进到塞纳河上。

1944年3月30日开始,联军对德阵地实施不间断的战略性轰炸,对铁路、公路、桥梁、车场、海防工事、雷达站、飞机场等设施进行大规模的摧毁,不仅造成德军指挥体系的瘫痪,交通运输补给线路的中断,而且最大限度地孤立联军登陆区和塞纳河与卢瓦尔河之间整个联军前进作战区的德军。

英美联军对登陆的突然性特别重视,他们制订了一个伟大的骗敌计划。在英国东南部建造了假总司令部、假铁路、假电厂、假油站、假船只等大规模的系统假象,暗示敌人联军会在英吉利海峡最窄处的加莱港登陆,而且时间会更晚些。

1944年6月6日,天气条件不好,艾森豪威尔果敢决定实行登陆计划,早已做好充分准备的联军开始发动渡海攻击。海军扫除德军水雷阻碍线,并用重炮轰击敌人阵地。两个空降集团分别在圣梅尔艾格里斯和卡昂东北部地区降落,担负保卫登陆部队的任务。在舰队重炮和空军猛烈火力的配合和空降师的策应下,登陆联军在5个登陆区开始登陆。

这些突然攻击使因天气恶劣而防备松懈的德军惊恐。联军对交通线路的战略轰炸,使德军处于"铁路沙漠"之中;对制空权的绝对控制,使德军防御工事遭到摧残,联军的登陆极为顺利。凭借大西洋长城的防御,德军仍顽强抵抗,夜幕低垂时,联军终于突破防线。

6日下午,希特勒仍然认为联军的攻击只是佯攻,目的是掩护在加莱方向主力的攻击,于是德军只是用步兵封锁住美军的渗透,用一个装甲军在卡昂地区与英军周旋,而精锐部队第15军团仍部署在安特卫普与奥尔尼河之间。

6 月 12 日，联军登陆区连成一片，开始向诺曼底中部推进。但在德军的顽强抵抗下，联军进展缓慢，直到 7 月 25 日，才推进到卡昂、科蒙、圣洛以南地带。艾森豪威尔决定发动全面进攻，部队开始向法国心脏进攻。8 月 15 日，美第 7 军团侵入法国南部，对德军造成钳形阵势。此时苏联反攻，牵制住德军的大股部队，没有预备队的德军遭到联军的痛击，损失惨重。8 月 19 日，巴黎被联军攻占，诺曼底登陆以联军的胜利而结束。

诺曼底登陆是战争史上最大的登陆战役，它突破了希特勒所吹嘘的"大西洋铁壁"，使战争进入反法西战争的最后决战阶段，加快了欧洲解放和第二次世界大战结束的进程。

※ 雅尔塔会议

1945 年初，法西斯的失败已成定局：一个月前，德军在西线发动的最后孤注一掷的攻势被击退；苏联红军占领了波兰和东欧，并从东线向德国逼近；美国部队解放了马尼拉，并从空中轰炸日本。但是，德黑兰会议上没有解决的问题必须在战争结束之前得到解决，这些问题包括：如何处置德国、波兰的疆界问题、其他东欧国家的地位、联合国组织和远东问题，等等。

1945 年 2 月 4 日，斯大林、罗斯福、丘吉尔在黑海海滨雅尔塔举行会议。

罗斯福看了看斯大林和丘吉尔，说道："我们三人已经成为了老朋友，而且我们三个国家之间的了解也在不断加深。大家都想尽快结束战争，也都赞成持久和平，所以，我觉得我们可以随时进行非正式会谈，以达成共同的目标。"

在罗斯福的感染下，会场的气氛很活跃。首先，苏联副总参谋长阿列克赛·安车诺夫将军和美国将军马歇尔分别就东线和西线战势做了汇报：苏军已占领了波兰波兹南，打开了通向柏林的大门，西线的盟军则向德国的莱茵河防线进攻，空军正对德国全境的军事目标进行轰炸，德军已经组织不起像样的撤退。

看到胜利在即，其他人也纷纷就当前的形势发表了自己的看法。最后，三方首脑就目前军事配合交换了意见。

第二天，会议就如何处置德国的问题进行了讨论。早在德黑兰会议上，三巨头曾就这个问题交换过意见，会后，成立了欧洲咨询委员会，专门研究分割德国的问题。根据英国的提议，战后的德军被划分为3个占领区，由美、苏、英分别占领，柏林由三国共同占领。而在这次会议上，罗斯福却建议道："在管制和占领战败的德国问题上，我认为应该统一化，不宜瓜分为各个占领区。不仅在最高层机构中行政管理应该统一，各级机构均应联合统一。"但是，罗斯福的这一建议却招致斯大林和丘吉尔的一致反对，只能作罢。随后，丘吉尔又提出了让法国在德国占领一个区的提议。斯大林表示了强烈反对，他认为法国在打败法西斯德国的战争中并没有起到多大作用。而丘吉尔坚持己见，他认为法国在未来的欧洲将起到重要的作用，对管制德国也会有很大帮助。

正当双方争执不休的时候，罗斯福过来打圆场："美国在战后不会长久地在欧洲驻军，考虑到法国也曾为大战做出过不少贡献，丘吉尔首相提议的让法国协助英国来压制德国的提议还是可行的，阁下不如考虑一下。"斯大林看罗斯福同意了丘吉尔的提议，只好勉强表示同意。

当天下午，战败国赔款问题又引起一场激烈的争吵。斯大林说："在反法西斯特别是德国法西斯的战争中，苏联人民做出了巨大贡献，单独与德军抗衡了两年之久，死亡的人数超过了两千万，这是一个多么庞大的数字啊。我认为德国的赔款总数不应该低于200亿美元，其中一半应该归苏联所有。如果德国没有能力偿还，可以用实物抵偿，如粮食、工厂、矿山等。"

丘吉尔对斯大林关于赔款问题的这一提议表示了反对："我认为巨大数额的赔款只会招致更大的麻烦，一战后的德国就是个典型例子。"但是，在斯大林的坚持下，罗斯福和丘吉尔最后还是同意了这一赔款方案。

雅尔塔会议中，由于本身的实力和在打败法西斯中的作用，美、苏成为大会的主宰，英国则不得不处于陪衬地位。在讨论对日作战的问题时，斯大林和罗斯福并没有邀请丘吉尔参加，而是用私人讨论的形式完成的。斯大林同意在打败德国法西斯后两三个月内对日作战。总之，雅尔塔会议虽然争执四起，但也基本解决了战后德国的处理问题，并划定了波兰的疆界。

雅尔塔会议对战后世界格局的形成和发展产生了较大的影响。

※ 攻克柏林

1945 年初，德国法西斯的失败已成定局。4 月 16 日，苏军元帅朱可夫到达库斯特林附近奥得河岸的第 8 司令部。凌晨 5 时，朱可夫下达了进攻德国首都柏林的命令。

得到元帅下达的命令，苏军的几千门大炮齐吼起来。此时的德国已经没有还击之力，经过半个小时的轰击，敌军阵地上先前的几声抵抗的枪声消失了，变得死一般的沉寂。

突然，数千枚信号弹升上了天空，燃起了五彩缤纷的火花。顿时，地面上的 140 多部强力探照灯齐放光芒，一同照向德军阵地。在探照灯的指引下，苏联红军的步兵在坦克的协同下向柏林发起了冲锋。与此同时，苏联的轰炸机也对德军阵地进行了轮番轰炸。苏军很快突破了敌人的第一道防线，但是，在进抵德军的第二道防线时，苏军却遇到了阻碍。尽管朱可夫一而再、再而三地集结大量兵力和坦克进攻第二道防线——泽劳弗高地，却屡屡失败。

斯大林在得知苏军进展缓慢时，忙致电朱可夫，协助他调整了战略部署。终于，苏军攻占了泽劳弗高地。

4 月 25 日，苏联红军完成了对柏林的包围，并与美、英联军会师，随即红军突入市区，开始了激烈的巷战。

但是，苏军对胜利即将到来的憧憬又一次落空了。在柏林城高大的砖砌楼房和各类建筑物之间，残酷的最后战争开始了。苏联人的坦克开进了柏林，这些坦克对摧毁德军工事的确起到了很大作用，但是，在狭窄的市区，这些重型武器就显得笨拙多了。在苏联红军"像辛勤园丁在花园里洒水般"倾泻炮弹的时候，德国士兵已经躲到了地下室里。而炮击一停止，他们就会爬到地面上，依托每一条街道和每一座楼房向苏军射击。在碎石垃圾成堆的柏林街道里，只要有一辆苏联坦克被击中，道路就会被堵塞，这时，德国人会用反坦克火箭弹逐个从侧面消灭敌人。德国人利用机动兵力，往往出现在苏军的背后给苏军以意想不到的打击。

但是，德国法西斯毕竟已经成了强弩之末，再多的抵抗也只不过是垂死挣扎而已。

27日，柏林的争夺战已经向市中心一带转移。在隆隆的炮声中，柏林总理府已经是一片废墟。希特勒再也没有了以前的嚣张气焰，此时的他已经成了孤家寡人，几天前，他的得力助手、空军总司令戈林挟大量的金银财宝逃到了萨尔斯堡，并声称接管帝国的全部领导权。

"快来柏林解围，你们难道没有听说苏军已经到了柏林了吗？海因里希和温克的军队都在哪里？"希特勒在离地面几十米的地下室里对着话筒狂叫着，他哪里知道，他所求助的这些部队早已经被苏联红军消灭了，柏林之围是解不了了。

又打了几个没头没脑的电话后，希特勒已经筋疲力尽，他躺在沙发上，想休息一会儿，但从地面上传来的轰鸣声却使他更加烦躁不安。

头顶上的炮弹声越来越近了，夹杂着坦克碾过地面的声音。

"看来我的末日是临近了。"希特勒默默地对自己说。

坐在沙发上，他眼前浮现出墨索里尼被暴尸街头的场面，不由得打了个寒战。他转身对卫队长格林说："我和爱娃将会在这里自杀。你去准备两条羊毛毯子和足够焚烧两具尸体的汽油。我们死后，你把我们裹着抬到花园里烧掉……"格林吓了一跳，而希特勒却是相当平静。

4月29日，希特勒命人把还留在柏林的德国官员请到总理府的地下室，虽然来的人寥寥无几，但他还是摆出一副非常庄重的表情。

"很高兴各位能在大敌当前时来到这里，今天我有两件事宣布。一是，海军元帅邓尼茨将完成我没有完成的任务，二是我的私事，我将与爱娃在今天夜里举行婚礼。"爱娃是希特勒的情妇。

当天夜里，希特勒与爱娃的婚礼在地下室的地图室举行，柏林市政府参议员瓦格纳主持了婚礼。

4月30日，希特勒坐在总理办公室的沙发上，爱娃蜷缩在他的脚边。

他环视着四周，看了爱娃最后一眼，然后拿起预先准备好的手枪朝着自己的右太阳穴开了一枪。希特勒死后，爱娃也挣扎了片刻就停止了呼吸，她已经服下了剧毒药品氰化钾。

也就在这一天，苏军攻占了德国国会大厦。5 月 2 日，苏军占领了整个柏林。

※ 第一颗原子弹

1939 年 8 月的一天，一封由著名科学家爱因斯坦签名的信放在了美国总统罗斯福的办公室桌上：

"总统阁下：

我读到了费米和西拉德近来的研究工作手稿。这使我预计到，元素铀在最近的将来，将成为一种新的、重要的能源……

为此，我建议……和有关人士及企业界实验室建立接触，来促使实验工作加速进行……

据我所知，目前德国已停止出售它侵占的捷克铀矿的矿石。如果注意到德国外交部次长的儿子在柏林威廉皇帝研究所工作，该所目前正在进行和美国相同的对铀的研究，就不难理解德国何以会有此举了。"

罗斯福坐在轮椅上，默默地读完了这封信，开始了激烈的思想斗争：爱因斯坦是个正直的科学家，由于纳粹的迫害，爱因斯坦和一批科学家逃离德国迁居美国。1939 年夏，有消息称德国正在进行一项秘密工程，即试图利用原子科学的成果，制造一种毁灭性很强的新式武器，万一德国法西斯抢先制造出原子弹，人类的命运将不堪设想。但是，这种谁也没有见过的原子弹是否真的能制造出来呢？如果美国要赶在德国之前制造出这种武器，那经费从哪里来呢？如果不慎爆炸怎么办？

罗斯福想了许久，还是理不出头绪来。

"您是否还记得，拿破仑就是因为没有采用富尔顿利用蒸汽船的建议而未能横渡英吉利海峡的。而一旦德国的研制成功，美国将会是第一批受害者。"

罗斯福的科学顾问萨克斯及时提醒了他。

为了慎重起见，罗斯福与美国一些官员进行了反复地研究。

10月19日，罗斯福终于对爱因斯坦的信做了肯定的回答。按照罗斯福的指令，一个以"S-11"为代号的特别委员会成立了，这个委员会将负责核试验的研究。

1941年12月6日，美国成立了一个庞大的工程机构——曼哈顿工程管理处，它的使命就是负责设计制造原子弹。与此同时，纳粹德国也在加紧研究制造原子弹。为了不让德国制造成原子弹，英美两国想尽了一切办法来爆毁挪威的重水工厂，以切断德国的重水来源。第一次突击失败以后，英国突击队又在1943年2月17日进行了第二次突击，这就是著名的"重水之战"。这次爆破的胜利，使纳粹德国丧失了建立原子反应堆必不可少的重水，制造原子弹的计划不得不向后推迟。

1942年8月，美国陆军工程兵团建筑部副主任格罗夫斯将军主持了"S-11"委员会家、高级管理人员会议，制定了一个名为"曼哈顿"的新计划。"曼哈顿"计划规定，研究工作所有指挥权都集中在曼哈顿工程管理处，设在新墨西哥州荒原上的原子实验室由著名科学家罗伯特·奥本海姆主持，奥本海姆则每天都与坐镇华盛顿"曼哈顿"总部的格罗夫斯将军汇报情况。这项工作具有高度保密性，就连副总统杜鲁门也是在1945年4月，罗斯福去世后接任总统时才知道这一机密的。

为了能抢在德国人之前造出第一颗原子弹，美国还向欧洲战场派出了名叫"阿尔索斯"的行动小组，专门搜捕德国科学家和收集德国制造原子弹的情报。

1945年7月16日凌晨，美国新墨西哥州阿拉英戈多沙漠里正在进行着试验原子弹的准备工作。5点30分，随着一声巨响，一团巨大的火球从地面升腾而起，窜上8000米的高空。火球升起的一刹那，沙漠上尘土飞扬，大地被震得颤动起来。美国政府集资25亿美元，动用40万科技人员和工人，经过3年研制出来的世界上第一颗原子弹终于爆炸成功了。

第一批原子弹共有3颗，被试验爆炸的一颗命名为"瘦子"，另外两颗被命名为"胖子"和"小男孩"。

第一颗原子弹爆炸成功的时候，杜鲁门正在德国波茨坦参加会议。为了对付日本和抑制苏联，杜鲁门在8月2日的回国途中决定对日本投掷原子弹。

8月6日和8日，美军先后在日本的广岛和长崎投下了两颗原子弹，加速了日本投降的进程。

※ 日本投降

1945年7月26日，中、美、英三国发表了《波茨坦公告》，公告的主要内容是督促日本必须立即无条件投降。

8月6日，美军第509混合大队奉命向日本广岛投掷了一颗原子弹，原子弹爆炸的威力造成了广岛6万多建筑物被毁，9万多人死亡，3.7万多人负伤，13万人患上了放射病。第二天，美国总统杜鲁门向全世界发表声明，敦促日本政府赶快投降，否则就将遭到"来自空中的毁灭"。在美国广播之后，日本的海军统帅部才接到设在广岛的日本第二军总司令部的报告："美军使用了一种破坏力极强的炸弹，据推断可能是原子弹。"但是，广岛的悲剧并没有使日本立即同意接受《波茨坦公告》的最后通牒，而是把希望寄托在苏联的调停上。

8月8日，苏联向日本宣战，并出兵中国东北，盘踞在此的关东军土崩瓦解。同时，美国又在长崎投下了第二颗原子弹，长崎全城的27万人中，有6万在当日就死去了。中国、朝鲜、越南、菲律宾、马来亚、泰国、印度尼西亚等许多国家的军民也对日军发起了最后反攻，日本侵略者被打得焦头烂额。

就在日本法西斯四面楚歌、陷入绝境之际，一群日本军政要人聚集在防空洞里就是否接受《波茨坦公告》展开了激烈的争论。

"盟国正在督促我国投降，我想听听大家的意见。"铃木首相一副疲惫的样子，把身子靠在沙发上，等着听其他军政要人的意见。

"从现在的情况来看，我们只能投降了，我想盟国会同意我们维护国体、保存天皇制度的。"外相东乡茂德垂头丧气地说，显然，他已经没有其他的办法了。

海军司令部总长丰田副武似乎有些不甘心："投降可以，但除了维护国体外，盟国还必须答应我们三个条件：我们要自行处理战犯，自主地解除武装，最重要的是我们不能让盟国占领日本本土。"

"大日本帝国怎么能无条件投降呢？不如我们实行本土决战，说不定我们可以击退敌军呢。"陆相阿南惟几一直是个顽固的抵抗派。

在争论半天毫无结果的情况下，铃木首相决定上奏天皇。此时的天皇裕仁早已经没有刚开战时的锐气，他有气无力地说："这几天的情况大家也看到了，即使我们有足够的精神去重新投入战争，但胜利的希望已经没有了。依我看，还是接受《波茨坦公告》吧。"

8月10日，日本接受《波茨坦公告》的广播传到美国，美国总统杜鲁门征询了英、苏、中三方的意见，向日本政府发出了一道复文："自投降之时起，日本天皇必须听命于美国最高司令官……日本政府之最后形式，将依日本人民自身表示之意愿确定之。"

两天后，美国飞机越过太平洋飞抵日本东京上空，从飞机上向下散发日语传单，其中包括日本政府接受《波茨坦公告》的电文和同盟国复文。8月14日，日本又召开了御前会议。会上，陆相阿南惟几再恳请天皇向盟国提出照会：如果盟国不允许保护天皇制，那日本只有背水一战。阿南惟几的请求并没有使天皇无条件投降的决心改变，天皇不但下令起草了无条件投降的诏书，还将诏书录了音。阿南惟几声泪俱下地离开了会场。

8月15日，日本天皇以广播"停战诏书"的形式，向盟国宣布无条件投降。28日，美国空军在东京降落，接着，大批的盟军在日本登陆。

9月2日，是日本向盟国举行签降仪式的日子。这天上午，停泊在东京湾的美国战列舰"密苏里"号见证了这一历史性的时刻。日本新任外相重光葵和参谋总长梅津美治郎首先在投降书上签了字，接着，同盟国代表、盟军最高统帅麦克阿瑟，美国代表尼米茨，中国代表徐永昌，英国代表福莱塞，苏联代表杰列维亚科等也依次在投降书上签了字。

至此，日本帝国主义15年的侵略战争以彻底失败告终。

冷战时期

　　第二次世界大战结束后，美苏双方冲突不断，美国于1947年推出了"杜鲁门主义"，"冷战"开始。为了进一步控制欧洲，1949年4月，在美国的主导下，成立了北大西洋公约组织。1955年，苏联与一些东欧国家建立了华沙条约组织。这两大集团在欧洲尖锐对立。20世纪50年代，美国卷入了朝鲜战争；60年代到70年代初，美国又发动了越南战争，惨败而归。

※ 丘吉尔的铁幕演说

1946 年 3 月，美国密苏里州富尔顿城里的威斯敏斯特学院热闹非凡。学院门口车水马龙，院内的草坪上密密麻麻地排列着座椅，3000 多名观众陆陆续续地进场，并兴奋地讨论着。原来，英国前首相丘吉尔将在这里进行一次演讲。

在众目睽睽之下，美国总统杜鲁门走上了讲台，他首先对丘吉尔来美访问致了欢迎辞。紧接着，丘吉尔在一片掌声中走上了讲台，他满面微笑，向听众们挥动着手里白色的礼帽，发表了题为《和平砥柱》的演讲。

在演讲中，丘吉尔首先对美国大肆赞扬，称其为"正高踞在世界权力的顶峰"，随即话锋一转，提醒听众新的战争和暴政正日益威胁着世界，而根源就是苏联和国际共产主义运动。

为了表示他本人对世界和平的担忧，丘吉尔沉默了许久，然后带着激动的声音说道："从波罗的海边的海斯德丁到亚得里亚海边的的里雅斯特，已经拉下了一幅巨大的铁幕。这张铁幕后面坐落着中欧、东欧古老国家的城市——华沙、柏林、布达佩斯、布拉格、维也纳、贝尔格莱德、布加勒斯特等。这些著名的都市和居民都处于苏联势力范围之内了。这些都市不是以这样就是以那样的形式屈服于苏联的势力范围，而且越来越强烈地受到来自莫斯科的高压控制。

"在这张铁幕外面，共产党的'第五纵队'遍布各国，刚被盟国的胜利照亮的大地，又被罩上了阴影，到处构成对基督教文明的日益严重的挑衅和危险。没有人知道，苏联和它的共产主义国际组织打算在最近的将来干些什么……

"如果我们不趁现在还来得及的时候正视这些事实，而任苏联继续扩大它的势力范围，那么我们的危险会越来越大，所以，现在是我们该做出决定的时候了……"

丘吉尔呼吁英美联合起来，建立"特殊关系"，推动西方民主国家"团结一致"。并建议在军事上"继续保持密切的联系，以便共同研究潜在的危险"，用实力反对苏联。

坐在台下的杜鲁门带头鼓起了掌，他与丘吉尔的想法是非常一致的。自从他接任总统后，马上就表示要对苏联采取强硬政策。尤其是日本投降后，他公开宣称"已厌倦了笼络苏联人"，开始推行一种以苏联为主要对手，以欧洲为重点，以谋求世界霸权为目标的战略。而苏联也不甘示弱，在波兰、罗马尼亚、匈牙利、保加利亚等国建立了人民民主政权，同美国进行直接对峙。1946 年 2 月 9 日，斯大林发表演说时指出"战争是现代垄断资本主义发展的必然结果"。杜鲁门正为找不到反击苏联的理由而苦恼，于是，马上把这篇演说称为"第三次世界大战的宣言"，并表示赞成美国驻苏联大使馆代办乔治·凯南提出的必须对苏联采取"遏制"政策的建议。

当时国际国内舆论对苏联普遍持有好感，如果一意孤行对苏联采取"遏制"政策，肯定会招来不必要的麻烦，于是，杜鲁门开始寻找志同道合的反共斗士，他首先把目标锁定在英国前首相丘吉尔身上。

丘吉尔发表如此言辞激烈的演说也并非是一时心血来潮，而是当时国际形势与英国的利益使然。第二次世界大战后，昔日的日不落帝国风光不再，美、苏转而成为世界强国，美国始终是维护资本主义国家利益的，而作为社会主义国家代表的苏联却也位居其上，很是让英国不服气。于是，丘吉尔在杜鲁门的邀请下欣然来到美国访问，并发表了旨在反苏反共的这一演讲。

丘吉尔的"铁幕"演说是第二次世界大战之后西方政界一位最有身份的人对苏联进行的最公开、最大胆的指责，也是美国发出的对以苏联为首的社会主义阵营开始"冷战"的最初信号。1947 年 3 月 12 日，美国提出了要求遏制苏联和共产主义的杜鲁门主义，冷战正式开始。

"铁幕"一词不是丘吉尔的首创，但自从丘吉尔这次演说后，"铁幕"便成为了战后国际关系中有关东西方对抗的专有名词。

※ 欧洲复兴计划

每年的哈佛大学毕业典礼上，都会有一位政界要人或是工商巨子来到学校对即将离开学校的学子们发表演讲。1947年6月5日，又是哈佛每年一度的毕业典礼的日子，今年请来的知名人士会是谁呢？

随着学生们的一片喧哗声，美国国务卿乔治·马歇尔走上了讲台，他频频挥手，向台下的同学们致意，然后用他富有感染力的声音开始了演讲。在这次演讲中，马歇尔描绘了欧洲面临的困难局面，提出了美国对欧洲进行援助的计划，即"欧洲复兴计划"。马歇尔说："在以后的几年中，欧洲的需要大大超过了它的支持能力，而美国应尽最大努力帮助恢复世界正常的经济繁荣……我们的目的就是恢复世界上行之有效的经济制度，从而使自由制度赖以生存的政治和社会条件能够出现……"

马歇尔用15分钟就把这一计划叙述得淋漓尽致，他非常投入，台下的学生们也听得入了神。其实，马歇尔计划是当时美国对外政策的一个重要组成部分，也是自杜鲁门主义出笼以来的第一次大规模运用。

第二次世界大战期间，由于美国在战争中本土没有受到攻击，工业基础未遭到破坏，生产力继续提高，使其战后成为西方最强大的国家。美国一方面为英、法、德等资本主义殖民国家的没落而暗自高兴，一边又怕动荡不安的西欧落入到当时以苏联为首的社会主义阵营的势力范围当中。于是，美国政府认为在经济、政治、军事上全面控制西欧的时机到来了，而必须找一个时机恰如其分地抛出所谓的"欧洲复兴计划"，以作为美国全面控制西欧、抗衡苏联的战略的一个部分。哈佛大学是世界上知名学府，在这个学府发表演讲就是美国政府认为最恰当的时机。

"欧洲复兴计划"虽然是马歇尔正式提出来的，但在马歇尔提出之前，美国政府早已经把这一计划的雏形进行了多次宣传。

1947年2月22日，马歇尔刚刚上任，便在普林斯顿大学发表了对外政策演说，强调鉴于西欧各国经济处于困难，美国应给予各国强有力的援助。3月6日，美国总统杜鲁门在得克萨斯州贝纳大学发表演说时，声称美国将决定世界经济关系的格局。5月8日，受杜鲁门的委托，美国副国务卿艾奇逊在克利夫兰一个集会上发表了对外政策演说，强调欧洲重建要作为一个整体来考虑，要通过贷款或赠予方式解决，以此来保持欧洲的繁荣。艾奇逊的演说其实是马歇尔这次"欧洲复兴计划"的序幕。

马歇尔在哈佛大学的演讲刚一发表，立即在世界范围内引起关注。英、法两国率先响应，6月17日至18日，英、法就"欧洲复兴计划"问题在巴黎举行会谈，19日两国发表公报，对这一计划表示欢迎，并按照美国政府的意思，邀请苏联外长莫洛托夫前来参加讨论。6月27日，苏联派遣了庞大的代表团参加了在巴黎召开的讨论"欧洲复兴计划"的会议。英、法建议欧洲各国就各自的经济资源提出报告，然后拟出欧洲国家统一的经济复兴大纲，这一要求遭到了苏联代表的拒绝。7月2日，莫洛托夫发表声明表示欢迎基于民主的国际合作，但谴责西方各国的做法将导致某些国家对另一些国家内部事务的干涉，并宣布退出会谈。7月12日，英、法等西欧16国在巴黎继续举行会议，决定成立"欧洲经济合作委员会"。实际上，"欧洲复兴计划"应该叫作"西欧复兴计划"。

"欧洲复兴计划"在西欧得到热烈欢迎后，美国加紧将该计划的各项准备工作予以落实。首先，成立了直属总统的对外援助委员会，并制定了具体的方针、政策。作为复兴欧洲的有机组成部分，美国于6月20日给予希腊3亿美元援助，8月14日停止对意大利在美财产的冻结，等等。

1948年4月3日，杜鲁门正式签署了国会通过的《对外援助法》。该法案规定各个参加"欧洲复兴计划"的受援国必须与美国就援助条件签订双边条约，并相对削减同社会主义国家的贸易额。为此，美国还特别成立了经济合作署，开始正式实施"欧洲复兴计划"。

1951年12月31日，"欧洲复兴计划"执行完毕。在这一计划中，美国共向西欧各国援助了131.5亿美元，欧洲16个受援国分不同程度都获得了援助。

"欧洲复兴计划"稳定了资本主义社会的秩序,推动了欧洲经济的一体化。然而,这一计划不但没有遏制住苏联,反而进一步加剧了冷战。

※ 柏林危机

1948 年 2 月,美、英、法、荷、比利时、卢森堡 6 国在伦敦召开外长级会议。在这次会议上,美国代表提议在德国西方占领区建立德意志国家。由于美国在德国问题上的主导地位,他的这一主张得到了其他 5 国的赞同。这次会议完全是在美国的操控之下进行的,持续了近 4 个月。6 月 7 日,伦敦会议才告一段落,参会的国家在会后发表公告,决定在德国西区拟定"基本法",召开"制宪会议",把美、英、法等国的占领区合并成统一的德意志国家,在建立的"西德"进行币制改革,"西德"的工业生产由 6 国组成的国际管理机构进行管理,等等。伦敦会议为什么没有苏联参加呢?原来,美国召开这次伦敦会议的主要目的就是想排斥苏联在德国问题上的发言权,试图单独解决德国问题,在德国西部建立一个国家,以此为反苏的前沿阵地。

在第二次世界大战前夕的雅尔塔会议和波茨坦会议上,众参会国达成了在战争结束后由苏、美、英、法 4 国分管德国的协议。德国投降后,苏、美、英、法将德国领土分区占领:苏联占据东区,英国占据西北区,美国占据西南区,法国占据西区,而首都柏林由 4 个国家共同管理。1945 年以后,4 国曾举行过数次外长会议。但是,4 国在各自的占领区内实行军事管制,只按照本国政府的政策行事,对本国政府负责,所以各国之间出现的分歧越来越多,很难就同一个问题取得一致的意见,这就使得盟国管制委员会形同虚设。

1946 年底,美、英签订了双方对德国占领区合并的协定。第二年初,苏、美、英、法 4 国外长在莫斯科讨论德国问题,苏联代表在会上提出的建立德国临时中央政府的主张遭到了其他 3 国的反对。同一年,美国开始推行杜鲁门主义和马歇尔计划,加紧了对西欧的控制。尤其是在 1948 年的伦敦会议之后,美国蓄意分裂德国的意图越来越明显。

1948 年 3 月 20 日,对美国行为极度不满的苏联宣布退出盟国管制委员会。

6月19日，苏联针对美国宣布将于20日在德国西区进行币制改革的消息发表了政府声明，指出柏林是苏占区的一部分，并警告西方国家，如果其对苏占区货币流通进行破坏，苏联将采取措施加强管理，进一步控制西方国家进入柏林的通道。柏林危机由此开始。

美国对苏联的警告置之不理。6月21日，在美国的坚持下，美、英、法3国在德境西占区实行了单独的币制改革，发行了新的德国货币马克。苏联对美、英等国的上述活动一再提出抗议和反对，美国依然我行我素。

22日，苏、美、英、法4国代表在柏林召开会议，讨论柏林货币问题。针对德国西区的情况，苏联代表在会上宣布：苏联决定在柏林发行新货币，并拒绝了美国提出的西方3国管理柏林货币的要求。由于柏林是由4国分管的，美、苏关于柏林货币的问题一时争执不下，双方都声称有权在柏林推行新的货币政策。最后，柏林当局采取了折中方案，允许美国在西柏林执行其货币政策，在东柏林则执行苏联的货币政策。

柏林是苏联红军最先占领的，在攻克柏林的战役中，无论是从兵力还是财力上，苏联的损失都是巨大的。而用这么大代价换来的成果却白白地被美国占去了一半，苏联不能不为之恼火。24日，苏联封锁了柏林，中断了西柏林与西方占领区之间的水陆交通。美、英则对苏占区实行交通和贸易限制，并向西柏林空运物资。此时，柏林苏占区和德境西区关系非常紧张，市政管理陷入混乱之中，战争一触即发。

尽管柏林局势非常紧张，但美、苏双方都不愿最先使用武力。1949年1月31日，斯大林表示，如果美、英、法3国同意把建立单独的西德国家的计划推迟到研究整个德国问题的外长会议召开时，苏联将会取消对柏林的交通管制。经过谈判，双方于5月12日解除了对德国各占领区和柏林之间的交通限制。双方还决定于5月23日在巴黎召开4国外长会议，继续就德国问题进行讨论。

5月23日，德意志联邦共和国在西占区宣布成立，10月7日，德意志民主共和国在苏占区也宣布成立。至此，德国被分裂成两个国家。

※ 北大西洋公约组织

第二次世界大战结束后，以美国为首的西方资本主义国家极力遏制社会主义国家苏联。美国在欧洲复兴过程中，不断向外扩张势力。冷战开始后，国际政治出现了新一轮分化，分别形成了以美国为首的西方阵营和以苏联为首的东方阵营。自此，这两大阵营开始在政治、经济、军事和文化等方面都展开了对峙。

1948 年 2 月，捷克斯洛伐克宣布退出西方阵营，加入到东方的社会主义阵营中。英国外交大臣贝文的呼吁表现了整个资本主义社会的心声：西欧面临被苏联倾覆的危险，西欧各国应该联合起来，建立一个能保卫西欧的联盟。很快，这一呼吁便表现在了行动上。

1948 年 3 月，美国、加拿大、英国 3 国代表在华盛顿举行会谈，通过了美国草拟的《五角大楼文件》。随后，英国、法国、比利时、荷兰、卢森堡 5 国在比利时首都布鲁塞尔签署了《经济、社会、文化合作和集体防御条约》，这一条约简称《布鲁塞尔条约》。

但是，西欧各国的不安并没有随着《布鲁塞尔条约》的签署而减轻，反而越来越重了。其实，西欧各国的担心也并不是多余的。当时，苏联与东欧已连成一片，拥有 210 个师的大军，而整个西欧只有 14 个师的兵力，其中还包括美国的两个师。西欧各国都意识到，单凭自己的这点力量是很难与苏联抗衡的，所以他们急需寻找一个能与苏联相对峙的力量加入到他们的队伍中来，而在西欧各国眼中，只有给予他们援助的美国才有这个能力。同样，美国也正寻找着具有相同利益的伙伴与其联盟。1948 年 6 月，柏林危机爆发，美国和西欧各国联合的决心更加坚定了。

1948 年 7 月 6 日，美国、英国、法国、加拿大、比利时、荷兰、卢森堡 7 国在华盛顿举行会议，讨论建立北大西洋安全体系问题。虽然各国的最终目的一致，但他们在会议中还是为了多为己国争得一些利益而争吵不休。

最后，参会各国通过了《北大西洋公约》，这一公约除了序言外，还包括 14 项条款。为了吸引更多的国家参加到这个公约中来，各国并没有在这一公约上签字。

1949 年 4 月，在美国的提议下，美、英、法、意、比、荷、卢、丹、挪、加、葡和冰岛在内的 12 国外长在华盛顿再次集会，签订了《北大西洋公约》。公约规定：各国"进行集体防御"，当一国遭到"武装进攻"时，其他缔约国应"采取视为必要之行动，包括武力之使用，协助被攻击之一国或数国以恢复并维持北大西洋区域之安全"。西方各国还根据《北大西洋公约》成立了北大西洋公约组织，该组织有统一的军队，司令部设在比利时的布鲁塞尔，首届司令官由美国将军艾森豪威尔担任。北约的最高权力机构是北约理事会，由成员国国家元首、外长或是国防部长组成。此外，北约的主要组织机构还有防务计划委员会、常设代表理事会、军事委员会、国际秘书处等。

北约是一个政治联盟，最终的目的是遏制苏联。而美国总统杜鲁门在出席签字仪式上的讲话却把这一组织的建立形容成是"一种反侵略的盾牌"，甚至美其名曰"希望用它来防止第三次世界大战，如果在 1914 年和 1939 年有这样的公约存在，那么曾把世界推入两次战争浩劫的侵略行为就不会发生了"。

北大西洋公约组织成立后，西方一些国家又相继加入，其中，希腊、土耳其于 1952 年，联邦德国、西班牙分别于 1955 年、1982 年加入北约。1999 年，波兰、捷克、匈牙利 3 国也加入北约。

北约就重大国际问题进行磋商合作，协调立场，加强集体防务，每年举行各种联合军事演习。北约拥有大量核武器和常规部队，是西方的重要军事力量。这是资本主义阵营在军事上实现战略同盟的标志，是马歇尔计划的发展，使美国得以控制欧洲的防务体系。

※ 华沙条约

北约组织使苏联感到自身面临着严重的威胁。1949 年 1 月 29 日，苏联外交部针对美国国务院的声明进行严厉谴责，把北约称作"美国和英国统治集团推行侵略政策的主要工具"。此后，苏联在各种场合都猛烈地抨击北约组织，并向联合国大会上诉。1954年10月23日，西方国家签订了《巴黎协定》，允许联邦德国建立正规军，并加入北大西洋公约组织，公开重新武装德国。11月13日，苏联政府立即向以美国为首的西方国家发布照会，要求他们不要批准《巴黎协定》，并建议召开全欧洲会议，讨论防止德国军国主义复活的问题，但遭到西方国家拒绝。11月29日至12月2日，苏联召集阿尔巴尼亚、保加利亚、匈牙利、波兰、民主德国、捷克斯洛伐克和罗马尼亚等东欧七国政府代表在莫斯科汇聚，警告西方国家，一旦《巴黎协定》被批准，苏联与东欧国家将采取共同措施，组建联合武装。但西方国家对苏联的警告置若罔闻。1955年5月5日，《巴黎协定》正式生效。5月14日，苏联与东欧七国在波兰华沙签订了友好互助合作条约，称为《华沙条约》，简称"华约"。

华沙条约组织具有军事同盟的性质。条约规定：当缔约国之一遇到武装威胁时，其他缔约国应采取一切必要的方式给予援助；设立统一的武装部队司令部和政治协商委员会；缔约国不参加与华约相反的任何联盟或同盟，不缔结与华约相反的任何协定。华约还欢迎一切赞同该条约的国家参加。华约组织的主要机构有政治协商委员会和联合武装部队司令部。前者由缔约国各派一名政府成员或一名特派代表参加，负责审议一切重要的政治、军事问题。从1960年以后，政治协商委员会一般由各缔约国执政党的第一书记或总书记以及政府首脑、外交部长、国防部长和华约联合武装部队总司令参加。联合武装部队司令部负责统率根据缔约国各方协议拨归其指挥的各国武装部队。上述两机构总部均设在莫斯科。

华约的建立使东、西方最终形成了两个对立的军事集团，使两大阵营带有强烈的军事对抗色彩，从而使冷战的气氛更加凝重。

华约组织后来成为苏联控制东欧的工具。1968年8月，苏联以华沙条约组织名义，出兵侵占了捷克斯洛伐克。同年9月阿尔巴尼亚退出该组织。1990年10月，民主德国并入联邦德国，民主德国不复存在。1991年4月1日，华约组织宣布解散其军事机构，7月1日，华约6个成员国领导人在布拉格签署议定书，宣布华约结束。至此，华沙条约组织正式解散，两大阵营的对峙宣告结束。

※ 欧洲共同体

欧洲共同体是一个联合的政治和经济集团，包括欧洲煤钢共同体、欧洲经济共同体和欧洲原子能共同体，其中以欧洲经济共同体最为重要。

20 世纪 50 年代中期，资本主义经济迅速发展，美国与西欧国家的力量对比发生了变化：西欧一些国家利用"美援"和美资，进行了大规模经济重建工作，使经济迅速恢复和发展起来，而此时美国的经济则开始衰退。

自第二次世界大战后，美国一直把西欧作为主要销售市场，西欧国家经济恢复和发展后，力求摆脱美国控制，维护自己的市场。要实现这种目的，建立一个排他性经济集团势在必行。大垄断集团之间也相互结合，彼此渗透，建立起了一些跨国垄断组织。同时，它们也要求各国资本、劳动力和技术互相流通，打破国界，扩大市场。应这种形势的要求，欧洲共同体得以建立。

1950 年 5 月 9 日，法国外长舒曼主张把法国和联邦德国的煤炭与钢铁工业置于一个"超国家"机构领导下，形成一个一体化国际组织，即建立欧洲煤钢共同体，还欢迎欧洲其他国家加入该组织。舒曼的倡议很快得到了联邦德国和西欧一些国家的响应。1951 年 4 月 18 日，法国、联邦德国、意大利、荷兰、比利时、卢森堡 6 国外长在巴黎签订《欧洲煤钢共同体条约》，条约规定，建立 6 国煤钢共同市场，取消各种关税限制，调整各类煤、铁及钢的生产和销售。《欧洲煤钢共同体条约》于 1952 年 7 月 25 日生效，有效期 50 年。随着《欧洲煤钢共同体条约》的生效，欧洲煤钢共同体问世了。

欧洲煤钢共同体建立后，建立一个更为完整和广泛的经济共同体被提上了议事日程。1956 年 10 月 21 日，欧洲煤钢共同体 6 个成员国外长再一次齐聚巴黎，讨论成立"欧洲原子能共同体"和建立欧洲"共同市场"等问题。1957 年 3 月 25 日，6 国外长在意大利罗马签订《欧洲原子能共同体条约》和《欧洲经济共同体条约》。这两款条约于 1958 年 1 月 1 日生效，同时，欧洲经济共同体和欧洲原子能共同体成立。《欧洲经济共同体条约》的主要内容包括：各成员国间建立关税同盟，逐步建立起统一的对外关税率和贸易政策；制定共同竞争规则，消除各种限制和歧视竞争的协定和制度；实现共同市场内部商品、劳动力和资本的自由流通，等等。条约还规定设立欧洲投资银行，设立欧洲社会基金。

1965年4月8日，上述6国在布鲁塞尔召开会议，签订了《布鲁塞尔条约》，决定将欧洲煤钢共同体、欧洲原子能共同体和欧洲经济共同体合并为统一的机构，统称欧洲共同体。

欧洲共同体的总部设在比利时首都布鲁塞尔，欧洲议会秘书处和欧洲法院设在卢森堡。欧洲共同体的主要机构有：部长理事会、欧洲理事会、欧洲议会、执行委员会、欧洲共同体法院、审计院、经济社会委员会、欧洲投资银行等。其中，部长理事会是最高的决策机构，欧洲议会是监督和咨询机构。

欧洲共同体成立后，于1973年接纳英国、爱尔兰、丹麦为正式成员国，1981年和1986年又接纳了希腊和西班牙、葡萄牙为正式成员国，1995年，瑞典、奥地利和芬兰也加入欧洲共同体。此后，又相继有欧洲国家加入。

欧洲共同体作为一个经济、政治实体，同世界上130多个国家和地区建立了正式关系。在不少国家和国际组织中派驻了代表团，各国也派遣外交官驻欧洲共同体。中国与欧洲共同体于1983年11月全面建立正式关系，并派驻了大使。

欧洲共同体已经成为当代国际关系中一支重要的经济、政治力量。欧洲共同体在实施经济一体化和政治一体化方面的主要活动包括：建立工业品关税同盟和实行统一的外贸政策，实施共同的农业政策，走向经济和货币联盟，统一对外渔业政策，统一预算，加强政治领域的合作，等等。

1993年，《欧洲联盟条约》的签订标志着欧共体的发展进入了一个新时期，根据内外发展的需要，欧洲共同体正式易名为欧洲联盟。

※ 万隆会议

1955 年 4 月 18 日，印度尼西亚的万隆沉浸在一片喜气之中。市礼堂前，一阵礼炮声过后，操着各种语言的代表们步入礼堂，举手投足之间尽是喜悦。原来，这里将举行一场国际盛会，这是历史上第一次由亚非国家自行发起召开而没有帝国主义国家参加与操纵的国际会议，这次会议由于在万隆召开，因此被称为万隆会议。

第二次世界大战后，亚非的许多国家都摆脱了帝国主义国家的殖民统治，赢得了政治上的独立。但是，由于长期的奴役，这些国家在经济上与帝国主义存在着千丝万缕的联系。为了彻底摆脱帝国主义的控制，将命运真正掌握到自己手中，许多亚非国家认识到，只有制定一个针对帝国主义和殖民主义的共同纲领，才能保卫民族解放运动的胜利成果。

1954 年 4 月，印尼总理沙斯特罗·阿米佐约在南亚 5 国（印尼、缅甸、印度、斯里兰卡、巴基斯坦）总理会议上提出了"举行一次更广泛的亚非国家会议的可能性"的建议，与会代表对此表示支持。此后，印尼、印度、缅甸、中国等国都为召开非亚国家代表会议做着努力。1954 年 12 月底，南亚 5 国总理在印尼茂物举行会议，决定联合发起亚非会议，邀请一些新独立的亚非国家和地区参加，并把反对殖民主义、争取和保障民族独立、促进世界和平、推动亚非国家的团结与合作、维护民族自主权等作为会议宗旨。

但是，帝国主义反对势力对亚非的独立进行了阻挠。看到独立趋势不可阻挡，他们便又对亚非国家的团结进行破坏。

万隆会议还是如期举行了。参加这次会议的除 5 个发起国和中国外，还有阿富汗、柬埔寨、老挝、约旦、苏丹、泰国、土耳其、伊朗等共计 29 个国家和地区的代表参加。美国虽然没有被邀，但却派遣了一个庞大的记者团参会。

印尼总统苏加诺致开幕词说："这是人类有史以来第一次有色人种的洲

际会议。为了反对殖民主义和种族主义，亚非国家应该联合起来。我们并不是要建立反对其他集团的集团，而是为亚非各国乃至全人类找出一条通向和平的道路。亚非国家在世界政治舞台上发出呼声的时刻已经到来了……"

苏加诺激昂的情绪把与会代表的热情都带动了起来，会议在友好的气氛中进行着。

4月24日，万隆会议举行了最后一次全体会议，通过了《亚非会议最后公报》，就亚非国家共同关心的问题达成了协议。公报还提出和平共处和友好合作的"十项原则"。

在万隆会议之后，亚非各国争取和维护民族独立的斗争更加深入，越来越多的国家奉行和平中立的外交政策。

※ 布拉格之春

1968年8月20日晚11时，捷克斯洛伐克首都布拉格的鲁津机场值班人员突然收到一架苏联客机发来的信号：飞机发生故障，希望在鲁津机场紧急降落。值班人员没有丝毫犹豫，立即向苏客机发出命令，同意迫降，并采取措施，引导苏联飞机在机场降落。苏联客机安全降落后，并没有停在跑道上，而是直接开到机场指挥塔附近。从飞机上下来的是几十名穿着统一服装、提着统一样式行李箱的"乘客"，鲁津机场上的工作人员并没有表示怀疑。突然，这些"乘客"从行李箱中拿出武器，迅速控制了机场的指挥系统，机场的工作人员来不及做出任何反应，就成了苏军的俘虏。随后，装载着坦克和苏军部队的大型运输机一架接一架地降落在鲁津机场，荷枪实弹的苏军开着坦克和装甲车向布拉格冲去，占领了布拉格的各个战略要地，并包围了捷共中央大厦、布拉格广播电台和总统府等。

与此同时，苏、波、匈、保、民主德国5个国家的30多万军队从各个方向开入捷克斯洛伐克境内，24小时内，捷克斯洛伐克全境被外国军队占领。

苏联不是与捷克斯洛伐克一直处于友好状态吗？为什么苏联会用如此手段突袭捷克斯洛伐克呢？

在东欧国家中，捷克斯洛伐克的工业基础原本比较发达，但第二次世界大战后走上了苏联模式的社会主义道路，国内建设方面照搬苏联经验，对外政策方面也追随苏联，造成了严重的社会弊端，使原来的优势日趋衰退。到20世纪60年代，捷克斯洛伐克的经济形势恶化，群众纷纷表示不满，要求改革的呼声也越来越高。

1968年1月，在捷共中央全会上，担任捷克斯洛伐克第一书记14年之久的诺沃提尼在选举中落败，他的职位由杜布切克接任，杜布切克的上台预示着捷克斯洛伐克内外政策的重大变动。诺沃提尼不甘心失败，企图策划军事政变，事情败露后被迫辞去总统职务。

杜布切克上台后，积极倡导改革，发展捷克斯洛伐克的经济。1968年4月，捷共中央全会通过了指导捷克斯洛伐克进行全面改革的《行动纲领》，宣布"将进行试验"，"建立一种十分民主的、适合捷克斯洛伐克条件的社会主义新模式"。

在经济体制改革方面，《行动纲领》强调，除了继续扩大企业权限，使企业成为独立的经营单位外，还要成立"工人委员会"，以行使企业自主权；在政治体制改革方面，《行动纲领》确认国民议会为国家的最高权力机关和唯一的立法机构，实行党政分开，并使人民群众享有充分的言论自由。《行动纲领》把政治体制改革同经济体制改革结合起来，在当时的东欧国家中独树一帜，表现出创新和探索精神，捷克斯洛伐克人民把随之出现的改革局面亲切地称为"布拉格之春"。

捷克斯洛伐克进行的这场轰轰烈烈的改革，使苏联感到了惶惶不安。苏联方面认为，捷克斯洛伐克的改革背离了苏联共产主义正统的道路，是反苏的自由化运动。为了防止东欧其他社会主义国家加以效仿，以勃列日涅夫为首的苏联领导人决心对捷克斯洛伐克改革加以扼杀。

1968年3月至8月，勃列日涅夫及华沙条约国家其他领导人先后同杜布切克举行过5次"高层会谈"，试图说服杜布切克改变方针，放弃改革。面对各方面的压力，杜布切克没有屈服。勃列日涅夫决定以华约军事演习为名，对捷克斯洛伐克进行军事干涉。

面对苏联的这一粗暴行为，捷共中央发表了杜布切克起草的《告全国人民书》，谴责苏联"这种入侵不但违反了社会主义国家之间关系的基本原则，还破坏了国际法的基本准则"，号召人民保持冷静，不要抵抗前进中的外国军队。

但是，苏联的行径激起了捷克斯洛伐克人民的愤慨，他们已经无法保持冷静。布拉格的市民涌上街头，举行游行示威，并高呼"我们不愿屈膝求生""我们要真理"等口号。

苏军冲进捷共中央大厦，逮捕了杜布切克等捷共领导人，并押解到莫斯科。

8月25日，苏联与被捕的捷共领导人举行谈判，苏方向捷克斯洛伐克提出了16点要求，并逼迫捷方领导人签字。在苏联的高压下，杜布切尔等人被迫做出了让步，先后在《苏捷会谈公报》和《关于暂驻捷克斯洛伐克社会主义共和国境内的条约》，使苏军对其的占领合法化。

就这样，"布拉格之春"在来自克里姆林宫的凛冽寒风中夭折了。

※ 古巴导弹危机

卡斯特罗领导的古巴新政府成立后，美国政府担心距离美国佛罗里达南端只有90多千米的古巴将成为苏联威胁美国的桥头堡。所以，美国中情局一直秘密训练古巴流亡分子，准备登陆古巴，推翻卡斯特罗政权。1961年初，在美国中央情报局的策划下，1400名古巴流亡分子组成"古巴旅"，在美国飞机和战舰的掩护下在猪湾登陆，企图颠覆古巴政权。但"古巴旅"刚一登陆，便遭到了古巴革命军事武装的迎头痛击。

1962年7月，古巴国防部长前往莫斯科请求苏联对古巴实行军事援助。苏联方面立即应允，并秘密地与古巴达成协议：苏联提供的军事援助中，常规武器归古巴所有，导弹、核弹由苏联掌握。古巴开始在极其保密的情况下建立导弹发射基地。

美国总统肯尼迪早就对古巴与苏联的关系心生疑虑，恰在这时，美国中央情报局侦察到苏联正用货船向古巴运送导弹。肯尼迪意识到问题的严重性，立即召集由国务院、国防部、中央情报局、参谋长联席会议等方面的负责人和一批顾问参加的紧急会议。会上，有的人主张实行海上封锁，有的人主张采取进行军事打击。最后，肯尼迪考虑到苏联实力的强大，决定对古巴实行海上封锁，为了避免与国际上的其他国家产生摩擦，美国对外宣称这次行动为"海上隔离"。此外，美国还在佛罗里达集结重兵，数百架战略轰炸机随时待命。

10 月 22 日，肯尼迪发表电视讲话，向全世界宣布了苏联在古巴建立进攻性导弹发射场的消息。肯尼迪称，苏联的这种做法极大地威胁到了包括美国在内的西半球，为安全着想，美国会采取相应行动，迫使苏联把导弹撤出西半球，而"海上隔离"只是行动的第一步。与此同时，肯尼迪还命令部署在加勒比海域的 180 艘美国舰只，对前往古巴的船只进行拦截和检查。美国海外的军事基地以及潜艇上的导弹也进入了戒备状态，并通过卫星追踪站密切监视苏联在古巴境内的一切军事活动。

苏联领导人赫鲁晓夫看到建设导弹基地的计划已经被美国人识破，忙下令加快向古巴运送导弹，并发表声明，如果苏联船只遭到拦截，苏联将会予以回击。此刻，在赫鲁晓夫的命令下，一支由 25 条商船和战舰组成的苏联船队正向美国海军的警戒线冲来。随着双方距离的拉近，战争一触即发。

10 月 24 日，美国对古巴实施的"海上隔离"正式开始。美军舰队在执行任务的时，与两艘苏联货船相遇，双方在海上形成了对峙。

最终，肯尼迪的强硬态度还是使赫鲁晓夫退却了。当苏联船只在即将到达美国警戒线时，突然停了下来，继而掉头返航。

10 月 25 日，在联合国的调停之下，赫鲁晓夫表示愿意停止向古巴运送武装。赫鲁晓夫还致信肯尼迪，要求美国解除对古巴的封锁，并保证不再入侵古巴，防止危机升级。肯尼迪思量再三，表示同意赫鲁晓夫的建议。

10 月 28 日，莫斯科电台广播了赫鲁晓夫的决定：苏联已经停止在古巴的导弹发射场施工，下令撤除这些武器并包装运回苏联，等等。随着这一消息的发布，古巴导弹危机最严重和最危险的时刻终于过去了。12 月 6 日，苏联运走了在古巴的全部导弹和轰炸机。经过核实后，美国也宣布解除对古巴的海上封锁。

古巴导弹危机是美、苏争夺霸权的结果，也是战后美苏关系的一个转折点。

※ 不结盟运动

第二次世界大战后，殖民地、半殖民地人民开始觉醒，民族解放运动和各国人民反帝、反殖民主义革命运动蓬勃发展，特别是中国解放战争的胜利和 1955 年万隆会议的召开，把亚、非民族解放运动推向了新的高潮。到 20 世纪 60 年代初期，已经有 40 多个国家先后摆脱殖民枷锁赢得了独立。仅 1960 年一年的时间，撒哈拉以南非洲就有 17 个国家宣告独立，这些新独立的国家大都选择了独立自主、和平中立、不结盟的发展道路。另一方面，西方帝国主义之间与苏联的对抗对新兴国家的独立、主权和安全形成越来越大的威胁。在这种形势下，一些有声望的民族独立运动的领袖萌发了建立不结盟国家组织的想法。

1956 年 7 月 18 日，印度总理尼赫鲁、埃及总统纳赛尔和南斯拉夫总统铁托在布里俄尼举行政治会晤。20 日，三国领导人发表了一项《联合声明》，表示拥护万隆会议提出的和平共处五项原则，坚持民族独立，反对加入军事集团，主张"继续并且鼓励奉行不同政策的各国领袖之间的接触和意见交换"。此后，三国领导人进行了长达 4 年的酝酿和讨论，并在 1960 年第 15 届联合国大会期间，与加纳总统恩克鲁玛和印度尼西亚总统苏加诺协商召开不结盟会议事宜。1961 年上半年，铁托对非洲 9 个第三世界国家进行了访问，提出关于举行不结盟国家首脑会议的建议。

在第三世界国家领导人的积极努力下，1961 年 6 月，20 个国家的代表参加了在埃及首都开罗召开的不结盟国家首脑会议的筹备会。在这次会议上，代表们各抒己见，最后一致通过了参加不结盟国家首脑会议的 5 项标准，其中包括：执行以和平共处和不结盟基础上的独立政策；支持民族解放运动；

不参加大国军事同盟；不与大国缔结双边军事条约；不在本国领土上建立外国军事基地，等等。这5项规定使万隆会议的精神从深度和广度上都得到了发扬。

9月1日，南斯拉夫首都贝尔格莱德张灯结彩，沉浸在一片欢腾之中。不同肤色的人们聚集一堂，参加首届不结盟国家和政府首脑会议。参加这次会议的有25个正式成员国家，此外还有3个国家作为观察员列席会议，与会国家一致通过了《不结盟国家的国家元首和政府首脑宣言》。宣言指出："只有根除殖民主义、帝国主义和新殖民主义的各种表现形式之后，持久和平才能实现"，呼吁"与会各国全力支持阿尔及利亚、安哥拉、突尼斯、古巴以及其他为争取和维护民族独立而斗争的各国人民"，要求"各大国签订全面彻底的裁军条约"以缓和国际紧张形势，认为"不结盟国家应该参与有关世界和平与安全"的国际问题的解决，强调"各国之间的经济合作"。这次不结盟国家和政府首脑会议的召开，标志着不结盟运动的正式形成，促进了第三世界的兴起和壮大。

不结盟运动形成以后，得到了亚非拉国家的积极响应，运动规模也越来越大，自1961年至1990年，先后召开了9次首脑会议。在1964年的第二次会议上，通过了关于不结盟运动的宗旨和《和平和国际合作纲领》。宗旨共有11条，其中包括反对种族歧视和种族隔离政策、尊重各国主权及领土完整、不以武力相威胁或使用武力解决国际争端、禁止一切核武器试验、推动经济发展和加强合作，等等。

此后，不结盟运动逐渐走向制度化，规定每隔3年召开一次首脑会议，由会议东道国领导人任首脑会议主席，任期3年。会议主席还可以代表不结盟运动向联合国提出不结盟国家的决议。20世纪60年代时，参加不结盟运动的大都是亚、非国家，欧洲只有南斯拉夫，拉美只有古巴。但到1979年，非洲国家（除南非外）全部加入到不结盟行列。1983年，已有119个国家加入不结盟运动，占当年联合国158个成员国中的3/4。

不结盟运动反映了第三世界国家人民要求掌握自己的命运、维护和平、致力于发展的历史潮流，具有强大的生命力，在国际舞台上发挥着越来越重要的作用。

※ 越南战争

越南原为法国殖民地，第二次世界大战期间被日军占领。日本投降后，胡志明在河内建立了越南民主共和国。法国为恢复其殖民统治，发动了侵越战争。越南人民打败了法国侵略军。

1954年日内瓦会议后，越南北方获得解放。而在越南南方，美国扶植建立了吴庭艳傀儡政权，并于1955年成立"越南共和国"，吴庭艳任总统兼总理。吴庭艳上台后，5年内残害革命者8万余人。在越共的领导组织下，1960年12月20日，以越共为核心的人民解放武装力量组建起来。1961年5月，美国在越南发动了镇压人民的"特种战争"。1962年2月，美国在西贡设立军事司令部，由保罗·哈金斯将军指挥。1963年1月，美获省丐礼县北村击伤、击落美直升机15架，到年底，共打死打伤美军2000余人，南方大部分地区获得解放。1963年11月，美国策划政变，杀死吴庭艳。1964年初，"特种战争"宣告结束。1964年8月5日，美国借口其驱逐舰"马多克斯号"在越南领海被北越鱼雷袭击，制造了"北部湾事件"。美军开始对北越义安、清化、鸿基等地进行连续空中轰炸，企图以"逐步升级"的局部战争取代原来的"特种战争"，以挽回败局。接着，美军实行焦土政策，对北方进行大规模的轰炸，对南方不断增兵。

越南群众极其愤怒，他们采用奇袭战、游击运动战、伏击战，围点打援，给美军及伪军沉重打击，歼灭美军6000余人。

1968年1月30日，越南南方人民武装开始对大中城镇进行攻击，对西贡、岘港、顺化等64个城市展开全面的"新春攻势"。45昼夜的激战，赢得了新春大捷。美军虽然拥有各种兵种54.5万人，但在战场上完全陷入被动防御的境地。

1968年3月11日，美国被迫提出和谈。企图一面和谈，一面继续增兵，搞战争升级。越南军民的顽强反击，使计划屡遭失败。美国总统尼克松上台后，迫于国内及国际压力，不得不调整侵越政策。

1973 年 1 月 27 日，美国被迫签订《关于在越南结束战争、恢复和平的协定》，宣告结束其在越南的军事行动。主要内容：美国和其他国家尊重越南的独立、主权、统一和领土完整；在协定签字后 60 天内从越南南方撤出全部美国及其同盟者的军队和军事人员，不干涉越南南方的内政等。

1973 年 1 月，《巴黎协定》签订，美军被迫撤出越南南方。1975 年春，越南军民对西贡政权发动总攻，于 4 月 30 日解放西贡，5 月 1 日解放整个南方。

※ 苏联入侵阿富汗

阿富汗位于亚洲中南部，虽然经济落后，土地贫瘠，但它是连接亚欧大陆和印度洋的枢纽。

20 世纪 70 年代，苏联加紧了与美国争夺世界霸权的步伐，积极推行全球战略。阿富汗在苏联的全球战略中具有特殊的地位，从 1973 年起，苏联便对阿富汗从政治、经济、文化和军事等方面进行渗透，在阿富汗内部培植亲苏势力。阿富汗政局动荡，军事政变不断发生，苏联趁机以支援为名向阿境内派军。1979 年 9 月，试图摆脱苏联控制的阿明发动政变，夺取了政权。苏联担心失去对阿富汗的控制，决定采取军事行动。

1979 年 12 月中旬，苏军把军队集结在预定区域。26 日，280 架大型运输机在喀布尔国际机场和巴格兰空军基地降落，5000 余名苏军和大量军事装备运抵。27 日，空降部队兵分三路向阿首脑机关、电台和国防部进发，入侵阿富汗的战争拉开序幕。苏军的闪击行动，使阿明猝不及防，他本人被杀，苏军控制了首都喀布尔。随后集结在边境的苏军 6 个师，以阿富汗发生政变、受新上台的卡尔迈德之邀的名义，分东西两路进攻阿富汗。次年 1 月 2 日，两路大军在坎大哈会合，不久苏军占领了阿富汗的主要城市和交通要道。

苏军的入侵激起了阿富汗人民的愤怒，他们奋起反抗，大大小小的起义组织如雨后春笋。他们利用对地形的熟悉，以游击战、运动战为主，不断奇袭苏军和政府伪军。妄想速战速决，一举征服阿富汗的苏军陷入了阿富汗人民游击战的泥潭之中。

1980 年 2 月，苏军将战略转移到扫荡、清剿反政府的游击队上来，但是阿富汗的地形复杂，苏联现代化机械部队受到严重限制，扫荡并没有收到成效。于是，苏军全面封锁游击队的根据地，切断其对外联系，随后集中优势兵力，分进合击，空降突袭，利用飞机、大炮、坦克对游击队根据地进行猛烈轰炸，清剿根据地的游击队。

出乎苏军意料的是，扫荡和清剿并没有给游击队造成重创，相反，游击队伍迅速壮大到 10 万余人。他们充分采用机动灵活的战术，破坏苏军交通线，频繁向大城市发起攻击，给苏军和政府军造成很大麻烦。

1985 年，各战场上的游击队进入相互策应、协同作战的新阶段。 6 年战争中，苏军共伤亡 3.5 万余人、耗资 400 亿美元，苏联不但看不到胜利的希望，而且背上了沉重的战争包袱，还遭到国际社会的纷纷谴责。

阿富汗人民的勇敢抵抗，使苏联在政治、经济、外交、军事上都承受着巨大的压力。1985 年，刚上任的苏共总书记戈尔巴乔夫改变侵阿政策，将清剿起义军的任务移交阿政府军，苏军只控制重要城市和交通要道。

为把苏军赶出国土，推翻现政权，游击队采用奇袭、破坏交通线、迂回包抄等战术，攻击苏军已被孤立的据点，对城市进行围困打援。游击队虽给苏军和政府军造成了很大威胁，但没能改变苏军控制城市和交通线的局面。

在旷日持久的战争僵持和国际舆论的压力下，1988 年 4 月 14 日，苏联被迫接受了日内瓦会议上达成的协议，从 5 月 15 日开始至 1989 年 2 月 15 日，从阿富汗撤出全部军队，苏联侵阿战争结束。

苏联入侵阿富汗，改变了苏联的全球战略，对国际战略格局产生深远影响，也表明苏联的扩张进入了新的阶段。这场战争不仅使苏联付出了巨大的人力、财力，而且其国际声誉也大大降低，为苏联的解体埋下了重重的一笔。

世界新格局

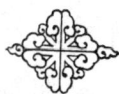

　　20世纪80年代以来，世界局势很不稳定。东欧剧变，苏联解体，彻底打破了以雅尔塔体系为基础的两极格局，并使世界进入了新旧国际格局的大转换时期。人类历史进入又一次的重大转折时期，政治、经济、文化等各领域都呈现出鲜明的特点。随着两极格局的终结，世界格局开始朝着多极化方向发展。

※ 东欧剧变

1989 年 12 月，波兰修改了宪法，将国名由"波兰人民共和国"改名为"波兰共和国"。这样，在东欧国家中出现了第一个非社会主义国家。

波兰是东欧诸国中局势最不稳定的一个国家。第二次世界大战后，尤其是华沙组织成立之后，波兰的经济大多采用苏联的模式和管理体制，实行中央高度集权，限制商品经济，强化指令性计划，片面强调重工业，使农、轻、重工业比例严重失调。20 世纪 70 年代，波兰政府不顾实际情况，推行"高速度、高积累、高消费"的政策，大量举借外债，以此来提高人民生活水平。

1980 年 7 月，波兰政府举借的外债已高达近 300 亿美元，波兰政府不得不采取冻结工资、提高商品价格的措施来偿还外债。对政府的这种做法，群众极为不满，以各种活动进行抗议，波兰经济顿时陷入混乱。

政府宣布肉类价格上涨 40% ～ 60% 的当天，一座小城里的交通设备厂的工人举行了罢工。很快，罢工浪潮席卷各地。这次罢工成为波兰战后规模最大、持续时间最长的群众抗议活动。在罢工中，有一个叫瓦文萨的年轻人脱颖而出，他原是格但斯克造船厂的电工，由于无法忍受波兰政府的政策，他四处奔走，广泛联络，成立了"团结工会"，他本人担任工会主席。在瓦文萨的宣传下，团结工会很快壮大起来，在总人口不足 3700 万的波兰有 950 万人成为了工会的会员，而且，政府部门也有大批官员加入了团结工会。

1981 年 9 月，团结工会召开了第一次代表大会。会上通过了《纲领决议》，决议明确指出，"不承认波兰统一工人党的领导和社会主义"，宣布要"改造国家机构"，并公开提出要夺取国家政权。会后，瓦文萨开始准备武装夺权的各项工作，建立了武装工人卫队。

在团结工会的策划下，波兰全国进行了无休止的罢工，全国经济陷入瘫痪状态，使人们本来就困难的生活更加雪上加霜。没多久，人们对团结工会也产生了怀疑。

在这种情况之下，雅鲁泽尔斯基将军出任统一工人党第一书记。雅鲁泽尔斯基是一个手段强硬的人，他并没有被接手的烂摊子吓倒，而是宣布从12月13日零时起在全国实行军事管制，取缔团结工会，并且逮捕了瓦文萨等团结工会的领导人。这次罢工浪潮总算被遏制下去了，波兰经济开始复苏。可惜好景不长，1988年，波兰再次出现了财政危机，物价暴涨，罢工浪潮再度掀起。在这种形势下，美、英等国政府也开始向波兰政府施加压力，要求波兰政府恢复团结工会的合法地位。

在内外交困的情况下，统一工人党于1988年12月举行十届十中全会，决定在波兰实行政治多元化和工会多元化，有条件地承认团结工会为合法组织。

东山再起的瓦文萨吸取之前的经验教训，表示不再以"推翻当局"而是以"帮助政府摆脱困境"为主要目的。次年2月，波兰政府与团结工会及其他反对派举行圆桌会议，统一工人党向团结工会做了原则性的让步，同意实行立法、行政、司法三权分立，实行总统制和议会制，进行议会和参议院的大选。

按照圆桌会议达成的协议，1989年6月，波兰举行议会选举。在选举中，统一工人党虽然获得了议会中的299个席位，但在参议院中未获一席，而团结工会则获得了参议院100个席位中的99个。团结工会一跃成为控制两院的第一大党。

在议会投票中，雅鲁泽尔斯基以一票的微弱优势当选为波兰总统，而新政府则由团结工会的成员为主。出任总理的是团结工会顾问马佐耶茨基，此外，在23名内阁成员中，团结工会占12席，统一工人党仅占4席。就这样，统一工人党节节败退，在不久后波兰议会通过的宪法修正案中，又删去了统一工人党在国家中起领导作用和波兰是社会主义国家的条文，将国名由"波兰人民共和国"改为"波兰共和国"。在1990年12月的大选中，在美、英等国的支持下，瓦文萨当选为波兰共和国总统。

波兰是东欧国家出现的第一个非共产党领导的政府，紧接着，东欧各国一个接一个地相继发生剧烈的政治变动。总体来看，东欧剧变是以美国为首的西方国家实施"和平演变"战略的结果。

※ 苏联解体

1991 年 12 月 25 日，在克里姆林宫上空飘扬了 69 年之久的有着镰刀和锤子图案的苏联国旗徐徐落下，取而代之的是一面蓝白红三色的俄罗斯国旗，世界上第一个社会主义国家苏联就这样消逝在历史之中了。

苏联是无产阶级革命导师列宁亲手缔造的，建国之初，面对以美国为首的西方帝国主义的干涉，苏联人民给予了坚决反击。第二次世界大战后，苏联开始了与美国争夺世界霸权的明争暗斗。20 世纪 70 年代末，苏联的政治、经济与民族关系出现了严重的危机。但是，苏联领导人认为依然有必要与美国抗衡，只相当于美国经济实力 1/3 的苏联就这样维持着与美国不相上下的庞大的军费开支。1979 年，苏联入侵阿富汗，这不仅使苏联陷入了经济泥潭之中，还使苏联共产党的威信一落再落。

在这种情况下，54 岁的戈尔巴乔夫于 1985 年出任苏共中央总书记。

戈尔巴乔夫出生于俄罗斯联邦南部的斯塔夫罗波尔边疆区的一户农民家庭，他从小就聪明过人。1950 年，戈尔巴乔夫进入莫斯科大学法律系学习，毕业后，戈尔巴乔夫从事共青团工作，曾任边疆区团委宣传部副部长、第二书记、第一书记，一路青云直上，直到成为契尔年科时期的第二把手。随着外交活动的增多，西方世界普遍认为戈尔巴乔夫是一个平易近人又思辨超群的人。

戈尔巴乔夫上台后，大刀阔斧地进行了改革。他主张进行深刻的经济体制改革，以提高人民生活水平为重要任务。重视科技发展，强调在科技进步的基础上提高生产效率，把社会主义民主和人民自治提上议事日程。在对外关系上，他主张缓和矛盾和和平共处。此外，他还进行了重大的人事调整，提拔年轻干部，以保证共产党的年轻化，新的上层领导核心基本形成了。

1987 年，戈尔巴乔夫在《改革与新思维》一书中阐述了政治改革的民主社会主义的思想倾向，强调"新思维的核心就是承认全人类的价值观的优先地位"。在苏共代表大会上，戈尔巴乔夫明确地提出了"人道的、民主的社会主义"的概念。《改革与新思维》其实是其对外政策上的"新思维"，为了取得与西方国家的和平，苏联主动裁军，和美国签署清除部署在欧洲的中程导弹条约，从东欧撤军，甚至还做出了一些不切实际的妥协和退让，如对西方干预东欧各国的"自由化"改革不加干涉，最终加速了东欧剧变。所有这些都使得苏联在国际上的地位下降，许多人开始对戈尔巴乔夫表示不满。

随着改革的加深，苏联的政治和经济局面不但没有好转，反而越来越糟糕，社会出现了混乱和动荡。无政府状态迅速蔓延，罢工、犯罪事件不断，反对党公开反对社会主义。民族主义趁机抬头，矛盾斗争激化。

1989年8月，民族分离主义势力组织的"人民阵线"在波罗的海沿岸举行抗议活动，提出"脱离苏联"。1990年3月，苏共的法定领导地位被取消，多党制和总统制开始实行，戈尔巴乔夫当选为苏联首任总统。同月，立陶宛宣布独立，紧接着，爱沙尼亚、拉脱维亚、亚美尼亚也先后宣布独立。

面对失控的政局，戈尔巴乔夫于1990年11月提出了新联盟条约草案，草案规定，除国防、外交和关系全国经济命脉的部门仍由联盟中央掌握外，其余主权均归各共和国所有。将"苏维埃社会主义共和国联盟"改名为"苏维埃主权共和国联盟"。但是，苏联再一次统一的最后希望还是破灭了。

1991年8月19日，副总统亚纳耶夫向外宣布，正在黑海克里米亚度假的总统戈尔巴乔夫因健康状况无法继续履行苏联总统职责，他本人即日起履行总统使命，并宣布实行紧急状态，成立"国家紧急状态委员会"，呼吁全国人民支持他们采取重大措施，使国家和社会尽快摆脱危机。尽管戈尔巴乔夫在"八一九"事件中被叶利钦等人解救出来，但他已无法继续留在领导职位上。8月24日，戈氏宣布辞去苏共中央总书记职务，于12月25日辞去总统职务。

12月1日，苏联的15个加盟共和国全都宣布独立。21日，除波罗的海和格鲁吉亚外的苏联11个加盟共和国签署了《关于建立独立国家联合体协议议定书》。26日，苏维埃举行最后一次会议，从法律上宣布苏联解体。

※ 海湾战争

1990 年 8 月 2 日凌晨，伊拉克突然出动了 10 多万兵力，以迅雷不及掩耳之势进攻邻国科威特。科威特是一个小国，只有 2 万人的部队根本禁不住伊拉克军队潮水般的进攻。次日，伊拉克军队攻入科威特王宫，随后占领科威特全境，并宣布科威特政府被推翻，将成为伊拉克的第 19 个省。

伊拉克的这种侵略行为很快激起了国际社会的强烈谴责。联合国安理会先后 12 次通过决议要求伊拉克恢复科威特的主权与独立，尽快从科威特撤军，并对伊拉克实行经济封锁和武器禁运。其他国际组织也相继与伊拉克方面接触，试图说服伊拉克领导人结束这场侵略战争。但是，处于内外交困中的伊拉克总统萨达姆·侯赛因却对此置若罔闻。萨达姆心里有自己的如意算盘，他知道国际社会正把眼光盯在忙于"和平演变"的苏联身上，中东地区根本不会引起太大注意。伊拉克的近邻科威特是海湾地区一个盛产石油的阿拉伯国家，在奥斯曼土耳其时期，这里是伊拉克巴士拉省的一部分，虽然伊拉克于 1961 年承认了科威特的独立，但从未正式承认过两国间的边界，这为以后的战争埋下了祸根。

伊拉克入侵科威特使美国等西方国家在海湾的利益受到了威胁。为了保证在海湾地区的石油利益和战略地位，为了防止伊拉克操纵石油输出国组织进而控制西方国家经济命脉，也为了维持中东地区的稳定和势力均衡，显示在世界事务中的作用，美国与部分西方国家制定了代号为"沙漠盾牌"的军事行动计划，随后便以联合国的名义开始了在海湾地区的大规模的军事集结。

11 月 29 日，联合国安理会通过了授权使用武力将伊拉克军队赶出科威特的 678 号决议，规定 1991 年 1 月 15 日为伊拉克从科威特撤军的最后期限。萨达姆根本无视国际社会的和平努力与联合国的最后通牒，依然加紧扩军备战。在积极进行军事部署的同时，还打出了"人质盾牌"作为对"沙漠盾牌"

的反应：禁止所有敌视伊拉克国家的外国公民离开伊拉克和科威特，一旦战争爆发，这批滞留在伊拉克和科威特的外国人将成为第一批牺牲品。同时，以美国为首的 8 个国家派往海湾地区的军队已经达到了 70 万人左右，组成了以美军将领斯瓦茨科夫为总司令的多国部队，进行好了随时发起军事行动的准备。海湾地区剑拔弩张，一场恶战已不可避免。

1991 年 1 月 17 日，以美国为首的驻海湾多国部队向伊拉克发动了大规模的空袭，开始执行"沙漠风暴"军事计划，720 多架飞机从不同的方向向伊拉克的 60 多个目标发起攻击。由于此前采取了迷惑伊拉克的措施，多国部队的军事行动并没有被伊拉克方面察觉。代表美国最先进技术的 F-117 隐形战斗机把一颗激光制导炸弹投到了位于巴格达闹市区的电话电报公司大楼的正中，在剧烈的爆炸声中，大楼周围火光冲天，而负责守卫大楼的伊拉克士兵还不明白到底发生了什么事情。顷刻间，密集的炸弹从天而降，铺天盖地地落下，爆炸声不绝于耳。总统府大楼、国防部大楼、空军指挥部大楼及近郊的萨达姆国际机场等军事目标先后被击中。很快，整个巴格达处于一片火光之中。

在连续不断地进行狂轰滥炸的同时，驻守在波斯湾海域的多国部队的军舰，向伊拉克及科威特也发射了近百枚载有重磅弹头的"战斧"式巡航导弹。

伊拉克虽然对多国部队强大的空袭进行了还击，但却收效甚微。80% 的"飞毛腿"导弹被美国的"爱国者"导弹拦截，伊拉克的反击能力被削弱了。

经过一个多月的空中打击，伊拉克的指挥系统、导弹基地、军工厂等均遭到了严重的毁坏和损伤。2 月，多国部队统帅部决定执行代号为"沙漠军刀"的作战计划，转入地面进攻阶段。在多国部队强大的攻势下，伊拉克最精锐的共和国卫队伤亡惨重。

2 月 26 日，萨达姆被迫下令驻在科威特的伊拉克军队撤离科威特。27 日，萨达姆宣布无条件接受安理会关于伊拉克的决议。至此，历时 42 天的海湾战争结束了。

※ 科索沃战争

科索沃是南斯拉夫联盟塞尔维亚共和国的一个自治省，其居民 90% 以上是阿尔巴尼亚人，其余是塞尔维亚和黑山人。历史上，阿族和塞族长期不和。20 世纪 80 年代末，阿族人要求建立"科索沃共和国"，从塞尔维亚共和国脱离出来。一直视科索沃为家园和宗教圣地的塞族人不愿放弃，两族矛盾激化，阿族极端分子组建了"科索沃解放军"，暴力冲突愈演愈烈。1998 年 2 月，南联盟总统米洛舍维奇派军队对阿武装进行镇压，科索沃局势急剧恶化。

科索沃危机伊始，以美国为首的北约就积极卷入，使其国际化，以便利用科索沃民族矛盾来扩大北约的影响，实现在科索沃驻军，进而控制巴尔干地区，完成东扩目标，并从该地区排挤俄罗斯的传统势力。1999 年 1 月，在美国的操纵下，冲突双方进行谈判，但谈判最终破裂。3 月 24 日，北约以保护人权为名，对南联盟开始了代号为"盟军"的大规模空袭行动。

3 月 24 日 19 时，以美国为首，拥有 19 个成员国的北约盟军，在其最高司令兼美军驻欧洲部队总司令韦斯利·克拉克上将的指挥下，一批接一批的北约战斗机、轰炸机向南联盟军营、防空设施、电厂、通讯设施实施猛烈轰炸，科索沃战争由此开始。

27 日前，北约空军先后进行 4 轮空袭，旨在摧毁南联盟的防空体系、指挥和控制中心、军工厂和在科索沃的塞族部队。但南联盟军民并没有屈服，纷纷拿起武器，对北约的入侵进行顽强的抵抗。美国最先进的、拥有不可战胜神话的 F-117 隐形飞机在贝尔格莱德以西 60 千米的上空被击中，坠落在布贾诺夫齐村附近。在海湾战争中显赫一时的"战斧"巡航导弹命中率仅为 20%，多次被南军防空武器截击。

3 月 28 日，美军对南联盟开始了新一阶段的空袭。对南部的南联盟地面军队和军用物资进行疯狂轰炸，试图摧毁南军的军事装备，迫使南联盟屈服。南联盟军队充分利用山多、地形复杂的有利条件和当时多雨多雾的有利天气，分散队形，隐藏弹药等军需物品，不失时机创造局部优势，采用藏、打、运动、迂回相结合的战术，不断使北约的飞机、导弹部队受到突袭。

南联盟军民的反抗，给北约军造成严重损失。4月13日，美国总统克林顿宣布对南联盟扩大空袭范围、增加空袭强度，实施24小时不间断轰炸。轰炸开始变得惨无人道，民用设施的桥梁、铁路、公路、工厂、电视台、通信系统、电力系统、供水系统、医院、商店，甚至居民楼都遭到狂轰滥炸。灭绝人性的空中绞死，使南联盟1800多名平民丧生，6000多人受伤，近百万人沦为难民，20多家医院被毁，300多所学校遭到破坏，交通干线、民用机场、广播电视基本瘫痪。

北约的野蛮行径遭到国际社会的强烈反对，引起全世界人民的极大愤怒，北约在国际社会中越来越孤立。6月5日，在中、俄及联合国秘书长安南的斡旋下，北约和南联盟在马其顿举行谈判。9日，双方签署了南军撤退协议书，北约结束了对南联盟的轰炸。

科索沃战争是20世纪末世界格局转型进程中的一个重要的阶段性标志，这场战争使南斯拉夫人民遭受巨大灾难，联合国宪章和国际法准则遭到践踏，世界和平与发展受到严重威胁。通过这场战争，美国及其西方盟国利用北约组织在推进欧洲地区的整合、实现其主导世界新格局的战略目标方面又迈进了一步。

※ "9·11" 事件

2001年9月11日，美国东部地区发生一系列严重恐怖袭击事件，纽约的世界贸易中心和位于华盛顿的美国国防部所在地五角大楼等重要建筑遭到恐怖分子的袭击，并造成重大人员伤亡。这一事件必将载入美利坚民族的史册，也必将长存于人类的记忆之中。

9月11日，纽约当地时间上午8时25分，一架由波士顿开往洛杉矶的美国美洲航空公司第11次航班飞机，突然与空管中心失去了联系。空管中心马上意识到该架飞机遭到了劫持，立即与北美防空司令部取得联系。当防空司令部想做出一些应对措施时，被劫持的飞机已经撞在了纽约曼哈顿世界贸易中心的北侧大楼。十几分钟以后，一架由华盛顿飞往洛杉矶的第 77 次航班客机撞击世贸中心南侧大楼。两架飞机撞入楼内，喷出一团巨大的火球。当时是美国人上班高峰时期，听到巨响后，在世贸大楼附近的行人和住户忙抬头观望，眼前的景象使他们惊呆了。

就在人们还没明白过来发生什么事时，一辆辆警车长鸣而来。虽然消防队员和救护人员克服千难万险进入大楼对困在里面的人员进行抢救，但却无法挽回被爆炸吞噬的生命。据幸存者之一的德维塔回忆："当北楼被撞以后，人群才陷入了恐慌……最令人难过的是，当我们一步一步摆脱死亡纠缠的时候，一些年轻的生命（与他们相向而行的救护人员和消防员们）正陷入到了绝境之中……"

世界贸易中心由两座塔楼组成，分居南北，高 110 层，是曼哈顿地区的标志性建筑。当初在建造世贸中心时，动用了 1 万多名工人，历经了 8 年时间。楼内有世界著名的银行 6 家，著名的投资公司 5 家，还有国内外大大小小的公司数千家。每天约有 3.5 万名雇员在楼内工作，有 5 万名内工从事服务工作。可想而知，世贸中心两座大楼的倒塌会造成多大的损失。

数以千计的生命被坍塌的大楼吞噬，曾经辉煌壮丽的世贸大楼顷刻间灰飞烟灭，成为了历史。

当惊魂未定的人们还处在痛苦的哀叹中时，从华盛顿也传来了噩耗。当地时间上午 9 时 45 分左右，美国联合航空公司的第 175 次航班客机从华盛顿杜勒斯机场起飞后不久，被劫持并撞在了五角大楼西南端。紧接着，美国国务院大楼、国会山附近相继发生炸弹爆炸事件，美国总统府白宫附近发生大火。在宾夕法尼亚州，当地时间上午 10 点左右，从新泽西州纽瓦克飞往旧金山的联合航空公司的第 93 次航班客机在距匹兹堡东南 130 千米处坠毁，机上 40 名乘客和机组成员遇难……

灾难发生后，刚刚上任的美国总统小布什正在佛罗里达的萨拉索培。当他惊悉恐怖袭击事件后，于 9 时 15 分发表声明："我们国家发生了一起全国性的悲剧。显然是由于恐怖分子的袭击……我已和副总统、纽约市市长以及联邦调查局通过电话，命令动用联邦政府的所有资源来帮助遇难者，已经采取了一切适当的安全防范措施来保护美国人民。并彻底调查追捕策划发动恐怖袭击的人，对我们国家的恐怖主义再也不能继续下去了……"

当日，美国联邦航空局宣布美国有史以来首次关闭领空。与此同时，政府各部门、各大公司等机构的工作人员也都从办公地点紧急疏散，战斗机开始在空中巡逻。

"9·11"这一系列恐怖袭击事件共造成 3200 多人死亡或失踪，造成的直接和间接的经济损失达数千亿美元，是迄今世界上策划最周密、造成损失最大的恐怖袭击事件。

"9·11"造成重大伤亡的消息迅速传遍全世界，世界各国纷纷发表声明谴责恐怖主义分子惨无人道的袭击。

9 月 14 日，美国参众两院通过决议，授权总统动用武力对恐怖袭击进行报复。15 日，小布什表示，美国"正在准备一场对恐怖分子的全面战争"，并认定藏匿在阿富汗并受到塔利班庇护的本·拉登是"9·11"恐怖事件的主谋，决定从 10 月 7 日起对阿富汗实施大规模的军事打击。到 12 月初，在美国和阿富汗北部联盟的共同打击下，塔利班完全放弃抵抗。

"9·11"事件之后，不但美国视恐怖主义为当前头号大敌，世界各国也都把恐怖主义对世界和平与发展的威胁提上了议事日程。

※ 阿富汗战争

2001 年 9 月 11 日，美国纽约世贸中心双子大厦在 20 分钟内接连遭到两架飞机撞击，相继轰然倒塌，数千人于瞬间死亡。随后，白宫附近起火，又有飞机撞击五角大楼，国会山发生爆炸……这就是震惊世界的"9·11"事件。在随后的调查中，美国认为"9·11"事件的元凶是阿富汗塔利班政权支持下的基地组织首领、沙特富商本·拉登，于是，美国把复仇目标锁定在阿富汗的塔利班政权上。

阿富汗地处中亚和南亚间的枢纽地带，战略地位重要。长期以来，阿富汗一直是前苏联和其继承国俄罗斯的势力范围，虽然美国觊觎已久，但却欲占不能，而"9·11"事件正为美国势力进入这一地区提供了十分有利的口实。

"9·11"事件后，美国使用外交手段孤立塔利班政权。9月18日，在美国的鼓动下，联合国安理会呼吁塔利班立即无条件交出本·拉登。随后，一些国家断绝了与阿富汗塔利班政权的关系，并从阿富汗撤出了外交人员。此外，美国还向中东、非洲、亚洲、欧洲等一些国家进行游说，使这些国家为其提供领空或是飞机降落的机场。

紧接着，美国开始了军事进攻阿富汗的步伐。美军大量地向印度洋地区结集，特种兵还提前进入阿富汗，在山区搜捕本·拉登。到战争开始之前，大约有1万名美军在乌兹别克斯坦和阿富汗边境地区结集完毕。

10月7日，在浓浓夜色的掩护下，美英联军对阿富汗塔利班多处目标发动了首轮空袭，拉开了"持久自由行动"的序幕，打响了美国全球反恐战争的第一枪。

联军空袭的主要目标是阿富汗境内的机场、空防设施以及恐怖分子的基地。

阿富汗喀布尔机场附近地区首先遭到了美军的轰炸，阿富汗南部城市坎大哈和东部城市贾拉拉巴德也遭到导弹袭击。在美国先进武器的攻击下，使用笨拙武器的塔利班武装进行了还击。9日上午，阿富汗南部城市坎大哈遭到了美军军用飞机和导弹的空袭。此后，美军开始对塔利班政权和拉登的基地组织进行24小时不间断的打击。

从10日起，美军对阿富汗全境进行空袭。14日，美军除用飞机轰炸喀布尔外，还用导弹袭击了阿北部重镇马扎里沙里夫、东部城市贾拉拉巴德等。15日，美军共出动了50多架舰载攻击机、10架B-1和B-52轰炸机，对阿富汗境内的13个目标进行了空袭。与此同时，美军还加强了与阿富汗北方联盟的合作和协调行动。

在美军的协助下，阿富汗北方联盟不断扩大控制地区的范围，使塔利班控制的范围越缩越小。26日，北方联盟军队进入昆都士，至此，塔利班在阿富汗北部的所有据点都已失守，但塔利班残余势力仍在负隅顽抗。

12 月 7 日，曾为塔利班总部的坎大哈塔利班守军投降，塔利班最高领导人奥马尔不知去向。22 日，阿富汗临时政府成立。塔利班政权垮台后，美军开始在阿富汗境内展开对塔利班和基地组织残余力量的清剿工作。在山区，美军甚至对每一个山洞进行搜查。不过，时至今日，对阿富汗境内的塔利班和基地组织的清剿仍是一项任重道远的工作。

※ 伊拉克战争

海湾战争后，联合国第 687 号决议规定，派遣武器核查小组进驻巴格达。美国企图利用核查小组牵制伊拉克，但核查小组一再受挫，美对伊的政策开始转变。"9·11"恐怖事件爆发后，美国对世界恐怖主义保持高度警惕，并把伊拉克看作是继阿富汗塔利班和基地组织后全球反恐怖战争的打击对象。在联合国核查小组再次对伊进行调查而未发现其拥有核武器和化学武器的情况下，美军以清除伊大规模杀伤性武器为名，发动了旨在推翻萨达姆政权的战争。

2003 年 2 月 20 日，美国在海湾地区集结海、陆、空军队近 20 万，英军也有 4 万余人调向这里。美英联军将部队部署在伊拉克周边的沙特、巴林、阿曼、埃及、土耳其等国，并控制住各战略通道。

一直与美国对抗的萨达姆也做好了战争准备，除部署在边疆地区的部队外，他还以巴格达为中心构建了严密的防御体系，准备多层阻击和抵抗敌人。

3 月 20 日，美军制定的代号为"斩首行动"的计划开始实施，美 F-117 隐形轰炸机和导弹对巴格达进行轰炸，拉开了伊拉克战争序幕。在这次空袭中，美军使用"电子炸弹"攻击伊拉克，这种新式武器产生的高能电磁波可使伊军及萨达姆卫队拥有的各类电话、无线电通信和电子计算机等电子设备立刻失灵，并用精确的制导导弹准确地打击伊指挥和控制中心。

为避开美英联军的优势空军和导弹袭击，萨达姆分散兵力，将实力最强的 9 万共和国卫队、4 个特别旅、2 个特种部队部署在巴格达周围。并在巴格达周围筑建野战工事，开挖战壕、沟堑，在飞机跑道上放置水泥等障碍物，阻击美英空降部队着陆。

美英联军对伊拉克首都巴格达和其高层领导人的住所等要害部门进行连续三轮的狂轰滥炸。20日晚21时05分，美英地面部队在战斗机、直升机的掩护下，凭借配备尖端的夜视作战设备，兵分几路对巴格达进行合围，欲以迅雷不及掩耳之势深入巴格达，俘虏或击毙萨达姆。顽强的伊军凭借坚固的防御工事，给美、英造成了一定的损失，虽然发射的导弹部分被美国的"爱国者"导弹截击，仍有效地阻滞了敌人的攻势。

次日，联军以惊人的速度突进，准备以闪电式进攻在短时间内赢得战争，萨达姆的精心布防和顽强的共和国卫队粉碎了美英的"斩首行动"。4月4日，战争形势发生急剧变化，美英联军经过一番调整，大批的后续援兵到位，又开始重新发动大规模进攻，对巴格达西南的萨达姆机场实施争夺。5日，巴格达周围的守兵与联军进行激烈的短兵相接。6日，联军在巴格达上空进24小时不间断空中巡逻，对市内目标继续轰炸，加强对巴格达外围的控制，力图合围。8日，联军连连突破伊军防线，开始从北南两方向巴格达市区推进。次日，美军进入市中心。11日，美军宣布萨达姆政权垮台，大规模的伊军抵抗行动结束。14日，萨达姆的故乡提克里特市也被联军所控制。

伊拉克战争彻底摧毁了萨达姆的专制统治，也给伊拉克人民带来了深重灾难和重大生命与财产损失。战争结束后，伊拉克局势一直动荡不安，国内混乱不堪，不利于伊拉克的社会经济发展。此外，伊拉克战争是人类历史上第一次全程媒体直播的战争，让全世界人民了解了现代化战争。